俄 国 史 译 丛 · 社 会

Серия переводов книг по истории России

Россия

Общественно-политическая мысль трудящихся Урала
(конец XVII-XVIII вв.)

俄国史译丛·社会

СЕРИЯ ПЕРЕВОДОВ КНИГ ПО ИСТОРИИ РОССИИ

王晓阳 / 译

〔俄〕鲁多尔夫·戈尔曼诺维奇·皮霍亚 / 著

Рудольф Германович Пихоя

世俗与抗争

18世纪俄国乌拉尔劳动者的思想演变

Общественно-политическая мысль
трудящихся Урала
(конец XVII-XVIII вв.)

社会科学文献出版社

SOCIAL SCIENCES ACADEMIC PRESS (CHINA)

Общественно-политическая мысль трудящихся Урала (конец XVII-XVIII вв.). – Свердловск: Средне-Уральское книжное издательство, 1987.

本书根据中乌拉尔图书出版社 1987 年版本译出。

本书获得教育部人文社会科学重点研究基地
吉林大学东北亚研究中心资助出版

著者简介

　　鲁多尔夫·戈尔曼诺维奇·皮霍亚（Рудольф Германович Пихоя），1947 年出生于斯维尔德洛夫州，毕业于国立乌拉尔大学历史系。曾任俄罗斯国家档案局局长、俄罗斯联邦档案事务委员会主席等职，现为俄罗斯科学院俄国史研究所研究员、《俄罗斯历史》主编。

译者简介

　　王晓阳，文学博士，吉林大学外国语学院副教授，主持完成国家社科基金青年项目、吉林省社科基金项目各一项，出版《语言自我中心成分及其文本解释》《叙事文本的语用学研究》专著 2 部，出版《俄国企业史（1850~1917）》《铁证如山 18——吉林省档案馆馆藏日本侵华思想对策月报专辑》等译著 9 部。

总　序

我们之所以组织翻译这套"俄国史译丛"，一是由于我们长期从事俄国史研究，深感国内俄国史方面的研究严重滞后，远远满足不了国内学界的需要，而且国内学者翻译俄罗斯史学家的相关著述过少，不利于我们了解、吸纳和借鉴俄罗斯学者有代表性的成果。有选择地翻译数十册俄国史方面的著作，既是我们深入学习和理解俄国史的过程，还是鞭策我们不断进取、培养人才和锻炼队伍的过程，同时也是为国内俄国史研究添砖加瓦的过程。

二是由于吉林大学俄国史研究团队（以下简称"我们团队"）与俄罗斯史学家的交往十分密切，团队成员都有赴俄进修或攻读学位的机会，每年都有多人次赴俄参加学术会议，每年请 2~3 位俄罗斯史学家来校讲学。我们与莫斯科大学（以下简称"莫大"）历史系、俄罗斯科学院俄国史研究所和世界史所、俄罗斯科学院圣彼得堡历史所、俄罗斯科学院乌拉尔分院历史与考古所等单位学术联系频繁，有能力、有机会与俄学者交流译书之事，能最大限度地得到俄同行的理解和支持。以前我们翻译鲍里斯·尼古拉耶维奇·米罗诺夫的著作时就得到了其真诚帮助，此次又得到了莫大历史系的大力支持，而这是我们顺利无偿取得系列书的外文版权的重要条件。舍此，"俄国史译丛"工作无从谈起。

　　三是由于我们团队得到了吉林大学校长李元元、党委书记杨振斌、学校职能部门和东北亚研究院的鼎力支持和帮助。2015 年 5 月 5 日李元元校长访问莫大期间，与莫大校长萨多夫尼奇（В. А. Садовничий）院士，俄罗斯科学院院士、莫大历史系主任卡尔波夫教授，莫大历史系副主任鲍罗德金教授等就加强两校学术合作与交流达成重要共识，李元元校长明确表示吉林大学将大力扶植俄国史研究，为翻译莫大学者的著作提供充足的经费支持。萨多夫尼奇校长非常欣赏吉林大学的举措，责成莫大历史系全力配合我方的相关工作。吉林大学主管文科科研的副校长吴振武教授、社科处霍志刚处长非常重视我们团队与莫大历史系的合作，2015 年尽管经费很紧张，还是为我们提供了一定的科研经费。2016 年又为我们提供了一定经费。这一经费支持将持续若干年。

　　我们团队所在的东北亚研究院建院伊始，就尽一切可能扶持我们团队的发展。现任院长于潇教授上任以来，一直关怀、鼓励和帮助我们团队，一直鼓励我们不仅要立足国内，而且要不断与俄罗斯同行开展各种合作与交流，不断扩大我们团队在国内外的影响。在 2015 年我们团队与莫大历史系新一轮合作中，于潇院长积极帮助我们协调校内有关职能部门，和我们一起起草与莫大历史系合作的方案，获得了学校的支持。2015 年 11 月 16 日，于潇院长与来访的莫大历史系主任卡尔波夫院士签署了《吉林大学东北亚研究院与莫斯科大学历史系合作方案（2015~2020 年）》，两校学术合作与交流进入了新阶段。其中，我们团队拟 4 年内翻译莫大学者 30 种左右学术著作的工作正式启动。学校职能部门和东北亚研究院的大力支持是我们团队翻译出版"俄国史译丛"的根本保障。于潇院长为我们团队补充人员和提供一定的经费使我们更有信心完成上述任务。

　　2016 年 7 月 5 日，吉林大学党委书记杨振斌教授率团参加在莫大举办的中俄大学校长峰会，于潇院长和张广翔等随团参加，在会议期间，杨振斌书记与莫大校长萨多夫尼奇院士签署了吉林大学与莫大共建历史学中心的协议。会后莫大历史系学术委员会主任卡尔波夫院士、莫大历史系主任杜奇科夫（И. И. Тучков）教授（2015 年 11 月底任莫大历史系主任）、莫大历史系副主任鲍罗德金教授陪同杨振斌书记一行拜访了莫大校长萨多夫尼奇院士，双方围绕共建历史学中心进行了深入的探讨，有力地助推了我们团队翻译莫大历史系学者学术著作一事。

四是由于我们团队同莫大历史系长期的学术联系。我们团队与莫大历史系交往渊源很深，李春隆教授、崔志宏副教授于莫大历史系攻读了副博士学位，张广翔教授、雷丽平教授和杨翠红教授在莫大历史系进修，其中张广翔教授三度在该系进修。我们与该系鲍维金教授、费多罗夫教授、卡尔波夫院士、米洛夫院士、库库什金院士、鲍罗德金教授、谢伦斯卡雅教授、伊兹梅斯杰耶娃教授、戈里科夫教授、科什曼教授等结下了深厚的友谊。莫大历史系为我们团队的成长倾注了大量的心血。卡尔波夫院士、米洛夫院士、鲍罗德金教授、谢伦斯卡雅教授、伊兹梅斯杰耶娃教授、科什曼教授和戈尔斯科娃副教授前来我校讲授俄国史专题，开拓了我们团队及俄国史研究方向的硕士生和博士生的视野。卡尔波夫院士、米洛夫院士和鲍罗德金教授被我校聘为名誉教授，他们经常为我们团队的发展献计献策。莫大历史系的学者还经常向我们馈赠俄国史方面的著作。正是由于双方有这样的合作基础，在选择翻译的书目方面，很容易沟通。尤其是双方商定拟翻译的 30 种左右的莫大历史系学者著作，需要无偿转让版权，在这方面，莫大历史系从系主任到所涉及的作者，克服一切困难帮助我们解决关键问题。

五是由于我们团队有一支年富力强的队伍，既懂俄语，又有俄国史方面的基础，进取心强，甘于坐冷板凳。学校层面和学院层面一直重视俄国史研究团队的建设，一直注意及时吸纳新生力量，使我们团队人员年龄结构合理，后备充足，有效避免了俄国史研究队伍青黄不接、后继无人的问题。我们在培养后备人才方面颇有心得，严格要求俄国史方向硕士生和博士生，以阅读和翻译俄国史专业书籍为必修课，硕士学位论文和博士学位论文必须以使用俄文文献为主，研究生从一入学就加强这方面的训练，效果很好：培养了一批俄语非常好、专业基础扎实、后劲足、崭露头角的好苗子。我们组织力量翻译了米罗诺夫所著的《俄国社会史》《帝俄时代生活史》，以及在中文刊物上发表了 70 多篇俄罗斯学者论文的译文，这些都为我们承担"俄国史译丛"的翻译工作积累了宝贵的经验，锻炼了队伍。

译者队伍长期共事，彼此熟悉，容易合作，便于商量和沟通。我们深知高质量地翻译这些著作绝非易事，需要认真再认真，反复斟酌，不得有半点的马虎。我们翻译的这些俄国史著作，既有俄国经济史、社会史、城市史、政治史，还有文化史和史学理论，以专题研究为主，涉及的领域广泛，有很多我们不懂的问题，需要潜心研究探讨。我们的翻译团队将定期碰头，利用群体的智慧解决共同面对的问题，单个人无法解决的问题，以及人名、地名、术语统一的问题。更为重要的是，译者将分别与相关作者直接联系，经常就各自遇到的问题发电子邮件向作者请教，我们还将根据翻译进度，有计划地邀请部分作者来我校共商译书过程中遇到的各种问题，尽可能地减少遗憾。

"俄国史译丛"的翻译工作能够顺利进行，离不开吉林大学校领导、社科处和国际合作与交流处、东北亚研究院领导的坚定支持和可靠后援；莫大历史系上下共襄此举，化解了很多合作路上的难题，将此举视为我们共同的事业；社会科学文献出版社的恽薇、高雁等相关人员将此举视为我们共同的任务，尽可能地替我们着想，使我们之间的合作更为愉快、更有成效。我们唯有竭尽全力将"俄国史译丛"视为学术生命，像爱护眼睛一样地呵护它、珍惜它，这项工作才有可能做好，才无愧于各方的信任和期待，才能为中国的俄国史研究的进步添砖加瓦。

上述所言与诸位译者共勉。

吉林大学东北亚研究院和东北亚研究中心

2016 年 7 月 22 日

目　录

绪　论

乌拉尔在封建晚期的俄国历史上占据着特殊的地位。该地区早在15～17世纪即被俄国人开发，18世纪成为俄国冶金业中心。这里诞生了规模庞大的采矿业，俄国最早的一批无产阶级形成于此。"乌拉尔的特殊生活"决定了当地劳动者与俄国政府的关系，同时宗教对劳动者的思想意识影响甚巨。

第一节　乌拉尔劳动者的社会思想

依靠工匠、工人和附属农奴①的劳动、智慧和精力，乌拉尔地区建设了炼铁厂和炼铜厂并投入运营，经济社会面貌发生了翻天覆地的变化：森林被耕种，江河被大坝截流，巨大的矿坑比比皆是。

本书的研究对象是旧乌拉尔地区劳动者的社会思想。之所以选择这一主题，是因为工人在历史发展过程中发挥着决定性的作用，正如马克思和恩格斯所言："……发展着自己的物质生产和物质交往的人们，在改变自己的这个现实的同时也改变着自己的思维和思维的产物。不是意识

---

① 附属农奴（приписные крестьяне），又称"附属农民"，即18世纪至19世纪前半期俄国的国家、皇室和经济部门的农奴，为顶替封建赋税而在官营和私营工厂劳动，他们固着（附属）于这些工厂，于1861年农奴制改革时获得解放。——译者注

决定生活，而是生活决定意识。"①

我们认为，社会政治思想是社会意识的一部分，涉及各个社会群体、阶级和阶层在历史和社会中的角色和地位，以及他们对社会权力和责任、社会地位的整体理解和认识。社会政治思想体现为社会政治结构体系的想法和理解方式，它决定了个人、社会团体和阶级与政权、政权机构及其代表者之间的关系。

在研究封建时期劳动者的社会政治思想时，它的结构特征是一个重要的问题。在我们看来，社会政治思想体现在意识形态层面和社会心理层面，② 这两个层面在具体的历史时期并不相同。③ 只有一部分社会意识属于纯粹的意识形态，表现为思想和观点体系，并服务于特定阶级或社会群体的利益。这是关于现实的知识，是某一阶级为了改变或维持现有的社会生活方式的武器，是阶级的社会经济、伦理和审美价值的理论依据。

而社会心理则以需求、品味、兴趣、感觉和情绪等形式直接反映社会现实，它是日常思想、观点和感受的总和，构成了较低的、"前意识形态"的社会意识。日常意识是生活判断和思想的总和，是一种仅仅基于客观事实和直观事实、基于人们狭隘的视野以及有限的社会经验的反映方式。④

---

① Маркс К. , Энгельс Ф. Критика новейшей немецкой философии в лице ее представителей Фейербаха, Б. Бауэра и Штирнера и немецкого социализма в лице его различных пророков. Маркс К. , Энгельс Ф. Соч. 2-е изд. , т. 3. с. 25. 照录《马克思恩格斯选集》第1卷，人民出版社，2012，第152页。——译者注

② Раскин Д. И. Актуальные вопросы изучения общественного сознания русского крепостного крестьянства. В кн. : Исследования по истории крестьянства Европейского Севера России. Межвузрвск. сб. научных трудов. Сыктывкар: Сыктывкарск. ун-т, 1980. с. 155.

③ Черепнин Л. В. Крестьянские войны в России периода феодализма. К 200-летию начала восстания крестьян под водительством Е. И. Пугачева. Коммунист, 1973. № 13. с. 85.

④ Проблемы общественной психологии. Сб. статей / Под ред. В. А. Колбановского и Б. Ф. Поршнева. М. : Мысль, 1965. с. 3; Вичев В. Мораль и социальная психика. М. : Прогресс, 1978. с. 9, 68.

公众意识的不同层面（即意识形态层面和社会心理层面）之间并无绝对的界限。这两个层面紧密联系、相互作用。社会心理不仅反映意识形态（它与特定阶级命运与共，这已不言自明），作为上层建筑的一部分，也与社会的经济结构、经济发展相对一致。① 并且，В. А. 科尔巴诺夫斯基和 Б. Ф. 波尔什涅夫正确地指出：只有依靠各种社会群体的社会心理，意识形态才能发挥其主导作用。②

在限定研究客体时，还应该指出：意识形态和社会心理不断相互作用。如果说社会心理层面主要表现为人民的行动，其次体现为各种社会群体的流言蜚语、梦想和期待等，那么在封建意识形态统治下，劳动者的意识形态观念的表现条件比较特殊。在具有成熟自我意识的不同阶级之间的阶级斗争特别激烈的时期，即农民战争期间，农民认识到了自己的阶级利益所在。各种社会团体的请愿书以及民间文学艺术创作，都表明劳动者和统治阶级之间的利益根本不可调和。有人指出，这些资料仅反映日常意识，并没有上升到整体阶级利益的水平，因此无法代表意识形态。我们认为这种观点值得商榷。③ 意识形态是历史性地形成的。在历史上，农民甚至不可避免地产生对"土地和自由"的"普遍而模糊的要求"④，它无疑是该阶级社会意识发展过程中的一个过渡阶段。

列宁十分重视封建主义时代劳动者的社会意识的研究。В. Д. 邦奇-布鲁耶维奇在其回忆录中谈道，列宁兴致勃勃地搜集民间口头文学作品，

---

① Проблемы общественной психологии. Сб. статей / Под ред. В. А. Колбановского и Б. Ф. Поршнева. М. : Мысль, 1965. с. 122.

② Проблемы общественной психологии. Сб. статей / Под ред. В. А. Колбановского и Б. Ф. Поршнева. М. : Мысль, 1965. с. 4.

③ Рахматуллин М. А. Проблемы общественного сознания русского крестьянства в трудах В. И. Ленина. В кн. : Актуальные проблемы истории России эпохи феодализма. М. : Наука, 1970. с. 404.

④ Ленин В. И. Пролетариат и крестьянство. Поли. собр. соч., т. 9. с. 345. 照录《列宁全集》第 9 卷，人民出版社，2017，第 327~328 页。——译者注

抄录18~19世纪俄国农民的手稿。他对 В. Д. 邦奇-布鲁耶维奇说："毕竟，这是研究人民的愿望和梦想的最佳材料。……人民群众数百年的创作反映了他们在不同时代的世界观。"列宁希望马克思主义哲学家根据民间创作的文献，进行"系统性的研究"①。

列宁在著作中分析过俄国农民社会思想。他在纲领性文献《社会民主党在俄国革命中的土地纲领》中写道："农民在杜马中的发言具有重大的政治意义，因为这些发言反映出普通农民对摆脱地主压迫的渴望，对中世纪制度和官僚制度的强烈憎恨，反映出他们自发的、直觉的、往往是幼稚的、不十分明确的、然而是十分旺盛的革命精神。"② 农民的目标、追求和夙愿主要间接地体现在农民的传统意识之中。

列夫·托尔斯泰的作品表达了俄国数百万农民的思想和情感。列宁在研究列夫·托尔斯泰的作品时指出，"农民过去的全部生活教会他们憎恨老爷和官吏，但是没有教会而且也不可能教会他们到什么地方去寻找所有这些问题的答案"③。农民代表们"不自觉地自发地反映了农民群众的革命性，他们自己不但不敢彻底地讲，而且不敢彻底地想，究竟从他们的发言和建议中应得出什么结论"④。

列宁指出了俄国农民社会政治思想的一些特征，尽管这些特征是封建主义时代固有的，但此后仍遗留了下来。早在资产阶级民主革命时期，它们已经不合时宜。列宁写道："农民一开始摆脱幼稚的君主主义，民主

---

① Бонч-Бруевич В. Д. В. И. Ленин об устном народном творчестве. Сов. этнография, 1954. № 4. с. 118-120.

② Ленин В. И. Аграрная программа социал-демократии в русской революции Поли. собр. соч., т. 17. с. 170. 照录《列宁全集》第17卷，人民出版社，2017，第151~152页。——译者注

③ Ленин В. И. Лев Толстой как зеркало русской революции. Поли. собр. соч., т. 17. с. 211. 照录《列宁全集》第17卷，人民出版社，2017，第186页。——译者注

④ Ленин В. И. Аграрные прения в Ⅲ Думе. Поли. собр. соч., т. 17. с. 316. 照录《列宁全集》第17卷，人民出版社，2017，第291页。——译者注

共和制就会立刻成为他们的理想……"① 因此,列宁认为幼稚的君主主义是农民心目中的历史遗留的产物。列宁指出:"庄稼汉的君主主义思想是一种即将消除的幼稚思想……"②

列宁指出,即使是类似的社会思想现象,如果它们出现在不同的社会环境中,也应受到完全不同的评价。列宁对第三届杜马关于宗教和教会的辩论做出评论,详细分析了劳动派农民罗日柯夫的讲话。列宁指出罗日柯夫的"政治无意识",他承袭了"立宪民主党人的庸俗见解",但这是赤裸裸的事实真相,"如僧侣的勒索,神父的敲诈"。列宁写道:"劳动派农民罗日柯夫的发言虽然非常简单,但是它清楚地表明了立宪民主党人虚伪地、居心反动地保卫宗教同庄稼汉那种原始的、不自觉的、保守的宗教信仰是有天壤之别的;庄稼汉的生活条件使他们违反自己的意志不自觉地产生一种反对勒索的真正革命的愤恨和坚决反对中世纪制度的决心。"③

列宁指出了农民的社会政治思想表现形式的特殊性,说明了"幼稚的君主主义"在劳动者政治思想体系中的地位,揭示了它的自发性、矛盾性,论述了"反对勒索的真正革命的愤恨"等,上述观点对封建晚期的乌拉尔地区劳动者的政治思想进行社会研究具有方法论意义。

本书研究的地理范围是乌拉尔矿区,即 18 世纪末彼尔姆省、奥伦堡省以及维亚特卡省的部分地区。④ 由于乌拉尔地区的社会经济发展具有

① Ленин В. И. Две тактики социал - демократии в демократической революции. Поли. собр. соч., т. 11. с. 88. 照录《列宁全集》第 11 卷,人民出版社,2017,第 82 页。——译者注
② Ленин В. И. Новая аграрная политика. Поли. собр. соч., т. 16. с. 425-426. 照录《列宁全集》第 16 卷,人民出版社,2017,第 409 页。——译者注
③ Ленин В. И. Классы и партии в их отношении к религии и церкви. Поли. собр. соч., т. 17. с. 436-437. 照录《列宁全集》第 17 卷,人民出版社,2017,第 409 页。——译者注
④ 关于乌拉尔矿区边界的详细信息,参见 Яцунский В. К. Социально - экономическая история России XVIII - XIX вв. Избранные труды. М.: Наука, 1973. с. 34-35。

独特性，所以将该地区选为具有俄国文化历史特征的地区。列宁指出："采矿工业是这个地区经济生活中的主要现象，它使这个地区具有十分独特的特征。无论是这个地区的开发史或目前状况，都同乌拉尔采矿工业的情形和利益相联系。"① 列宁发现，"农奴制很早就是乌拉尔'劳动组织'的基础"，这一特征可以让我们理解"矿厂生活的十分重要的方面"②。乌拉尔地区的居民早在 18 世纪就开始以这种方式生活，许多特征一直保留到 19 世纪。列宁援引了民主派作家 Д. Н. 马明-西比里亚克的作品对它进行评论。列宁写道："在这位作家的作品中，突出地描绘了与改革前差不多的乌拉尔的特殊生活③，依附于工厂的居民的毫无权利、愚昧和卑贱，'老爷们'的'好心肠的孩子般的放荡'，中等阶层（平民知识分子，知识分子）的缺乏，而这种中等阶层是连俄国在内的一切国家的资本主义发展所特有的。"④ "乌拉尔的特殊生活"成为 18 ~ 19 世纪俄罗斯文化的地域特征，影响了该地区居民的社会政治思想。

本书的时间框架是 17 世纪末至 18 世纪，在此期间，基于该地区的一些有利条件，它发展成为俄国的冶金业中心。"很久很久以前，农奴制是乌拉尔高度繁荣的基础，是乌拉尔不仅在俄国而且一定程度上在欧洲占统治地位的基础"⑤。

---

① Ленин В. И. Кустарная перепись 1894 - 1895 года в Пермской губернии и общие вопросы «кустарной» промышленности. Поли. собр. соч., т. 2. c. 416. 照录《列宁全集》第 2 卷，人民出版社，2013，第 327 页。——译者注

② Ленин В. И. Развитие капитализма в России. Процесс образования внутреннего рынка для крупной промышленности. Поли. собр. соч., т. 3. c. 485. 照录《列宁全集》第 3 卷，人民出版社，2013，第 443 页。——译者注

③ 作者本人强调。——作者注

④ Ленин В. И. Развитие капитализма в России. Процесс образования внутреннего рынка для крупной промышленности. Поли. собр. соч., т. 3. c. 488. 照录《列宁全集》第 3 卷，人民出版社，2013，第 447 页。——译者注

⑤ Ленин В. И. Развитие капитализма в России. Процесс образования внутреннего рынка для крупной промышленности. Поли. собр. соч., т. 3. c. 485. 照录《列宁全集》第 3 卷，人民出版社，2013，第 443~444 页。——译者注

本书研究的时间上限是 17 世纪末，1649 年《法律大全》① 颁布之后，政府限制农民从俄国北部和中部迁往乌拉尔地区，试图通过土地普查、增加什一税耕地面积、组织搜捕逃亡者等方式来加强封建压迫。这时，农民基本完全开发了乌拉尔地区和外乌拉尔地区，正在建设自由民居住的村庄，它们注定在 18 世纪初被划拨给乌拉尔的工厂。当时乌拉尔的农民、关厢居民② 和低级公职人员③ 广泛开展分裂派④ 活动，从此，该仪式与官方教会和封建国家之间进行宗教对抗的一种形式。

本书研究的时间下限是 18 世纪末，当时乌拉尔冶金业危机迹象渐显。18、19 世纪之交，由于该地区附属农奴不断反抗工厂的强迫劳动，政府被迫取缔了附属村庄，这极大地改变了工厂工人的来源构成及他们的社会地位。17 世纪下半叶至 18 世纪末是乌拉尔地区历史上的一个重要阶段，即乌拉尔大型采矿工业的兴起和发展阶段。

本书研究的对象是封建晚期乌拉尔地区 "被剥削劳动群众"⑤ 的社会政治思想。具体而言，我们研究的劳动者群体主要包括乌拉尔地区物质财富的直接生产者⑥、那些无权收取封建租金的社会群体和阶层。

---

① 俄国法律汇编，由 1648~1649 年的国民代表会议通过。首次提出国事罪，从法律上确立了农奴制。它是 19 世纪上半叶以前俄国的根本法。——译者注

② 俄国经营工商业的城市居民，承担国家赋税（各种捐税、商业税、实物贡赋等）。1775 年起分为商人和市民。——译者注

③ 俄国 14 世纪至 18 世纪初为国家供职的人员。从 16 世纪中期起分为 "世袭" 公职人员和 "募集" 公职人员两类。前者包括大贵族、贵族、贵族侍臣等，这些人员拥有土地和农奴，享有法律特权，并在军队和国家管理机关中担负领导职务；后者包括射击手、炮手、城市哥萨克等，他们是从农民和商业区居民中招募来的，领取钱款和粮食薪饷（在有些地区可领土地），并免缴国家赋税，免服徭役。——译者注

④ 分裂派是俄国东正教内部的一个教派。17 世纪中叶，东正教大牧首尼康进行宗教改革，按希腊原版修正宗教经书，统一了某些礼拜仪式（例如不是用三个而是用两指画十字等），结果招致僧侣界一些人的反对。他们不承认经官方教会修正的宗教经书，反对新礼仪，主张保留旧宗教经书和旧礼仪，故得名旧礼仪派。——译者注

⑤ Ленин В. И. Критические заметки по национальному вопросу. Поли. собр. соч., т. 24. с. 120. 照录《列宁全集》第 24 卷，人民出版社，2017，第 29 页。——译者注

⑥ Поршнев Б. Ф. Феодализм и народные массы. М.: Наука, 1964. с. 209.

　　这一定义十分宽泛，但并不意味着劳动阶层是绝对团结和毫无罅隙的，他们都是劳动者，在乌拉尔发展的漫长历史时期内，其组成发生了重大而深刻的变化。

　　本书所研究的群体包括 17 世纪末乌拉尔人口中的大多数的官地耕农①、乌拉尔和周边地区的少数修道院农民以及关厢居民。此外，我们认为，下级军人还可以包括白地哥萨克人②和龙骑兵③。他们的来源（这批军人基本来自官地耕农）和生活状况等与农民非常接近，他们主要耕种土地，并且与村社保持着紧密的联系。外乌拉尔地区农民状况研究者A. A. 康德拉申科夫指出，他们"听从调遣"服役，以此履行封建义务。④ 最后，白地哥萨克人、龙骑兵与农民的命运历史性地融为一体："常规军"的建立和发展、17 世纪初俄国的财政立法，逐渐剥夺了白地哥萨克人和龙骑兵的阶层特权，他们与国家农民⑤融为一体。从一定意义上说，下层教区的牧师的社会地位也接近劳动者。⑥

　　18 世纪初，大规模采矿业的发展极大地影响了各阶层居民的生活状况。矿厂出现了工匠和工人，他们是工厂的永久劳动力。工匠和工人来自不同社会阶层——18 世纪初被派往乌拉尔的国家工匠的后代、新

---

① 14~17 世纪俄国享有人身自由、占有村社土地并对国家承担封建义务的农民。18 世纪成为国家农民。——译者注
② 16~17 世纪俄国的一些哥萨克人，他们在城乡拥有"白地"，即免交部分或全部国税的土地。——译者注
③ 17~20 世纪欧洲和俄国军队中的一种骑兵，供骑马和徒步队形作战之用。——译者注
④ Кондрашенков А. А. Крестьяне Зауралья в XVII – XVIII вв. В 2-х ч. Челябинск: Южно-Уральск. кн. изд-во, 1966-1969. Ч. 1. Заселение территории русскими. 1966. с. 37.
⑤ 18 世纪至 19 世纪上半叶俄国的一个阶层，大部分由官地耕农、对分农、独院农户等构成。在国有土地上生活，向国家担负封建劳役，享有人身自由。1841 年由国家财产部管辖。1866 年隶属农业总管理系统。1886 年享有赎回土地权。——译者注
⑥ Зольникова Н. Д. Сословные проблемы во взаимоотношениях церкви и государства в Сибири (XVIII в.) Новосибирск: Наука, 1981. с. 4-5.

来者、乌拉尔附属村庄的农民、新兵、"自营工厂主"的农奴以及领有
农①等。② 到19世纪初，居住于工厂定居点并与工厂保持稳定联系的人
口占彼尔姆省总人数的12%（1804年）。在这种环境下，形成了世世
代代在工厂务工的工人，他们是乌拉尔地区未来工人阶级队伍的
核心。

　　工厂的服务人员、文书以及一些来自平民知识分子阶层的测量员、
采矿技师以及矿山投机倒把者等，也与工厂联系密切，但是数量相对
较少。在1804年彼尔姆省人口统计数据中，他们（连同退休的工匠）
只有828人，但没有统计在私营工厂中、一般被划分为领有工人③的
服务人员；通常，其中还包括国营工厂和私营工厂中在学校接受过专
业教育的人员、采矿专家等。他们的社会地位具有双重性：一方面，
他们在工厂以及附属村庄中直接进行非经济胁迫行为（许多上访的农
民和工人对工厂服务人员的投诉都证明了这一点）；另一方面，在阶
级关系中，很大一部分工厂工人（尤其是私营工厂的劳动者）由于身
份是领有农，所以经济负担沉重④；由于信仰分裂派，所以遭受政治迫
害。因此，这一社会阶层涌现出许多在社会反抗运动中举足轻重的
人物。

　　在封建关系占主导地位的条件下，需要大量的劳动者从事辅助性
生产活动（准备木柴、煤炭、铁矿石和铜矿石等），这意味着必须将

---

① 18世纪至19世纪上半叶在俄国属于私人企业的一类农民，他们为这些企业服务或在其
　　中劳动。其形成于下列两项命令发布之后：1721年关于允许工厂买进做工的人和1736
　　年关于使工人固着于作坊的命令。1861年农奴制改革后其得到解放。——译者注
② Черкасова А. С. Социальная борьба на заводах Урала в первой половине XVIII в.
　　Учебн. пособие по спецкурсу. Пермь: Пермск. ун-т, 1980. с. 14−16; Черкасова А.
　　С. Мастеровые и работные люди Урала в XVIII в. （К истории становления
　　пролетариата）. Дисс... д-ра ист. наук. Свердловск, 1983. л. 415.
③ 根据1736年法令，直接从事工业生产的那些领有农。——译者注
④ ГАСО, ф. 67, оп. 1, д. 188, л. 3 об.

绝大多数乌拉尔的国家农民登记到工厂中。俄国第三次人口调查结果表明，俄国附属农奴总数的一半以上（63%）位于乌拉尔地区。① 早在 18 世纪，该地区农民的历史命运就与乌拉尔冶金业紧紧地捆绑在一起。

早在 18 世纪初，农民就和工厂建立了联系，并且这种关系历时甚久。乌拉尔冶金业的产生和发展需要使用木炭和埋藏相对较浅的矿石，直到 19 世纪初，冶金业仍然需要农民准备原材料。乌拉尔居民的思想中，工厂和农民之间的这种需求关系日益巩固并逐渐深入人心。十月革命后不久出版的 П. П. 巴若夫的回忆录中谈道，在乌拉尔地区，不仅是工厂居民区的居民，而且与工厂生产有任何联系的人都被称为工厂人员。这里首先包括"采矿的和冶炼的"农民。П. П. 巴若夫回忆说："当冬季需要挖掘煤矿巷道时，矿场临时招募矿工……虽然他们被称为工厂矿工，实际上他们仍然过着自己的特殊生活。对他们而言，在矿山工作和运输矿石是兼职，他们的主要身份是农民。"② П. П. 巴若夫在这里指出了"工厂"农民生活的两个方面：一方面，准备木炭和开采矿石是他们习以为常的、世代相传的劳动；另一方面，这种劳动是次要的，其主业仍是农业生产。

在不同程度上与工厂相关的人员（即工匠、工人、附属农奴和工厂佣工等）越来越多，到 19 世纪初，他们占彼尔姆省总人口的比例超过了52%，这些都体现了乌拉区地区经济社会发展的特殊性，进而影响了乌拉尔居民的思想斗争和文化。

同时，乌拉尔有一些在俄国其他地区也十分常见的社会群体。这里

---

① Черкасова А. С. Численность и размещение приписных крестьян России во второй половине XVIII в. - В кн.: Историческая география России XVIII в. ч. 1. Города, промышленность, торговля. М.: Ин-т истории СССР АН СССР, 1981. с. 189.

② Бажов П. П. Уральские были: Из недавнего прошлого сысертских заводов. Очерки. Екатеринбург: Уралкнига, 1924. с. 35–36.

居住着地主农奴①、修道院农民（后来成为经济农民②），存在不同社会阶层的公职人员，如哥萨克人、退役的龙骑兵、士兵和马车夫等。一些劳动者还属于城市阶层——小市民③。正式的城市居民在乌拉尔为数甚少，仅占 3%~4%。④

研究人员指出，宗教分裂运动对劳动人民的社会和政治思想有着显而易见的影响。⑤ 很大一部分农民、工匠和工人、服务人员等，信奉受到官方迫害的旧礼仪派。旧礼仪派频繁举行宗教活动，但是，在 18 世纪旧礼仪派的隐修地和隐修室的准确数量无法统计。农民和工匠大多信奉旧礼仪派（18 世纪末，下塔吉尔工厂所有居民提交请愿书，坚决捍卫工厂居民在退休后去隐修地的权利）。在 18 世纪的乌拉尔，藏匿在工厂周围森林里的人口不断增加，他们都是工人的恒定来源。

隐修地在劳动者思想斗争中的作用举足轻重。它们成为当地抄写图书的中心，那里庇护了许多信奉旧礼仪派的农民、工匠和显要的社会反抗人士。

我们并不研究该地区的非俄罗斯族人（主要包括巴什基尔人、鞑靼人、马里人和曼西人等）参与 17~18 世纪意识形态斗争的问题。

---

① 简称"农奴"。封建俄国农奴制改革前对封建主具有人身、土地和行政上的依附（11 世纪至 1861 年）关系的农民。1859 年共有 2300 万农奴。15 世纪末至 17 世纪制定农奴制法，在法律上对其予以确立。—译者注

② 18 世纪下半叶至 19 世纪上半叶俄国的一种国家农奴，由前修道院和教会的农奴还俗以后形成。有相对的个人自由，负有国家义务。——译者注

③ 1755~1917 年俄罗斯帝国市镇的工商业者（手艺人、小商人及房产主）构成的纳税阶层。他们按居住地点联合为有某些自治权的团体。1863 年以前按法律可以对他们施以体罚。——译者注

④ Рындзюнский П. Г. Городовое гражданство дореформенной России. М. : Изд-во АН СССР, 1958. с. 334.

⑤ Пихоя Р. Г. Книжно-рукописная традиция Урала XVIII - начала XX в. (К постановке проблемы). В кн.: Источники по культуре и классовой борьбе феодального периода. Новосибирск: Наука, 1982. с. 394.

第二节　研究现状

关于封建晚期乌拉尔劳动者的社会政治思想，目前尚无专门研究。但是，有关俄国阶级斗争史的著作，已经涉及乌拉尔社会政治思想史的一些问题。Л. Н. 普希卡列夫专门研究了 17 世纪下半叶俄国社会政治思想，详细梳理了社会思想方面的史料，其范围已经超出 17 世纪下半叶的时间界限。对于这一史料的分析相当深广，所以，关于封建晚期俄国社会思想史学无须在此赘述。① 在此我们仅关注作者对 17 世纪末至 18 世纪乌拉尔劳动者的社会思想的分析与评价。

本研究面临的主要困难之一在于：大众的社会思想问题并不是乌拉尔历史研究者关注的焦点。这个话题最先出现在西伯利亚都主教伊格纳季·里姆斯基-科萨科夫的三封信函中。他曾是御前大臣，后来在索洛维茨基修道院镇压旧礼仪派起义，于 1677 年在那里出家为僧。所以，在被任命为托博尔斯克（1693~1701 年）都主教之前，他已经拥有与分裂派斗争的经验。②

正统东正教与乌拉尔和西伯利亚的旧礼仪派之间的斗争异常激烈，这些信函就是斗争的产物。信函的作者伊格纳季·里姆斯基-科萨科夫是分裂派主教公会史学的奠基人之一，由于他预备将自己的研究成果投入实际应用，因此他被迫收集分裂派早期历史的各种资料，从旧礼仪派信徒的角度，向自己未来的追随者指出旧礼仪派的薄弱环节。在宗教教条

---

① Пушкарев Л. Н. Общественно‑политическая мысль России. Вторая половина XVII в. Очерки истории. М.: Наука, 1982. с. 25 - 75; Краснобаев Б. И. Русская культура второй половины XVII - начала XIX в.: Учеб, пособие для студентов ист. спец, вузов. М.: Изд‑во МГУ, 1983. с. 4-40.

② Послания блаженного Игнатия, митрополита Сибирского и Тобольского, изданные в «Православном собеседнике». Казань: Тип. губ. правления, 1855. 176 с.

主义盛行的地区，除了公开拒绝服从官方教会的牧师外，他们还试图"像神父一样简单地行动"。在17世纪末，一些旧礼仪派信徒提出皈依反教堂派，① 要求神父和僧侣遵循分裂派的思想，信仰异教（在上述信函中，乌拉尔—西伯利亚分裂派的一位领导人、流亡隐修士约瑟夫·伊斯托明被异乎寻常地指控为"亚美尼亚的异教徒"）。都主教伊格纳季·里姆斯基-科萨科夫认为，西伯利亚分裂派在政治上的弊端表现为：他们和已定罪的、曾在西伯利亚流亡的国事犯大主教阿瓦库姆和牧师拉扎尔来往频繁，拒绝为沙皇祈祷并且与1681年莫斯科射击军起义参与者关系密切。

伊格纳季·里姆斯基-科萨科夫的信函完全符合17世纪至18世纪初的教权主义流派的史学水准，并且在一定意义上说，它们确立了这一水平。伊格纳季·里姆斯基-科萨科夫的论证方法是尝试以另外一种方式阐释17世纪旧礼仪派和东正教对历史进程理解的共性。像他的旧礼仪派对手一样，他同样在一定程度上相信反基督者很快就要到来，旧礼仪派信徒就是反基督者的真正先行者，对此他采用算数的方法进行论证。他首先虚构了分裂派导师约瑟夫·伊斯托明和阿斯托门的姓氏，然后拆解了其中一个姓氏中几个字母的数字意义，伊格纳季·里姆斯基-科萨科夫据此认为，该数是666，即反基督者的隐秘名字。

托博尔斯克都主教的信函涉及如下方面的信息：分裂派在乌拉尔和外乌拉尔地区居民中的传播以及分裂派信徒大规模地脱离官方教会（因此，伊格纳季·里姆斯基-科萨科夫将分裂派信徒视为新教的路德派和加尔文派，是"离经叛道者"）；农民与关厢居民和军人之间关于是否允许自焚问题的争论；末世论的广泛传播；乌拉尔—西伯利亚分裂派领导人

---

① 反教堂派是旧礼仪派教派之一。主张不要神职人员，反对某些宗教仪式。分以下派别：北方沿海旧礼仪派、费多谢耶夫教派、菲利普教派、逃亡教派、涅托夫教派等。——译者注

（阿夫拉米·文格尔斯基、雅科夫·列皮欣、约瑟夫·伊斯托明和多美季安-丹尼尔等）在该地的活动等。

尽管伊格纳季·里姆斯基-科萨科夫的信函表现出了明显的倾向性，但是它们仍然极具史学价值，反映了 17 世纪至 18 世纪初的史学水平，并说明了 17 世纪下半叶乌拉尔和西伯利亚的社会思想。

如上所述，都主教伊格纳季·里姆斯基-科萨科夫的著作对形成中的主教公会史学研究产生了重大影响。尽管这些信函随后于 1855 年出版，但是它们以手稿形式广泛传播，广为人知。都主教季米特里·罗斯托夫斯基（图普塔洛）是 17 世纪下半叶至 18 世纪初的俄国教会的另一位活动家，在 1709 年创作的《寻找布林信仰》中，他大量引用了都主教伊格纳季·里姆斯基-科萨科夫的信函中的内容，尤其是其中涉及乌拉尔和西伯利亚的分裂派发展史的相关信息。

季米特里·罗斯托夫斯基仅仅编辑了伊格纳季·里姆斯基-科萨科夫的信函，压缩了他关于反基督者很快降临的论述，18 世纪初，俄国官方教会已经不再承认这些迹象。季米特里·罗斯托夫斯基并没有提供有关乌拉尔—西伯利亚事件的任何新信息。① 但是，季米特里·罗斯托夫斯基的《寻找布林信仰》广为人知，所以关于 17 世纪下半叶西伯利亚分裂派历史的资料可追溯到 18 世纪都主教伊格纳季·里姆斯基-科萨科夫的信函，它们均被收入 18 世纪至 19 世纪上半叶主教公会的不同出版物中。②

19 世纪上半叶，社会思想的一个方面，即乌拉尔居民的宗教观问题，继续吸引着教会活动家的注意。早在 19 世纪 60 年代，帕拉迪（皮扬科

---

① Димитрий Ростовский. Розыск о раскольнической брынской вере. М. : Синод, тип. , 1745. с. 250.

② Иоаннов（Журавлев）А. И. Полное историческое известие о древних стригольниках, и о новых раскольниках, так называемых старообрядцах, о их учении, делах и разногласиях. 2-е изд. ч. 1-4. СПб. : Акад. наук, 1795. с. 173, 367.

夫）遵循官方主教公会史学研究的传统，并且很大程度上基于尼古拉一世在位期间传教士和警察与分裂派信徒进行斗争的经验，编写和出版了一系列著作。帕拉迪（皮扬科夫）的著作论述了17世纪至19世纪上半叶的乌拉尔地区分裂派的活动概况。① 作者认为分裂派是"一种使教会肌体不适的恶疾……分裂派在公民社会中也造成了极大的混乱，它公开或暗地里仇视任何权力（无论是东正教还是世俗政权）"。根据对分裂派的态度，可以对分裂派进行历史分期，其中最为重要的时间节点是1828年。这一年，彼尔姆省开始采取反分裂派的行动，从而结束了"旧礼仪派的自由渗透传播"。

这部作品的优点在于资料来源非常丰富，其中大部分由传教士搜集。在此基础上，作者详细地追溯了旧礼仪派在彼尔姆省各地的传播过程，详细描述了18世纪旧礼仪派的活动。帕拉迪经常强调采矿厂和旧礼仪派信徒之间的密切关系，"拖家带口"的旧礼仪派信徒从莫斯科省、图拉省、下诺夫哥罗德省和奥洛涅茨省等地迁往乌拉尔，建设工厂。他还指出，工厂主管部门和工厂主都倾向于招募旧礼仪派信徒。书中收录了彼尔姆省分裂派信徒撰写的一些文件，它们反映了分裂派政治倾向和内部生活一些至关重要的方面，包括彼尔姆县旧礼仪派信徒在1792年12月27日会议上做出的决议，要求拒绝为"异教徒"沙皇祈祷。②

与修士大司祭帕拉季的文章相近的是另外一篇冗长的文章，题为《论下塔吉尔工厂的统一信仰》，它发表于1866年的《东正教对话者》。文章的主要材料来源于乌拉尔最古老的教会之一（下塔吉尔圣三一教会）

---

① А（рхимандрит）П（алладий）П（Пьянков.）Обозрение пермского раскола, так называемого «старообрядства». СПб.：тип. журн. «Странник», 1863. с. 49, 215.

② А（рхимандрит）П（алладий）П（Пьянков.）Обозрение пермского раскола, так называемого «старообрядства». СПб.：тип. журн. «Странник», 1863. с. 31-32.

的档案，该教会于 1837 年发展为皈一派①教会。作者介绍了下塔吉尔工厂的旧礼仪派信徒组织，以及该工厂的旧礼仪派信徒与伏尔加河沿岸各个分裂派据点的紧密联系。特别令人感兴趣的是其中由信仰旧礼仪派的工匠和工人创作的原始文献。在这里，首次出现了 18 世纪乌拉尔一位旧礼仪派信徒作者的信息，他是鞑靼人，早在幼年时即被俘虏，被送往俄国为奴，后来从主人那里逃出，并成为乌拉尔地区分裂派的领导人之一——修士马克西姆。19 世纪上半叶，工厂区的人们一直非常推崇他的作品。②

П. И. 梅利尼科夫（А. 佩切尔斯基）的著作在官方主教公会历史研究中占据着特殊的位置。他是内政部一位著名的官员，专门从事反分裂派斗争，也是一位作家兼民族志学家。在他看来，与旧礼仪派斗争的方法不应该是镇压，而是他所进行的研究，即通过教育分裂派信徒来削弱该教派的势力。由此，П. И. 梅利尼科夫呼吁"通过印刷分裂派的文献来揭露分裂派的秘密"③。П. И. 梅利尼科夫关于分裂派的著作具有特殊的史学意义，因为它们反映了 19 世纪 40~60 年代资产阶级史学所取得的一些成就。书归正传，П. И. 梅利尼科夫遴选了许多重要的、形形色色的资料，论述了叶卡捷琳堡及乌拉尔地区的旧礼仪派工商业上层人士对官方教会整体的态度，以及他们试图创建自己独立的旧礼仪派等级制度的尝试。④

---

① 东正教旧礼仪派中的一派。在旧礼仪派中的温和派同 1800 年形成的官方正教会达成妥协的情况下出现，该派服从俄罗斯正教会主教公会，但保存了自己旧有的习俗和礼仪。沙皇政府强制其他旧礼仪派信徒按皈一派的办法行事。——译者注

② Варушкин Н. О единоверии на Нижнетагильском заводе и его округе. Православный собеседник，1866. ч. 1，с. 17~18.

③ Мельников П. И. Письма о расколе. Поли. собр. соч.，2-е изд. СПб.：Изд-во А. Ф. Маркса，1909. т. 6. с. 203~250.

④ Мельников П. И. Очерки поповщины. Поли. собр. соч. 2-е изд. СПб.：Изд-во А. Ф. Маркса，1909. т. 7. с. 169~171.

П. С. 斯米尔诺夫的研究尤为全面地呈现了主教公会史料研究的新趋势。他继续了先前文献中反分裂派方向的研究，但是采用了全新的史料。П. С. 斯米尔诺夫首次将此前鲜为人知的旧礼仪派信徒创作的文献应用于史学研究，包括 17 世纪 60 年代至 70 年代初的文献。《达尔马托夫圣母安息修道院就"反基督者及其秘密王国"致秋明的信函》表明，外乌拉尔地区广泛的社会阶层深信沙皇阿列克谢·米哈伊洛维奇具有"反基督者"的特征。①

除了这一方向史料的上述典型特征之外，也要指出：这一流派的代表人物收集了大量的、关于封建晚期乌拉尔和西伯利亚大众社会思想一个方面的资料——大众对待官方教会的态度、旧礼仪派在该地区的传播情况。这一方向的史学研究的特殊之处在于：它认为分裂派是当时愚昧无知和教育程度低下的产物，在一定程度上沿袭了分裂派不利于政治团结的观点。分裂派被视为一种孤立的现象，与俄国经济社会发展的其他事件无关，分裂派的变化在很大程度上是其精神领袖活动的结果。

研究乌拉尔采矿业的著作涉及了 18 世纪乌拉尔地区劳动者社会思想的其他层面，它们遵循 18 世纪贵族史学的传统，阐释了乌拉尔地区附属农奴、工匠和工人的动乱原因，并提出需要研究导致动乱的原因。

В. И. 根宁（以下简称"根宁"）的著作《乌拉尔和西伯利亚工厂总览》首次研究了上述课题。② 西伯利亚矿务总局管理着俄国东部的采矿业，首任局长为根宁，任期从 1722 年到 1734 年。他不仅编纂了 18 世纪

---

① Смирнов П. С. Внутренние вопросы в расколе в XVII в. СПб.: т-во《Печатня С. П. Яковлева》, 1898. с. XXXIV; Рабинович Я. Б. Круг Н. Г. Чернышевского и разночинцы Урала в период первой русской революционной ситуации в России. Учеб, пособие по спецкурсу. Пермь: Пермский ун-т, 1983. с. 0121; Смирнов П. С. Споры и разделения в русском расколе в первой четверти XVIII в. СПб.: тип. М. Меркушева, 1909. с. V, 363. 0168.

② Геннин В. И. Описание уральских и сибирских заводов. 1735- М.: История заводов, 1937. с. 656.

乌拉尔冶金业的百科全书，而且还报道了 1703 年昆古尔县农民的活动，他们"驱走了"州长 A.卡利京，使他不能"从事矿务工作……所以上述采矿工作终止"，还谈到了在叶卡捷琳堡工厂建设过程中，劳动者和士兵的大规模逃亡。《乌拉尔和西伯利亚工厂总览》介绍了矿厂附属学校的组织、教学内容以及乌拉尔农民探矿者等方面的宝贵信息，证明了该地区居民的精神文化水平。

18 世纪 50~60 年代，附属农奴多次暴动，所有国家机关均面临着两个极为尖锐的问题：（1）农民们为何不满；（2）为了防止再次爆发农民起义，政府必须采取什么措施。① 西伯利亚矿务总局秘书、议员 B.И.克拉马伦科夫于 1776 年前后编写了《矿业札记》，不仅研究了 18 世纪大部分时期乌拉尔附属农奴的斗争，还说明了那些拒绝工厂工作的动乱参与者的心理动机。

B.И.克拉马伦科夫着重指出，附属农奴经常"蓄意曲解陛下诏书"，事实上他们试图在俄罗斯帝国的立法中找到拒绝工厂工作的理由。在动乱时期，农民地方自治会在一定程度上表达了农民的诉求。② 在研究动乱原因时，B.И.克拉马伦科夫认为"上述抗命现象的出现……表达了农民对工厂主、矿主和矿业领导层的不满，显然，导致这种现象的原

---

① Павленко И. И. Историческое предуведомление о начальном заведении и ныне продолжающемся рудокопном промысле. В кн.: Вопросы социально-экономической истории и источниковедения периода феодализма в России. М.: Изд-во АН СССР, 1961. с. 314-321; Павленко Н. И. Металлургия Урала в Горной комиссии 1765-1767 гг. В кн.: Из истории Урала. Свердловск: кн. изд-во, 1960. с. 101-113; Орлов А. С. Волнения на Урале в середине XVIII в. (К вопросу о формировании пролетариата в России). М.: Изд-во МГУ, 1979. с. 160-182.

② В. И. Крамаренкова手稿参见 ЦГАДА, Госархив, яд XIX, оп. 1, д. 1808; ГАСО, ф. 101, оп. 1, д. 411; ГИМ, ф. Куракина, д. 1093. 详见 Орлов А. С. Волнения на Урале в середине XVIII в. (К вопросу о формировании пролетариата в России). М.: Изд-во МГУ, 1979. 7 с. 。В. И. 克拉马伦科夫的部分手稿刊于 Крамаренков В. И. Материалы для истории рабочих на горных заводах. (Из записки В. Крамаренкова), Публ. А. В. Шебалова. Архив истории труда в России. Пг., 1921. № 1. с. 91-112。

因众多。有时工厂主不合时宜地制定了一些违法条例，反对农民从事工厂工作，欠薪，在农忙时节迫使工人从事工厂劳动以及其他方面的压迫行为"①。

В. И. 克拉马伦科夫认为，无论是工厂主还是农民，都必须严格遵守俄罗斯帝国的立法，这才是解决问题的出路。该结论完全符合 18 世纪贵族史学的思想水平。

在资产阶级史学的形成过程中，乌拉尔地区劳动者社会思想的研究中出现了新的内容。19 世纪 40 年代，国家财产部和俄国地理学会（РГО）民族志部门对俄国（特别是乌拉尔）居民的日常生活、经济活动以及习俗进行广泛的调查。② 这些调查的结果被收入俄国地理学会的档案库，③ 其中部分材料公开发表。④ 这些出版物的长足之处不仅在于涵盖丰富的事实材料和人种志资料，还在于可以根据这些数据，比较矿业中心居民和该地区农民的生活习俗和文化特征的异同。大多数类似文献对人民群众的处境表示同情。

《彼尔姆文集》由乌拉尔一部分进步的民主主义知识分子编写于废除

---

① Крамаренков В. И. Материалы для истории рабочих на горных заводах. (Из записки В. Крамаренкова), Публ. А. В. Шебалова. Архив истории труда в России. Пг., 1921. № 1. с. 100.

② 关于这些机构搜集民族学资料的过程以及俄国地理学会的研究纲领，参见 Громыко М. М. Трудовые традиции русских крестьян Сибири（XVIII - первая половина XIX в.）. Новосибирск: Наука, 1975. с. 12-24。

③ 俄国地理学会档案库收藏的文献，参见 Зеленин Д. К. Описание рукописей Ученого архива Русского географического об-ва: В 3-х вып. Пг., 1914-1916 - Вып. 1. 1914. XII. 483 с. Вып. 2. 1915. IV, 485-988 с. Вып. 3. 1916. I, Ⅲ, 989-1279 с. 此外，俄国地理学会的通讯会员、沙德林斯克农民 А. Н. 济里亚诺夫的资料，参见 ГАСО, ф. 136 (А. Н. Зырянов)。

④ Петухов Д. Горный город Дедюхин и окольные местности. Записки Русского географического об-ва. СПб., 1863. кн. 3. с. 1-109. кн. 4. с. 1-109; Рябов И. Былина и временность Нижнетагильских заводов. Учен. записки Казанского ун-та, 1848. ч. 2. с. 1-57.

农奴制前夕，在乌拉尔社会思想史学中具有重要意义。① 苏联著名民俗学家 M. K. 阿扎多夫斯基认为，该文集成为"农奴制崩溃时代的最佳地方志出版物"②。文集的作者数量众多。与俄国地理学会合作的沙德林斯克农民、民俗学家和民族志学家 A. H. 济里亚诺夫积极参与了文集的撰写工作。根据俄国地理学会的计划，牧师 T. 乌斯宾斯基撰写了《沙德林斯克县西南区札记》。在《彼尔姆文集》中，根据作者们的主题和社会政治观点的不同，收录了如下文章：H. 菲尔索夫的《彼尔姆省的公立学校的开设》、A. 克鲁别尼克的《彼尔姆地区定居和文明简史》、Я. 普列捷琴斯基和 A. H. 济里亚诺夫整理的民俗记录文章以及 A. H. 济里亚诺夫对 E. И. 普加乔夫领导的农民战争的研究文章等。大多数文章都极为关注乌拉尔人民群众的基本生活问题、生活条件、生活方式、文化、道德习俗以及社会反抗等。③

H. A. 杜勃罗留波夫、H. A. 佩平④在《当代人》杂志发表书评，称赞《彼尔姆文集》中的纲领性文献体现出的民主性、反农奴制倾向。⑤

《彼尔姆文集》的出版标志着乌拉尔社会思想史研究中民主主义方向的形成，同时意味着乌拉尔历史研究中，资产阶级史学与民粹主义史学

① 关于《彼尔姆文集》在乌拉尔废除农奴制之前社会思想史中的地位，参见 Рабинович Я. Б. Круг Н. Г. Чернышевского и разночинцы Урала в период первой русской революционной ситуации в России. Учеб, пособие по спецкурсу. Пермь: Пермский ун-т, 1983. с. 27-39。

② Азадовский М. К. История русской фольклористики. М.: Учпедгиз, 1963. т. с. 210, 214.

③ Рабинович Я. Б. Круг Н. Г. Чернышевского и разночинцы Урала в период первой русской революционной ситуации в России. Учеб, пособие по спецкурсу. Пермь: Пермский ун-т, 1983. с. 33.

④ H. A. 佩平（1833~1904），俄国文艺学家，彼得堡科学院院士。——译者注

⑤ Добролюбов Н. А. Пермский сборник. Собр. соч. г в 3-х т. М.: Гос. изд-во худ. литературы, 1952. т. 2. с. 471-479; Рабинович Я. Б. Круг Н. Г. Чернышевского и разночинцы Урала в период первой русской революционной ситуации в России. Учеб, пособие по спецкурсу. Пермь: Пермский ун-т, 1983. с. 27.

开始分道扬镳。

　　资产阶级史学具有典型的研究方法和方法论，成为俄国资产阶级史学的一部分。在 19 世纪下半叶乌拉尔地区社会、经济和文化发展的背景下，该方向的主要特征是：它主要关注政府部门在建立采矿业方面的活动，并未专门研究该地区人民群众的历史；大众的角色仅仅是见证行政措施的成败，一旦失败，农民往往暴动。

　　乌拉尔著名的历史学家和民族志学家 H. K. 丘平非常关注该地区附属农奴的形成、其社会地位和斗争等方面的历史。在《彼尔姆省地理和统计词典》① 中，作者提供了大型采矿业兴起前夕乌拉尔地区官地耕农地位的丰富资料，论述了 17 世纪至 18 世纪初乌拉尔聚居区的自治情况。H. K. 丘平随后研究了乌拉尔地区由 E. И. 普加乔夫领导的农民战争，指出附属农奴投身这场战争的原因是生活陷入困境。② H. K. 丘平首次从叶卡捷琳堡矿业历史档案库发现上述文献，并在此基础上发表了大量论文和随笔，介绍了 18 世纪叶卡捷琳堡居民的文化风俗和生活习惯。③

　　另一位乌拉尔方志学家 B. H. 希雄科拓展了这一方向，但是与 H. K. 丘平相较而言，其方法论水平要低得多。他出版了七卷本《彼尔姆编年史》④，从本质上讲，这是未经专门系统化挑选而搜集的文件汇编，并且在汇编过程中打乱了材料最基本的时间顺序。尽管该汇编没有太大的

---

① Чупин Н. К. Географический и статистический словарь Пермской губернии: В 8 - ми вып. Пермь: Губ. земство, 1873 - 1887. Т. 1 - 8.

② Гурьев И. А. Буржуазная историография второй половины в. огорнозаводском Урале XVIII в. В кн.: Историография рабочего класса Урала периода капитализма. Свердловск: Уральск. ун-т, 1979. с. 29 - 36.

③ Н. К. 丘平的著作清单，参见 Гомельская С. З. Н. К. Чупин. Свердловск: Сред. - Уральск, кн. изд-во, 1982. с. 87 - 89。

④ Шишонко В. Н. Пермская летопись с 1262 - 1881 гг. В 5 - ти периодах. Пермь: тип. губ. земства, 1882 - 1889.

科学价值，它仍是值得研究的，因为其中收录了大量目前基本上已经散失的资料，例如记载 17 世纪至 18 世纪初乌拉尔历史信息的上图里耶大事年表、18 世纪的大量公务文牍等。В. Н. 希雄科的观点也引人注意：附属农奴之所以感到不满并参加暴乱，重要原因之一是农业生产日历和工厂工作日历并不同步，附属农奴需要中断农业生产，参加工厂工作。

该汇编也涉及乌拉尔地区劳动者的社会思想的某些问题，因为它们与乌拉尔学术界的活动相关。1879 年底成立的乌拉尔自然科学爱好者协会并未专门研究该地区的历史，更未涉猎人民群众的历史。但是，协会在自己的《通报》中发表了大量的民间作品的记录——流行于乌拉尔地区的歌曲、咒语和征兆符号等，它们是研究人民群众世界观的重要资料。①

实际上，于 1888 年成立的彼尔姆省科学档案委员会依然没有研究乌拉尔人民大众的思想，该委员会的活动主要限于整理和描写自己的"历史档案"，以及审查各个机构档案馆收藏文献的价值。

概而言之，在乌拉尔的资产阶级史学研究中，尚未出现专门研究群众文化、社会思想或研究暴动参与者观点的有分量的著作。从一定意义上说，甚至根本没有涉及乌拉尔贵族史学的传统课题——揭示 18 世纪乌

---

① Дмитриев А. А. Народное творчество в Билимбаевском заводе Екатеринбургского уезда Пермской губернии. Записки Уральского об-ва любителей естествознания. Екатеринбург, 1890–1891. т. 12. вып. 2. с. 1–11; Некрасов П. А. Народные песни, наговоры, загадки, скороговорки и пословицы, записанные в Александровской волости Соликамского уезда. – Записки Уральского об-ва любителей естествознания. Екатеринбург, 1901. т. 22. с. 118–222; Олесов В. Г. Сборник пословиц и поговорок, записанных в Камышловском уезде. Записки Уральского об-ва любителей естествознания. Екатеринбург, 1884. т. 7. вып. 4. с. 191–215; Шилков П. А. О суеверии населения Шайтанского завода Екатеринбургского уезда Пермской губернии. Записки Уральского об-ва любителей естествознания. Екатеринбург, 1895. т. XV, вып. 1. с. 54–56; Шилков П. А. Свадебные обряды и песни Билимбаевского завода Екатеринбургского уезда, изданные под ред. А. А. Дмитриева. Записки Уральского об-ва любителей естествознания. Екатеринбург, 1891. 1894. т. XIII, вып. 2. с. 177–195.

拉尔附属农奴暴乱的原因。

在这一时期，民粹主义史学家在研究乌拉尔地区劳动者社会思想的过程中提出了一些新问题。А. П. 夏波夫的观点极大地影响了民粹主义史学的发展。他研究了分裂派之后，首次尝试揭示产生这一教派的社会原因，认为这是民众对国家加强农奴制的反应。在研究分裂派时，А. П. 夏波夫发现，当时地方自治机关的某些举措实际上与俄国政府的行政措施背道而驰。[①] 民粹派学者 А. С. 普鲁加温对分裂派历史的研究[②]以及 Д. Н. 马明-西比里亚克的历史著作也秉持上述观点。[③]

彼尔姆省地方自治机关参与出版的一些方志文献也体现了民粹主义史学传统。彼尔姆省统计委员会出版的《彼尔姆地区》[④] 和《彼尔姆省情资料集》中，刊载了许多有关乌拉尔地区居民的人种学、民俗学和社会思想等方面的信息，主要关注农民的生活方式、生活条件、风俗习惯和仪式礼节等。М. И. 米泽罗夫和 Н. Л. 斯卡洛祖博夫的文章中包含大量研究传统世界观的材料，专门分析彼尔姆省克拉斯诺乌菲姆斯克县的民间医术，[⑤] И. В. 伏洛格丁研究了斯特罗加诺夫家族庄园中农奴生活情况，包括近乌拉尔地区同时从事农业生产与工厂劳动的农民

---

① Щапов А. П. Земство и раскол. Собр. соч. : В 2 - х т. СПб. : тип. Пирожкова, 1906. с. 509-579.

② Пругавин А. С. «Самоистребители» - проявления аскетизма и фанатизма в расколе. Русская мысль, 1885. № 1. с. 77-83; № 2. с. 112-136.

③ Мамин-Сибиряк Д. Н. Город Екатеринбург: Исторический очерк. Собр. соч. : В 12-ти т. Свердловск: Свердлгиз, 1951. т. 12. с. 238-290; Мамин-Сибиряк Д. Н. От Урала до Москвы. Собр. соч. : В 12-ти т. Свердловск: Свердлгиз, 1951. т. 12. с. 176-187.

④ Пермский край. Сб. сведений о Пермской губернии / Под ред. Д. Смышляева: В. 3 - х т. Пермь: губ. стат., ком., 1892-1895.

⑤ Мизеров М. И., Скалозубов Н. Л. К вопросу о народной медицине в Красноуфимском уезде. Пермский край. Пермь: губ. стат. ком., 1893. т. 2. с. 238-281.

的经济日历信息。① Ф.А.捷普劳霍夫记载了切尔登县农民祭拜"森林之王"的特殊习俗。② 方志学家、农艺师和民族志学家 Н.Л.斯卡洛祖博夫的文章经常刊发在上述文集中。③ 如前所述，上述作者重点关注农民阶层，他们的历史、生活习俗和仪式礼节等。Н.Л.斯卡洛祖博夫的研究并非偶然，原因是虽然这一史学流派非常关注农民，但不足之处在于，它忽视了农民、工匠以及劳工在社会地位、思想方式等方面的实际差异，他们是当时形成中的工人阶级的来源。

В.И.谢梅夫斯基致力于俄国农民史的研究，代表着民粹主义史学的最高成就。在研究中他收集了大量科学资料，描述了 18 世纪乌拉尔矿业人口状况和斗争过程，他的研究至今仍是史学研究不可替代的文献。В.И.谢梅夫斯基对劳动者状况表达了深切同情。他详细研究了暴乱期间乌拉尔地区劳动者制订的文件（劳动者之间传播的诉状、呈文、村社的判决及"告示"等），揭示了暴乱参与者对俄罗斯帝国国家机构和工厂方面的态度。

В.И.谢梅夫斯基在研究暴乱原因时认为，暴乱源于国家侵犯了采矿农民的权利——将附属农民转变为农奴，将工匠和工人转变为农奴工人。④ 同时，В.И.谢梅夫斯基像一般的民粹史学研究一样，"农奴制

---

① Вологдин И. В. Жизнь крепостных крестьян гр. Строгановых в Оханском уезде Пермской губернии. Бытовые очерки. Пермский край. Пермь: губ. стат. ком., 1895. т. 3. с. 200-226.

② Теплоухов Ф. А. «Кабала» или прошение лесному царю. Из пермяцких суеверий. В кн.: Пермский край. Сб. сведений о Пермской губернии. Пермь: губ. стат. ком., 1895. т. 3. с. 291-299.

③ Скалозубов Н. Л. Народный календарь. Праздники, дни святых, особочтимых народом, поверья, приметы о погоде, обычаи и сроки сельскохозяйственных работ. В кн.: Сборник материалов для ознакомления с Пермской губернией. Пермь: губ. стат. ком., 1893. вып. 5. с. 3-22.

④ Орлов А. С. Волнения на Урале в середине XVIII в. (К вопросу о формировании пролетариата в России). М.: Изд-во МГУ, 1979. с. 10.

度不是被看做产生了某种剥削、某些对抗阶级、某些政治和法律等等制度的一定经济组织形式，而只是被看做地主的横行霸道和对待农民的不公平"①。

　　十月革命前的史学界积累了 17 世纪末至 18 世纪乌拉尔劳动者社会思想的大量资料。各个流派的史学家试图揭示农民自治机构的内部组织形式、大众的宗教信仰，阐明与俄国官方和教会相对立的分裂派广泛传播的原因，同时解释该地区的民众为何参与大规模暴乱、为何参加 1773 ~ 1775 年的农民战争。

　　可是，十月革命前的史学界忽略了该地区各个社会群体的精神文化的特殊性。工匠和工人是随着大规模采矿业的发展而出现的特殊社会群体，他们的社会思想并未真正得到研究。许多关于乌拉尔人生活、习俗和民间文化的出版物，在记载该地区文化史的重要事实的同时，并没有考虑到上述研究对象与相应阶层的经济社会地位之间的联系，这是唯心主义的研究方法。十月革命前的史学界并未尝试基于该地区经济和社会发展的历史、群众斗争的状况，归纳和分析 18 世纪乌拉尔地区劳动者社会思想的各种表现形式。

　　苏联时期的乌拉尔史学在其萌芽阶段，就已经尝试弥补十月革命前史学的上述缺陷。

　　早在 1927 年，彼尔姆大学教授 П. С. 博戈斯洛夫斯基就已经发表了一篇纲领性论文，呼吁学者基于移民进程、采矿业的发展、旧礼仪派的影响以及乌拉尔地区特殊的经济和地理条件等，系统地研究该地区居民的文化特征和社会思想。②

---

① Ленин В. И. Что такое «друзья народа» и как они воюют против социал-демократов? (Ответ на статьи «Русского богатства» против марксистов.) Поли. собр. соч., т. 1. с. 342. 照录《列宁全集》第 1 卷，人民出版社，2013，第 298 页。——译者注

② Богословский П. С. К постановке историко-культурных изучений Урала. В кн.: Уральское краеведение. Свердловск: Урал-книга, 1927. с. 33-37.

苏联史学理所当然地以劳动者参与阶级斗争的问题作为研究的突破口。长期以来，这一课题成为乌拉尔封建社会大众思想研究的主要内容。苏联史学的一项重大成就是出版了一系列历史文献，包括 1773～1775 年农民战争参与者制定的文件。[①] 苏联史学研究了农民战争爆发的原因，对战争参与者的政治意识水平做出评价，分析了不同社会群体（包括乌拉尔的附属农奴、工匠和工人）在战争中的作用。但是，迄今为止，分裂派在这场农民战争中的地位问题依然悬而未决。[②]

乌拉尔群众社会思想的研究与该地区社会经济发展的研究紧密相关。В. И. 顺科夫、А. А. 康德拉申科夫、А. А. 普列奥布拉任斯基等学者研究了 17 世纪至 18 世纪初该地区的发展过程，详细地研究了官地耕农（在 17 世纪开发了乌拉尔和外乌拉尔地区）的法律观念问题。他们还研究了农民自治机构、俄国地方当局和中央政府之间的相互关系以及自由村的村民在建立新定居点过程中的作用。[③]

---

① Пугачевщина. Сб. документов и материалов: В 3-х т. М.；Л.：Гос. изд-во，1926-1931.

② Андрущенко А. И. Крестьянская война. 1773 - 1775 гг. на Яике, в Приуралье, на Урале и в Сибири. М.：Наука, 1969. 360 с.；Индова Е. И., Преображенский А. А., Тихонов Ю. А. Лозунги и требования участников крестьянских войн в России XVII-XVIII вв. В кн.：Крестьянские войны в России XVII-XVIII вв.：Проблемы, поиски, решения. （Сб. статей）. М.：Наука, 1974. с. 239-269；Крестьянская война в России в 1773-1775 гг. Восстание Пугачева/ Под ред. В. В. Мавродина：В 3-х т. Л.：Изд-во Ленингр. ун-та, 1961-1970；Крестьянские войны в России XVII-XVIII вв.：Проблемы, поиски, решения. （Сб. статей）. М.：Наука, 1974, с. 239-269.

③ Кругляшова В. П. Жанры несказочной прозы уральского горнозаводского фольклора. Учеб, пособие по спецкурсу для филолог / фак. Свердловск: Уральск. ун-т, 1974. 168 с.；Кондрашенков А. А. Крестьяне Зауралья в XVII - XVIII вв. В 2 - х ч. Челябинск: Южно-Уральск. кн. изд-во, Ч. 1. Заселение территории русскими. 1966. 174 с.；Ч. 2. Экономика и положение крестьян. 1969. 276 с.；Кондрашенков А. А. Очерки истории крестьянских восстаний в Зауралье в XVIII в. Курган: Газ.《Сов. Зауралье》, 1966. 177 с.；Кондрашенков А. А. Русская колонизация Зауралья в XVII - XVIII вв. Учен. зап. Курганск. пед. ин-та. Курган, 1964. вып. 6. с. 3-94.；Преображенский А. А. Очерки колонизации Западного Урала в XVII-начале XVIII вв. М.：Изд-во АН СССР, 1956. 302 с.；Преображенский А. А. Урал и Западная Сибирь в конце XVI - начале XVIII в. М.：Наука, 1972. 392 с.

其中 A. A. 普列奥布拉任斯基专著首次专门提出研究 18 世纪乌拉尔和西西伯利亚地区官地耕农的思想意识问题，并指出两个因素影响了其思想意识的形成：其一，该地区官地耕农所居住村庄的传统；其二，俄国 17 世纪下半叶的社会经济和政治发展引起的新现象。[①]

苏联史学的一项重大成就是研究了采矿业对 18 世纪乌拉尔地区劳动者的阶级斗争和社会政治思想的影响。Б. Б. 卡芬豪斯在著作中概述了杰米多夫家族的采矿冶金联合企业中工人的命运。值得注意的是，作者认真地分析了乌拉尔地区农民在该地区建设工厂之前已经积累的丰富采矿经验，附属农奴、工匠和工人各个阶段的斗争以及他们的诉求，18 世纪 50 年代末 60 年代初大规模暴动期间在工厂建立的"米尔"[②]，作者也初步研究了工匠和工人在暴动中的特征。

由于在评价俄国社会经济发展水平、确定采矿业和制造业的性质、无产阶级形成等问题时观点不一，学者们反复研究了 18 世纪乌拉尔地区矿山爆发的动乱。[③] 为了研究乌拉尔动乱史，20 世纪 50～60 年代出版了大量文献。[④] 研究中提出了新的视角：密切关注各个社会群体的物质和生

---

① Преображенский А. А. Урал и Западная Сибирь в конце XVI - начале XVIII в. М. : Наука，1972. с. 350-367.

② "米尔"为俄语 мир 的音译，即俄国从 13 世纪到 20 世纪初的农村公社。存在于国有土地、宫廷土地、贵族领地和寺院土地上。16 世纪随着军功领地制的发展，俄国中部地区的米尔多已瓦解，只有寺院和私人世袭领地上的米尔被保留了下来，但俄国北部的米尔未受破坏。负责人从富裕的农民长老中选举产生。管理机构是米尔会议，负责摊派和征收赋税、重新分配土地等，同时也进行低级审判，解决成员间的纠纷。1861 年农奴制废除后，仍被统治阶级保留下来，置于地方官的控制之下，使之成为辖制农民和统一征税的工具。米尔亦指城市公社。——译者注

③ Орлов А. С. Волнения на Урале в середине XVIII в. (К вопросу о формировании пролетариата в России). М. : Изд-во МГУ，с. 19-49；Черкасова А. С. Социальная борьба на заводах Урала в первой половине XVIII в. Учебн. пособие по спецкурсу. Пермь：Пермск. ун-т，1980. 104 с.

④ Вагина П. А. Волнения приписных крестьян на Авзяно- Петровских заводах Урала в 50-60-х гг. XVIII в. Уч. зап. Свердл. пед. ин-та，1955. вып. 2. с. 30，8-326；Калюжный В. И. Волнения на заводах Урала в 50-60 гг. в. В кн. : Доклады на секциях　（转下页注）

活环境以及影响劳动者产生需求的具体条件。П. А. 瓦吉娜在研究中援引一些新的史料——在 1773～1775 年农民战争中乌拉尔地区受损工人的"财产登记"。这种翔实而又具体的史料表明了各个采矿中心居民的物质生活和精神文化水平。[①] 虽然 П. А. 瓦吉娜并没有专门研究社会和政治思想，但是她提供了一个研究影响矿工政治思想、法律意识各种因素的样本，并提供了矿区居民阅读图书的重要信息，为进一步研究指明了方向。

A. С. 奥尔洛夫对乌拉尔地区农民斗争研究的成果是他的著作《18 世纪中叶的乌拉尔暴动》。他不仅深入详细地描述了农民战争的过程和政府的镇压行动，还详细分析了参与各方在战争不同阶段提出的诉求。这部著作的长足之处在于，作者公布了农民、工匠和工人在 18 世纪 50 年代末60 年代初递交的呈文，这些呈文是封建时期乌拉尔地区劳动者社会思想的宝贵文献。[②]

（接上页注③）Ученого совета Свердловского областного краеведческого музея. Свердловск: Свердл. обл. краев. музей, 1960. вып. 3. с. 3 – 37, 152 – 177; Павленко Н. И. К вопросу о причинах волнений приписных крестьян в 50 – 60 – е гг. XVIII в. Уч. зап. Свердловск, и курганск. пед. ин – тов. Свердловск, 1966. вып. 38. с. 116 – 126; Мартынов М. Н. Наказы приписных крестьян как исторический источник. - Археографический ежегодник за 1963 г. М. : Наука, 1964. с. 141-157; Черкасова А. С. К вопросу о движущих силах и характере волнений в горнозаводских центрах Урала в середине XVIII в. （По материалам Нижнетагильского завода）. Уч. зап. Пермского ун-та, 1966. № 156. с. 39-49.

① Вагина П. А. Волнения приписных крестьян на Авзяно- Петровских заводах Урала в 50-60-х гг. XVIII в. Уч. зап. Свердл. пед. ин-та, 1955. вып. 2. с. 308-326; Вагина П. А. Из истории предпринимательства среди крепостных крестьян Урала второй половины XVIII в. （На примере крепостного крестьянина Нязепетровского завода Петра Михайлова）. В кн. : Вопросы истории Урала. Сб. статей. Свердловск: Уральск. ун-т, 1965. вып. 6. с. 5 – 32; Вагина П. А. Материально – бытовое положение мастеровых я работных людей Урала во второй половине XVIII в. по данным; «Именной росписи». В кн. : из истории рабочего класса Урала. Пермь: Пермск. ун-т, 1961. с. 76-85.

② Орлов А. С. Волнения на Урале в середине XVIII в. （К вопросу о формировании пролетариата в России）. М. : Изд-во МГУ, 1979. 264 с.

A. C. 切尔卡索娃结合无产阶级的形成过程，研究了乌拉尔地区的工匠和工人。她在著作中剖析了工匠和工人参与社会反抗活动的特殊性。因为工匠和工人在制造业生产体系中的地位特殊，新兴无产阶级提出了职业性要求（增加工资、抗议在星期日和节假日工作）等，他们积极参与社会抗争。作者同时指出，在采矿中心居民斗争过程中，工匠、工人和附属农奴所采用的斗争形式具有继承性，农民传统的斗争形式得以延续。①

20 世纪 60~70 年代的苏联史学更为关注封建时期俄国人民的社会意识和世界观。K. B. 奇斯托夫②另辟蹊径，研究封建俄国农民的政治意识问题。作者追溯了"伪沙皇"现象的起源，认为它是封建时代"幼稚的君主主义"③ 思想的一部分。他还研究了乌拉尔地区广泛传播的社会乌托邦神话的形成机制。A. A. 普列奥布拉任斯基探究了世界观的另一个方面——农民对自己在米尔的位置、农民自治机构与俄国政府之间关系的认识。④

H. H. 波克罗夫斯基翔实而又全面地研究了 18 世纪乌拉尔—西伯利亚农民的社会意识，推动了乌拉尔—西伯利亚旧礼仪派信徒在该地区的社会和政治生活中地位问题的研究。作者援引了俄国档案馆的大量文献资料，尤其是 18 世纪至 19 世纪乌拉尔和西伯利亚旧礼仪派农民撰写的文献资料，旁征博引地论证了 18 世纪分裂派具有反封建性

---

① Черкасова А. С. К вопросу о движущих силах и характере волнений в горнозаводских центрах Урала в середине XVIII в. (По материалам Нижнетагильского завода). Уч. зап. Пермского ун-та, 1966. № 156. с. 39-49, Черкасова А. С. Социальная борьба на заводах Урала в первой половине XVIII в. Учебн. пособие по спецкурсу. Пермь: Пермск. ун-т, 1980. 104 с.

② Чистов К. В. Русские народные социально-утопические легенды XVII - XIX вв. М.: Наука, 1976. 341 с.

③ 幼稚的君主主义（наивный монархизм）是列宁首次使用的术语。——译者注

④ Преображенский А. А. Урал и Западная Сибирь в конце XVI - начале XVIII в. М.: Наука, 1972. с. 350-367.

质，分裂派是反对官方教会的一种新的形式，也是反抗专制国家侵犯农民传统权利的一种方式。H. H. 波克罗夫斯基发现了 18 世纪的乌拉尔和西伯利亚一些附属农奴、工匠和工人创作的文献资料。他非常关注 18 世纪劳动人民的政治意识以及他们在 17 世纪至 18 世纪独特的世界观。①

H. H. 波克罗夫斯基在著作中指明了研究封建时代人民大众社会思想的各个方向，后来他的学生们在这些方向取得了丰硕的研究成果。②

M. M. 葛罗米柯研究了封建时代西伯利亚农民的劳动传统、村社在积累农民劳动经验过程中的功能、世世代代的农民以仪式和习俗等形式保存于农业日历中的经验等问题。③

纵览 17 世纪末至 18 世纪乌拉尔地区劳动者社会思想史的文献，我们注意到出现了大量著作，全面研究了人民群众的社会意识。学者们使用大量的出版文献，它们涉及封建晚期乌拉尔地区劳动者社会意识的各个层面。苏联史学中出现了一些颇有价值的研究成果，它们不仅系统全面地说明了封建主义时代俄国劳动大众社会意识，作者们还提出了一种方法论，可用于分析俄国其他地区（包括乌拉尔地区）封建主义时代相似

---

① Покровский Н. Н. Антифеодальный протест урало – сибирских крестьян – старообрядцев. Новосибирск: Наука, 1974. 394 с; Покровский Н. Н. К изучению памятников протеста крестьян – старообрядцев Западной Сибири середины XVIII в. В кн.: Бахрушинские чтения 1971 г. Новосибирск: Наука, 1972. с. 51–54; Покровский Н. Н. Материалы по истории магических верований сибиряков XVII – XVIII вв. В кн.: Из истории семьи и быта сибирского крестьянства в XVII – начале XX в. Новосибирск: Новосибирск. ун-т, 1975. с. 160–183.

② Лихачев Д. С. Археографическое открытие Сибири. Предисловие к кн.: Покровский Н. Н. Путешествие за редкими книгами. М.: Книга, 1984. с. 3–7.

③ Громыко М. М. Трудовые традиций русских крестьян Сибири (XVIII – первая половина XIX в.). Новосибирск: Наука, 1975. 351 с.

的社会思想。[1]

尽管如此，我们必须指出，目前尚未将乌拉尔地区劳动者的社会思想作为一个完整而统一的现象进行专门研究。我们认为，由于冶金业的发展、大规模矿业生产造成的社会经济文化领域新现象，它们对18世纪乌拉尔地区劳动者社会思想的影响举足轻重。因此，应当注意乌拉尔地区不同群体（附属农奴、工匠、工人和军人）社会思想的特殊性。

为了研究18世纪乌拉尔地区劳动者的社会思想，必须确定大规模建设工厂之前，该地区农民思想意识的"初始水平"，因为18世纪的历史事件中必然体现封建时代农民传统的世界观。

第三节　相关文献

研究这一主题的文献资料有很多。首先是一些文献集，它们反映了乌拉尔地区工业产生的历史，以及随着矿厂的发展，劳动者群体发生的变化，工厂附属村庄的建立以及工匠和工人的出现。上述文献集还揭示了中央和地方政府针对乌拉尔人民所采取的措施。其次，有大量证据表明劳动者曾展开斗争，反对侵犯自己的权利——许多呈文、请愿书和诉状等，它们表达了工匠、工人和附属农奴追求平等权利的梦想，也反映了劳动人民的"幼稚的君主主义"。

---

[1]　Малышев В. И. Усть-Цилемские рукописные сборники XVI - XX вв. Сыктывкар: Коми кн. изд-во, 1960. 214 с; Громыко М. М. Трудовые традиций русских крестьян Сибири（XVIII - первая половина XIX в.）. Новосибирск: Наука, 1975. 351 с; Покровский Н. Н. Антифеодальный протест урало-сибирских крестьян-старообрядцев. Новосибирск: Наука, 1974. 394 с; Клибанов А. И. Народная социальная утопия в России. Период феодализма. М.: Наука, 1977. 287 с; Пушкарев Л. Н. Общественно-политическая мысль России. Вторая половина XVII в. Очерки истории. М.: Наука, 1982. 288 с.

呈文鲜明地揭示了乌拉尔群众的物质生活、日常状况以及文化水平。这些文件在如下机构进行研究：中央国家古代文书档案馆（文献库编号271——矿务总局；文献库编号 248——参政院），斯维尔德洛夫斯克州国家档案馆（文献库编号 24——乌拉尔矿业委员会；文献库编号 34——叶卡捷琳堡司法和自治事务办公室；文献库编号 42——卡缅斯克地方自治办公室等）以及秋明州国家档案馆（文献库编号 47——秋明军政办公室；文献库编号 181——秋明州衙门公署和军政办公室）等。

乌拉尔和西伯利亚教会的文件中包含与分裂派斗争、查禁旧礼仪派书籍等方面的信息，以及使用魔法和巫术、偏离教会婚姻礼仪等事例。本书使用了秋明州国家档案馆托博尔斯克分馆（文献库编号 156——托博尔斯克宗教事务所）和斯维尔德洛夫斯克州国家档案馆（文献库编号6——叶卡捷琳堡宗教事务所）中收藏的文献。"政治和法律都掌握在僧侣手中，也和其他一切科学一样，成了神学的分枝，一切按照神学中通行的原则来处理。教会教条同时就是政治信条，圣经词句在各法庭中都有法律的效力"①，尽管这一思想在 18 世纪的俄国专制主义的背景下有所动摇，但它依旧允许教会控制劳动者思想、控制群众生活不同领域。

在研究封建时代群众的社会政治观点时，法庭判决和调查文件非常重要。② 在彼尔姆的各档案馆中，可以找到几乎保存完好的秘密案件审判的记录文献，它们是对"犯上作乱言行"③ 进行调查的结果，自 18 世纪

---

① Энгельс Ф. Крестьянская война в Германии. Маркс К. , Энгельс Ф. Соч. 2-е изд. , т. 7. с. 360. 照录《马克思恩格斯全集》第 7 卷，人民出版社，1959，第 400 页。——译者注

② Покровский Н. Н. Обзор сведений судебно - следственных источников о политических взглядах сибирских крестьян конца XVII - середины XIX в. В кн. : Источники по культуре и классовой борьбе феодального периода. Новосибирск: Наука, 1982. с. 48-50.

③ 16 世纪末至 18 世纪俄国的一种政治侦查制度。每个俄国臣民必须密告他所知道的反对沙皇或皇室成员的阴谋、对沙皇不敬或叛国等言行。凡知情不报者将被处死。在密告时要说一句约定的用语："犯上作乱言行！"告密者和被告者都受交相拷问。——译者注

30 年代中期到 18 世纪末，乌拉尔工厂管理总局一直负责调查这类案件。

　　该文献资料独一无二。它记录了从 1735 年到 18 世纪末，工厂管理总局下属的工厂定居点和工厂附属村镇所进行的秘密活动，从指控"犯上作乱言行"直至执行判决的全过程。位于叶卡捷琳堡的工厂管理总局从 1735 年开始秘密审理"犯上作乱言行"指控，显然，这与 B. H. 塔季谢夫制定的《矿山章程》有关，为矿山机关的法律自治创造条件①。上述文献还证明了下列事实：自 1762 年秘密调查事务局被撤销并禁止工厂管理总局办公室调查"犯上作乱言行"之后，直到 18 世纪末，乌拉尔工厂管理总局办公室仍在继续调查政治案件，只是行动变得更加隐秘。

　　《秘密案件簿》收录了所有对被告和证人的审问记录、搜查后编制的被告财产清单以及各个机构在沟通调查事宜过程中的信函往来。材料的完整程度令人难以置信，因为根据当时规定，关于"犯上作乱言行"的指控只能由秘密调查事务局处理，或在罪行不太严重的情况下由事务衙门进行调查和审判。② 在地方以及部门行业档案馆（如西伯利亚矿务总局档案馆）中，仅仅保存了立案和移交给秘密调查事务局的申请文件。

　　工厂管理总局办公室的《秘密案件簿》包含大量文献，表明工厂居民以及附属村庄中流传的一些谣言，相信沙皇政府具有"反基督"性；关于对沙皇权力的整体态度；工厂中分裂派的蔓延以及在工厂中阅读的《妖术书》等信息。该文献是 18 世纪乌拉尔劳动人民的社会政治思想、他们的世界观和精神文化的重要证据。

　　《秘密案件簿》曾被保存在西伯利亚矿务总局的叶卡捷琳堡档案馆

---

①　ГОСО，ф. 24，оп. 12，д. 3123；Горловский М. А.，Павленко Н. И. Материалы совещания уральских промышленников 1734 - 1736 гг. Исторический архив，М.；Л.：Изд-во АН СССР，1953. вып. 9. с. 5-155.

②　关于审判"犯上作乱言行"案件的程序，详见 Голикова Н. Б. Политические процессы при Петре I（По материалам Преображенского приказа）. М.：Изд - во МГУ，1957. с. 30-35 。

中。彼尔姆省学术档案委员会成立后，它们被转入该委员会附属的历史
档案馆。委员会被撤销之后，大部分档案作为委员会档案库的一部分被
存入彼尔姆国家档案馆（文献库编号297），一小部分最终被彼尔姆州州
立教育学院图书馆收藏。本研究首次援引上述文献资料，尽管关于秘密
调查事务局工作的部分文件内容已刊载于彼尔姆省学术档案委员会的
《彼尔姆省学术档案委员会文集》中。[①]

　　17世纪末至18世纪劳动者阅读的手抄本和早期印刷书籍，是研究封
建时期乌拉尔群众的社会政治思想和文化的宝贵资源，揭示了劳动者形
成自己观点和世界观的条件。乌拉尔农民、工匠和工人撰写的历史性和
论辩性文献中，包含劳动者对官方教会、对政府和政府官员行为的典型
看法，往往还包含对沙皇政府的评价。

　　在乌拉尔地区，类似书籍的收藏史源远流长，早在18世纪20年代，
В. Н. 塔季谢夫在该地区进行考古勘察，著名历史学家、考古学家 Г. Ф. 米
勒领导进行了第二次堪察加探险。同时，由于教会已经发现手抄本和旧版
印刷书籍与分裂派思想传播直接相关，因此教会开始查抄和没收书籍，且
持续时间几乎比18世纪至19世纪所有的藏书活动更长。从旧礼仪派信徒那
里没收的书籍最终被集中在宗教事务所和主教公会，随后又被转移到科学
和文化机构的图书馆、博物馆和档案馆。例如，以前收藏于彼尔姆宗教事
务所的旧书，后来被转交彼尔姆州州立教育学院图书馆和彼尔姆方志博
物馆。

　　19世纪下半叶到20世纪初，搜集旧书的主要是乌拉尔的科学—方志
组织——叶卡捷琳堡乌拉尔自然科学爱好者协会（1870~1929年；斯维
尔德洛夫斯克州国家档案馆接收了文献库编号101——乌拉尔自然科学爱

---

① Золотов Е. Секретные дела «слово и дело» за 1746 г. и 1747 гг. в пределах нынешней
Пермской губернии. （Извлечение из исторического архива Пермской ученой архивной
комиссии.）Труды Пермской губернской ученой архивной комиссии. Пермь，1915.
вып. 12. с. 233-250.

好者协会；斯维尔德洛夫斯克联合历史革命博物馆接收了文献库编号156——不同作者的历史手稿）；彼尔姆省学术档案委员会（1884~1917）收藏的书籍，后来被转入彼尔姆州州立教育学院图书馆和彼尔姆方志博物馆。

苏联时期从事旧书和手稿收藏的是乌拉尔方志局、博物馆（下塔吉尔、索里卡姆斯克、乌索利耶、斯维尔德洛夫斯克和克拉斯诺乌菲姆斯克等），学者和方志学家——艺术学家 Н. Н. 谢列布连尼科夫（目前其藏书位于彼尔姆地区州立美术馆），语文学家、教授 П. С. 博戈斯洛夫斯基［其藏书位于苏联科学院俄罗斯文学研究所（普希金之家）古文献书库］。①

自 20 世纪 50 年代起，在乌拉尔进行的系统性考古发掘工作极大地推动了古代书籍文献的保存和研究。在乌拉尔地区以及外乌拉尔地区进行野外考古发掘的有：苏联科学院俄罗斯文学研究所（普希金之家）②，苏联科学院西伯利亚分院历史、语言学和哲学研究所的学者③，以及莫斯科

---

① Мазунин А. И. Уральские материалы в собрании рукописей П. С. Богословского. Учен. зап. Пермского ун-та. Пермь, вып. 192. с. 123–126.

② Бегунов Ю. К., Демин А. С., Панченко А. М. Отчет об археографической экспедиции в верховьях Печоры и Колвы в 1959 г. Труды отдела древнерусской литературы. М.; Л.: Изд-во АН СССР, 1961. т. 17. с. 547–557; Бегунов Ю. К., Демин А. С., Панченко А. М. Рукописное собрание Чердынского музея им. А. С. Пушкина. Тр. отдела древнерусской литературы. М.; Л.: Изд-во АН СССР, 1961. т. 17. с. 608–615.

③ Алексеев В. Н. Археографические экспедиции Сибирского отделения АН СССР и комплектование фонда редких книг и рукописей ГПНТБ СО АН СССР. В кн.: Научные библиотеки Сибири и Дальнего Востока. Новосибирск: Гос. публ. научно-техн, б-ка СО АН СССР, 1973. вып. 1. с. 15–18; Алексеев В. Н., Дергачева–Скоп Е. И., Покровский Н. Н., Ромодановская Е. К. Об археографических экспедициях Сибирского отделения АН СССР 1965–1967 гг. Археографический ежегодник за 1968 г. М.: Наука, 1970. с. 262–274; Покровский Н. Н. Археографические экспедиции и проблемы изучения народной культуры. В кн.: Проблемы полевой археографии. М.: АН СССР, Археографическая комиссия и др., 1979. вып. 1. с. 100–111.

国立大学①和乌拉尔大学的学者②。乌拉尔联合考古勘察队调查了整个斯维尔德洛夫斯克州、库尔干州、车里雅宾斯克州以及彼尔姆州、秋明州、基洛夫州、巴什基尔苏维埃社会主义自治共和国和乌德穆尔特苏维埃社会主义自治共和国的许多地区等。一共发现了从15世纪至20世纪初的大约3000册手稿和早期印刷书籍，它们均被乌拉尔大学图书馆收藏。

上述图书中有很大一部分是18~19世纪在劳动者群体中发行的。因此，作为本研究的历史资料来源，它们的价值显而易见。这些藏书反映了矿工家族世代相传的、古老的俄罗斯传统。乌拉尔地区附属农奴、工匠和工人创作的文献尤为重要，它们体现了上述劳动者的历史意识——乌拉尔旧礼仪派信徒的《乌拉尔和西伯利亚的北部沿海居民信仰谱系》、该地区旧礼仪派劳动者权威人士的文献及地方会议的决议等。此外，旧礼仪派信徒大量的论辩性文献反映了矿工的宗教观念，并且它们与东正教教义泾渭分明。上述文献体现了封建晚期乌拉尔地区劳动者的政治观和世界观。③

在其他文献资料中，我们还发现了19世纪下半叶在乌拉尔进行的人种学观察记录，它们反映了劳动者的生活方式，乌拉尔的"特殊生活"。很大一部分观察结果尚未发表，目前保存在斯维尔德洛夫斯克州国家档案馆中，被收入文献库编号101——乌拉尔自然科学爱好者协会。其中，特别令人感兴趣的是该协会成员 И. Я. 斯佳日金和 П. И. 希尔科夫的记录

---

① Поздеева И. В. Верещагинское территориальное книжное собрание и проблемы истории духовной культуры русского населения верховьев Камы. В кн. : Русские письменные и устные традиции и духовная культура. （По материалам археографических экспедиций МГУ 1966-1980 гг. ）. М. : Изд-во МГУ, 1982. с. 40-70.

② Кусков В. В. Североуральская археографическая экспедиция 1959 г. Тр. отдела древнерусской литературы. М. ; Л. : Изд-во АН СССР, 1962. т. 18. с. 432-433; Пихоя Р. Г. Археографические экспедиции Уральского университета в 1974-1976 гг. Тр. отдела древнерусской литературы. Л. : Наука, 1979. т. 34. с. 369-374.

③ Пихоя Р. Г. Книжно-рукописная традиция Урала XVIII - начала XX в. （К постановке проблемы）. В кн. : Источники по культуре и классовой борьбе феодального периода. Новосибирск: Наука, 1982. с. 101-114.

（文献库编号 67）以及彼尔姆省克拉斯诺乌菲姆斯克县地主、方志学家戈卢布佐夫兄弟的记录。乌拉尔方志学家和民族学家 B. П. 比留科夫的收藏尤为完整、全面（文献库编号 2266），俄国地理协会成员、民族学家、沙德林斯克县农民 A. H. 济里亚诺夫的藏书规模较小（文献库编号 135）。

　　上述材料揭示了农民村社"米尔"的内部组织形式，工厂居民点和乌拉尔村庄中的家庭关系，社会舆论、民意以及权威人士在当地劳动者生活中的作用。使用这些资料时存在一定的困难，因为被记录的内容是封建俄国历史上传统的现象，但是记录的时间很晚（通常在 19 世纪后半叶）。因此，任何时候都必须非常谨慎地确定上述现象的出现时间。①

　　综上所述，不同文献介绍 17 世纪末至 18 世纪乌拉尔地区劳动者的社会思想的各个侧面，但是介绍的详尽程度相差甚远。大多数史料涉及对国家政权的态度，因为这一主题不可避免地出现在 17 世纪末至 18 世纪数量庞大的呈文中，该主题也是俄国政府重点研究的对象。在社会思想中，反映劳动者与封建国家和工厂主进行斗争、反对增加工作量、反对划拨到工厂等方面的信息也相当翔实全面。描述旧礼仪派农民、工匠以及工人对待官方教会态度的文献资料数量庞大，但是，保存至今的资料很少能够揭示 17 世纪末至 18 世纪农民"米尔"的运作方式以及 18 世纪工厂居民的内部生活，也无法呈现乌拉尔地区不同社会群体对于采矿中心地区依旧存在的自治元素的态度。通常，只有在特殊的情况下，档案才记录上述内容。17 世纪末至 18 世纪乌拉尔地区劳动者的精神生活的重要证据还有他们创作的许多作品、手写材料和印刷文献等。但是，这些描写人民群众文化的资料中的一大部分，都是以清单形式流传至今，这些清单编纂的时间很晚（19 世纪至 20 世纪初）。造成这种状况的原因有二：其一，俄国政府和教会追缴和销毁这些书籍；其二，劳动者的后代（19 世纪至 20 世

---

① Громыко М. М. Трудовые традиций русских крестьян Сибири（XVIII - первая половина XIX в.）. Новосибирск: Наука, 1975. c. 23.

纪初的乌拉尔居民）渴望继承其先辈的精神文化遗产，所以抄写并且保留了这些文献。

鉴于文献来源的上述现状，以及乌拉尔地区劳动者的社会政治思想问题（它是一个更为普遍的、更为迫切课题的一部分，即研究十月革命前俄国劳动者的意识形态和社会心理）的研究水平,[①] 我们研究工作的目标和任务如下。

（1）研究17世纪末乌拉尔地区的矿厂建设前夕该地区农民的社会政治思想。

（2）调查采矿业对乌拉尔各个社会群体的社会政治思想的影响。正如列宁所言，采矿业已成为"这个地区经济生活中的主要现象"[②]。

（3）揭示乌拉尔所有劳动者社会政治观的共性，以及17世纪至18世纪末乌拉尔地区人口的特定阶层（尤其是附属农奴、工匠、工人和军人）社会政治观的典型表现形式。

（4）尝试确定封建晚期乌拉尔劳动人民的社会政治思想在他们世界观体系中的地位，以及社会政治思想作为其生活指导方针的意义。

[①] Хромов С. С. Актуальные проблемы изучения отечественной истории. В кн.: Актуальные проблемы исторической науки на Урале: Препринт. Свердловск: Ин-т экономики УНЦ АН СССР, 1982. с. 3–14.

[②] Ленин В. И. Кустарная перепись 1894–1895 года в Пермской губернии и общие вопросы «кустарной» промышленности. Поли. собр. соч., т. 2. с. 416. 照录《列宁全集》第2卷，人民出版社，2013，第327页。——译者注

第一章
彼得一世改革及其对乌拉尔劳动者
社会思想的影响

彼得一世改革标志着俄国专制制度的确立。俄国社会、经济和政治的变化影响了各个阶层和阶级的社会思想。但是，在研究 18 世纪头三十几年的新生事物之前，必须确定乌拉尔地区变革前夕社会思想的"初始水平"。

第一节　17世纪末乌拉尔农民与俄国政府的关系

"为了理解特定关键历史时期的'心态'，为了解释特定学说取得成功的原因，人们必须首先熟悉上一时代的'心态'，必须找到当时占主导地位的教义和学说。"[①] 在本研究中，该"初始水平"就是 17 世纪末乌拉尔官地耕农的社会思想。

如上所述，社会思想的核心是如何系统性地认识个人及其所属群体的社会地位。

对于乌拉尔人民而言，这些思想的形成与当地发展的特殊性有关。

---

① 　Плеханов Г. В. Избранные философские произведения: В 5 - ти т. М. : Госполитиздат, 1956. т. 1. с. 662.

向乌拉尔地区移民的主体是农民，在此过程中发生了矛盾重重的现象：一方面，在日益增加的"赋役"的重压下，农民逃往俄国的"边疆"地区；另一方面，封建国家意欲开疆拓土，希望为西伯利亚地区的军人、居民点和要塞等供应粮食。

因此，农民对自己的权利和义务的认识、农民村社与俄国地方和中央机构之间关系的本质属性等问题，就显得至关重要。北部沿海地区①（波罗的海地区）官地耕农村庄的传统对这些思想产生了巨大的影响，因为那里是乌拉尔地区移民的主要迁出地。②

官地耕农认为，摆脱一种"赋役"而承担另一种"赋役"并迁往异地，这是自己最重要的权利之一，因为这种迁徙可以实现自己的财产权，表明官地耕农异于地主农民和农奴。А. А. 普列奥布拉任斯基的研究有力地证实：大多数农民都带有"派遣证"，合法地前往乌拉尔地区。③ 前来者在新迁入地需要缴纳"国税"，这就是迁出权的法律依据（农民和俄国政府双方均认可）。的确，他们在迁出后一段时间免于承担赋役。因此国家试图平衡农民迁出地的利益以及国家必须开疆拓土、移民屯边之间的关系。早在16世纪末，国家就已经制定了一条规则，希望以此指导17世纪大部分时期的工作。地方政府受命"招募耕种国家土地者和关厢居民前往彼尔姆，父亲召唤儿子、哥哥召唤弟弟、叔叔召唤侄

---

① 又称波莫瑞地区。波兰北部地区，临波罗的海。由西波莫瑞和东波莫瑞（格但斯克）两部分组成。主要由波莫瑞人居住的该地区，于10世纪归属波兰国。西波莫瑞（波美拉尼亚）和东波莫瑞（小波美拉尼亚）曾长期受德国统治。根据1919年的《凡尔赛和约》，东波莫瑞（不包括格但斯克及其周围地区）归还波兰。1945年波茨坦会议决定以奥得河和尼斯-乌日茨卡河为波兰西部边界。——译者注

② Преображенский А. А. Урал и Западная Сибирь в конце XVI - начале XVIII в. М. : Наука, 1972. с. 55-81; Оборин В. А. Роль крестьянства северных районов Поморья в освоении Урала в XVI - XVII вв. В кн. : Аграрные отношения и история крестьянства Европейского Севера России（до 1917 г.）. Сыктывкар：Сыктывкарск. ун-т, 1981. с. 80-85.

③ Преображенский А. А. Урал и Западная Сибирь в конце XVI - начале XVIII в. М. : Наука, 1972. с. 56-62.

子、邻居召唤邻居从维亚特卡和索利前往彼尔姆，并且政府为有意者提供优惠措施"①。自由民建立了自由村，他们被勒令"在犹太人的耕地上建立定居点，并向农民提供优待期，号召农民耕种国家的土地……父亲召唤来的儿子、哥哥召唤来的弟弟、叔叔召唤来的侄子和前来投奔的自由民建立了自由村，而不是从北部沿海地区城市逃亡的农民"②。这样，国家利益得以保全：儿子、弟弟和侄子们在摆脱自己家族"赋役"时，并没有逃避赋役，他们成为迁入地的纳税人。

国家为新来的农民提供援助，从而再次强化了迁出权。B. И. 顺科夫详细研究了这一问题，他指出，国家无偿扶助移民，给他们提供现金和实物（牲畜、粮食），以扶持农民建立自己的家业；提供需要偿还的贷款。此外，新来的移民在一段时期内免缴"国税"，17 世纪，免税期限（从 6 年减少到 2~3 年）明显缩短，同时降低物质帮助和贷款的额度。③ 但是，在整个 17 世纪，获得"国家补贴"被认为是新来农民不可剥夺的权利。

农民的权利也得到保护，国君以自己的名义担保他们不受所有公职人员和地方行政当局的暴力和专断独行。沙皇下诏呼吁农民在优待年限内耕种土地，政府通常宣称保证"我们上图里耶市人民以及其他公职人员免受西伯利亚矿务总局的侮辱和暴力，任何人都不能殴打或者抢劫耕种农民、他们的妻子和子女，任何人不得强迫和拐卖他们"④。

---

① Дмитриев А. А. Пермская старина. Сб. исторических статей и материалов, преимущественно о Пермском крае. В 8-ми вып. Пермь: тип. П. Ф. Каменского, 1888-1900, Т. 1, с. 178-196.

② Чупин Н. К. Географический и статистический словарь Пермской губернии: В 8-ми вып. 1878, 1880. Т. 2. вып. 4-5. К-М. Пермь: Губ. земство, с. 120-121.

③ Шунков В. И. Очерки по истории колонизации Сибири в начале XVIII вв. М.; Л.: Изд-во АН СССР, 1946. с. 22-29.

④ Пугачевщина. Сб. документов и материалов: В 3-х т. Т. 2. Из следственных материалов и официальной переписки. М.; Л.: Гос. изд-во, 1929. с. 323-384.

在此，中央政权与地方当局相对立的倾向已经非常明显。如果说"西伯利亚的上图里耶市和其他城市的公职人员"是侮辱、暴力和强迫的根源，那么中央政权则是抵抗上述不法行径的庇护者。实现该保护权的一个独特途径是：每位官地耕农都有权向沙皇"叩陈"，要求惩办作恶者并得到莫斯科的回复（实际上该回复是西伯利亚事务衙门①以"国君和大公"的名义做出的）。

农民认可这些权利，进而坚持"幼稚的君主主义"，相信沙皇政权的庇护。② 通常，农民对正义性和合法性的认识有外在的表现形式，这种形式并非个例，而是普遍的和"世俗的"。新建定居点的农民向中央政权提出申诉，要求保护他们，禁止官僚机关和公职人员干涉农民的个人生活，这意味着农民自治在本质上是反封建的。③

但是，米尔自治制度只有在俄国封建国家的行政体制中才能发挥作用。米尔自治有以下两个方面。第一个方面涉及村社的内部生活，米尔需要保护农民的利益不受封建国家的侵犯。④ 第二个方面是米尔的财政职能。全国农民均承担"国税"，由此连为一体。因此农民自治成为封建俄国普遍接受且可沿袭的制度。封建国家赋予村社以某些警察职能。所以，В. И. 顺科夫将米尔理解为行政机关的帮凶，是对居民进行剥削的辅助工具。⑤ 17 世纪俄国的历史发展困难重重，米尔自治也有显著的矛盾，而这

---

① 西伯利亚事务衙门是 17~18 世纪俄国设在西伯利亚地区的政府机关。主管行政、司法、军事、财政、商业、交通、采矿，以及对外交涉等事务。1637 年由喀山府分出。1708 年地方行政改革后，改在莫斯科设立西伯利亚省办公厅。由于该地区税收减少，于 1730 年恢复事务衙门，直属元老院，专管行政、财政、商务和税收。1763 年，该机构被撤销，有关业务转交枢密院第五厅。——译者注

② Покровский Н. Н. Новый документ по идеологии Тарского протеста. В кн.: Источниковедение и археография Сибири. Новосибирск: Наука, 1977. с. 351–352.

③ Копанев А. И. Крестьянство Русского Севера в XVI в. Л.: Наука, 1978. с. 228–231.

④ Копанев А. И. Крестьянство Русского Севера в XVI в. Л.: Наука, 1978. с. 228–230.

⑤ Шунков В. И. Очерки по истории колонизации Сибири в начале XVIII вв. М.; Л.: Изд-во АН СССР, 1946. с. 206–207.

恰恰是它的力量和生命力所在。

农民们根据自己对法律的理解，深信承担新型"赋税"是合法的，如果需要与政府部门接触，他们委托米尔代表自己的利益。此外，官地耕农坚信自己受到沙皇本人的直接保护，并对此寄予厚望，这与地方政府的立场南辕北辙。但是，农民对国家制度本质的这种认识在 17 世纪下半叶面临诸多严峻的挑战。

封建国家首先打击农民的迁徙权。从 17 世纪中叶开始，农奴制立法极大地限制了迁徙的可能性。在 1649～1652 年进行的人口登记确定了定居点的关厢居民的数量。① 《法律大全》威胁道，如果有人试图摆脱城市的"赋税"，其将在大庭广众之下被处以鞭刑，并被流放到西伯利亚的勒拿河。② 对于关厢居民而言，农奴政策最为严厉的地方在于：1658 年禁止在城镇间随意迁徙，否则可能被处以死刑。从政府的角度来看，自由外迁意味着逃亡，在封建俄国的立法中，只有极少数的"自由人"享有迁徙权，即"非服役人员的孩子，且在任何地方都无须缴纳'国税'和'赋役'以及未曾在任何人家当奴隶的人"（《法律大全》，1649 年，第二十章第七条）。

乌拉尔农民的权利同样受到封建国家的侵犯。首先，国家大大加强了对新移民的控制。政府指出"许多农民正在途经上图里耶市和上图里耶县，并穿过定居点，而他们并未向国库缴纳任何地租、货币和粮食"，并下令"修建牢不可摧的岗哨，如果没有国家颁发的通行证，禁止任何人骑马或步行从罗斯前往西伯利亚"，并威胁"禁止在俄国的城市和自由村中的管事、修道院附属村庄中各阶层人员以及其他任何人收留逃亡者

---

① Водарский Я. Е. Численность и размещение посадского населения в России во второй половине XVII в. В кн. : Города феодальной России. Сб. статей памяти Н. В. Устюгова. М. : Наука, 1966. с. 271.

② Маньков А. Г. Уложение 1649 года – кодекс феодального права России. Л. : Наука, 1980. с. 142–143.

作为农民和工人，违反此令将被处以死刑"。①

　　地方当局也改变了之前对待迁徙的态度。在这方面，值得注意的是秋明州总督 A. 卡夫特列夫对亚拉托洛夫斯克村农民基列夫和乌里扬诺夫的指控：两人来到秋明，并且"暗中怂恿承担赋税的农民、农民之子、兄弟和侄子……并召唤他们到自己这里，以便在秋明免缴国税，并在自由村里享受优待"。② 这一指控体现了官方如何看待业已形成的迁徙惯例，农民认为这一指控并不合法。首先，该指控禁止迁往新的自由村，而人口迁徙正是开发外乌拉尔地区的惯常做法。有意思的是，先前官方赞许的"父亲召唤儿子、叔叔召唤侄子来做自由人"的方法，恰恰在此受到了谴责。其次，该总督的指控还意味着，如果一个人迁往异地，那么为他提供优待措施就是违法的（他们出走，因为"在自由村里享受优待"）。秋明州总督在管理外乌拉尔地区农民定居点方面的法律创新似乎更加合理，因为它实际上符合政府的遣返逃亡者的政策。

　　秋明州总督代表地方政府以口头形式否定了之前对新移民的保证，并简化了确定"逃亡者"（之前完全合法迁徙的农民）身份的程序，进而恢复了农民先前的"税赋"。1671 年、1683～1684 年国家提出的追捕逃亡者的政策得以全面执行，并通过一系列限制农民行动的措施来加强追捕。在追捕过程中，发生了大量的各种各样的虐待行为——农民被殴打、折磨、被投入"木笼"。官员向农民索贿，从而不再将他们列入逃亡者名单。③

---

①　Акты исторические, собранные и изданные Археографическою комиссиею: В 5 - ти т. СПб.: тип. II отделения собств. е. и. в. Канцелярии, 1841-1842. Т. 5. 1676-1700 гг. / Подг. к изд. М. А. Коркунов, 1842. с. 175-177.

②　Кондрашенков А. А. Крестьяне Зауралья вXVII - XVIII вв. В 2 - х ч.Ч. 1. Заселение территории русскими. Челябинск: Южно-Уральск. кн. изд-во, 1966. с. 57.

③　Преображенский А. А. Урал и Западная Сибирь в конце XVI - начале XVIII в. М.: Наука, 1972. с. 291-306.

政府侵犯农民权利的另一途径是修订国家的什一税，它是地方农民最普遍的封建赋役形式。

筹划实施所谓的"首要税"（即 Ю. Е. 苏列绍夫进行的人口登记）以及向农民摊派一定数量的什一税的措施，已经引起了尼察乡农民的强烈反对，并导致 1626 年"米尔集体行动"，打死了受命在此开辟国有耕地的管事 C. 莫尔恰诺夫。[①] 但是，几十年后，农民认为 Ю. Е. 苏列绍夫确定的税额合法。

并且，农民们仅仅承认什一税的绝对数量是合法的，并不承认个人税与什一税的相对数量合法。农民可以开垦土地来扩大自己的耕作面积。A. A. 普列奥布拉任斯基的研究表明，农民还有权雇用"新移民"和"流民"来耕种土地。[②] 通过这种方式，当地居民成功地减轻了"国税"负担。

而在整个 17 世纪，政府一再尝试修改"个人税"与什一税的比例，以满足封建国家利益。自 17 世纪下半叶开始，乌拉尔和西西伯利亚官地耕农的权利受到严重侵犯，最终导致了重新丈量土地、修改之前的税额。托博尔斯克总督 П. И. 戈杜诺夫向托博尔斯克县的 10 座村庄派出调查员，增加了 120.25 俄亩"国家耕地"，将它们分配给农民额外耕种。然后采用"三俄尺沙绳（即俄丈）"重新测量土地，又"多测量出"28 俄亩土地。

西伯利亚事务衙门认为，西伯利亚农民耕种什一税土地"并不违反命令"，"而如今不耕种，却享受着优待"，所以决定于 1680 年开始重新测量土地。列夫·波斯科钦作为西伯利亚事务衙门的司法稽查官被派往西伯利亚，包括上图里耶、别雷姆、图林斯克和托博尔斯克等。稽查官

---

① Пустозерский сборник. Автографы сочинений Аввакума и Епифания/ Изд. подг. Н. С. Демкова, Н. Ф. Дробленкова, Л. И. Сазонова. Т. 8. / Ред. А. И. Тимофеев и Ф. И. Успенский. СПб. , 1884. 18 с. разд, паг. , 1344 стб. разд. паг. Л. : Наука, 1975. стб. 443–445.

② Преображенский А. А. Урал и Западная Сибирь в конце XVI – начале XVIII в. М. : Наука, 1972. с. 291–306.

扩大了什一税土地的面积，但这并未令西伯利亚事务衙门完全满意，于是 1695 年贵族 И. 波罗佐夫在托博尔斯克县重新进行了人口登记。①

在一代人的眼中，乌拉尔和西西伯利亚官地耕农村庄与封建俄国政府之间几十年来的稳定关系破裂了。曾被认可的、甚至在许多情况下受到政府鼓励的举措，如今都被禁止。这种急剧的变化毫无疑问地影响了农民政治思想——农民对于在世界上的地位、什么是合法性和专制权力等问题的看法。17 世纪下半叶农民"幼稚的君主主义"思想正在发生深刻的变化。根据"幼稚的君主主义"，农民相信专制国家保护自己，君主是俄国所有土地的所有者，这些土地被永久赋予农民使用。如今这种思想受到了全新的挑战。在农民看来，各种变化的"非法性"的根源是"法律自身"的变化，也就是那些立法的、宗教的、道德规范等发生变化，即农民所理解的专制权力的基础。

第二节　宗教对乌拉尔劳动者与俄国政府关系的影响

针对当时的官民关系，分裂派领导人做出了回应。他们继续批评官方教会偏离"正确信仰"，批评政府"离经叛道"。

应当指出，在乌拉尔和西西伯利亚地区传播分裂派教义的是旧礼仪派的权威人物——被流放到此地的大司祭阿瓦库姆、牧师拉扎尔、录事费奥多尔·特罗菲莫夫等。② 1653 年 9 月，大司祭阿瓦库姆从莫斯科出发前往托博尔斯克，往返用时十三周。他曾到过索利卡姆斯克、上图里耶

---

① Шунков В. И. Очерки по истории колонизации Сибири в начале XVIII вв. М. ; Л. : Изд-во АН СССР, 1946. с. 179-180.

② Материалы для истории раскола за первое время его существования. Документы, содержащие известия о лицах и событиях из истории раскола за первое время его существования. ч. 1. О лицах, судившихся на соборе 1666 - 1667 г. / Под ред. Н. И. Субботина. М. : Братство св. Петра митрополита, 1875. с. 431.

和图林斯克等地。在返回莫斯科途中，阿瓦库姆"在所有城市、村庄、教堂和集市上大声疾呼，宣讲上帝的圣言，教导信众，谴责无神论为异端邪说"①。在莫斯科到西伯利亚的往返途中，大司祭阿瓦库姆不仅与上图里耶县和外乌拉尔地区的村民交往，上图里耶县军官雅科夫·列皮欣还成了他的信徒。托博尔斯克的都主教伊格纳季·里姆斯基-科萨科夫写道，雅科夫·列皮欣接受了"伪先知大司祭阿瓦库姆的教导"，并指出"雅科夫·列皮欣在西伯利亚人尽皆知"。② 牧师多美季安（教名为丹尼尔）和大司祭阿瓦库姆私交甚好，多美季安和家人一起从西伯利亚被流放到普斯托泽尔斯克，并被短期监禁。③ 一个间接证据说明了多美季安积极参与分裂派传教活动，为了保护流放者，他嘱托道："不要给他们任何的笔墨纸张，也不要发表任何令人误解的言论。"④ 都主教伊格纳季·里姆斯基-科萨科夫和德米特里·罗斯托夫斯基率先研究乌拉尔—西伯利亚分裂派的历史，他们指出，大司祭阿瓦库姆和他在当地的信徒就旧礼仪派的不同流派进行争论，其中有一个基本问题——反基督者的出现。⑤

---

① Русская историческая библиотека：В 39 - ти т. СПб. и др. Т. 39. Памятники старообрядчества XVII в. кн. 1. Вып. 1. Сочинения протопопа Аввакума / Подг. к изд. , ред. , авт. предисл. и сост. указ. Я. Л. Барсков и П. С. Смирнов, под наблюд. В. Г. Дружинина. Л. : Изд-во АН СССР, 1927. стб. 43.

② Послания блаженного Игнатия, митрополита Сибирского и Тобольского, изданные в «Православном собеседнике». Казань：Тип. губ. правления, 1855. с. 169, 171.

③ Материалы для истории раскола за первое время его существования. Документы, содержащие известия о лицах и событиях из истории раскола за первое время его существования. ч. 1. О лицах, судившихся на соборе 1666 - 1667 г. / Под ред. Н. И. Субботина. М. : Братство св. Петра митрополита, 1875. с. 434-436.

④ Материалы для истории раскола за первое время его существования. Документы, содержащие известия о лицах и событиях из истории раскола за первое время его существования. ч. 1. О лицах, судившихся на соборе 1666 - 1667 г. / Под ред. Н. И. Субботина. М. : Братство св. Петра митрополита, 1875. с. 434.

⑤ Послания блаженного Игнатия, митрополита Сибирского и Тобольского, изданные в « Православном собеседнике ». Казань：Тип. губ. правления, 1855. с. 171 - 172; Димитрий Ростовский. Розыск о раскольнической брынской вере. М. : Синод, тип. , 1745. с. 14 об. -15.

修道士约瑟夫·伊斯托明是乌拉尔和西伯利亚一个狂热的分裂派传教士，他因信奉"旧礼仪派"被从喀山流放到叶尼塞斯克。罗斯托夫都主教德米特里·罗斯托夫斯基认为，"无论是在城市还是在乡村，在途中还是在家中，约瑟夫·伊斯托明顽固地向普通民众宣传分裂派"。

但是，我们认为，不应夸大流亡者在西伯利亚和乌拉尔传播分裂派思想的重要性。尽管分裂派早期的传教士才华出众，但他们影响到大众阶层的时间很晚，此外，乌拉尔地区分裂派有案可稽的活动起始时间应该更晚。

向"普通大众"传播旧礼仪派教义、通过他们向郊区神职人员（他们与农村"米尔"关系密切）传经布道，这样的活动大获成功，原因有多种。除了"新信仰"的宗教仪式的差异，还有更为广泛的因素。在农民阶层的意识中，旧时代突然崩溃，人们认为，在人类历史上基督教进入一个新的发展阶段。与俄国（以及其他国家）封建制度历史上的其他转折点类似，末世论的观点甚嚣尘上。这种观点越根深蒂固，这种转折越突然，大众就越相信"末日"的到来，相信反基督者的掌权，进而相信即将到来的最终审判和反基督王国的灭亡，坚信在所有的苦难和折磨之后，正义王国必然降临。

教会的传经布道极大地影响了农民历史观的形成，有助于农民（当然是在封建社会的意识形态层面）认识到个人在历史发展中的地位。

莫斯科出版的《基里尔之书》（1644年）和《信仰之书》（1648年），充分说明了教会文献如何影响17世纪俄国人民的历史观。这两本书流传久远，可以追溯到16世纪末的乌克兰，当时爆发了激烈的争论，讨论东正教会是否应与天主教会合并。17世纪初，俄国遭到波兰和瑞典入侵，在此背景下，"反天主教"以及与此相关的末世论思想，就成为俄国的迫切问题。

《基里尔之书》是对"再创世纪"的预言，即"创世纪"之后的第八个千年始于 1608 年。《信仰之书》则阐明和具体化了《基里尔之书》的末世预言，指出了反基督者及其先行者出现的"确切时间"是 1666 年。

《信仰之书》预言反基督的时代近在眼前：已经"出现了许多先知，但根据年代判断，反基督者即将到来，他的数字是 666。代表人的数字 6 是反基督的，在 1666 年，反基督者的先知或者他本人将会出现"①。

为了证明这一点，《信仰之书》的编撰者提到了乌克兰东正教历史上发生的事件："一千年来，当第 595 个夏天到来之际，东仪派教徒②数量猛增，由神圣的东正教改宗西方的天主教……随着 1666 年的到来，我们可能遭受这种罪孽……"

史学界多次指出，这一日期与 1666～1667 年高级神职人员会议的召开日期相吻合。这次会议最终批准了大牧首尼康③提出的教会改革方案，在旧礼仪派信徒看来，这标志着官方教会再次决定背叛东正教。

应当指出的是，1666～1667 年高级神职人员会议终于批准了大牧首尼康的改革方案，并下令全面启用新修订的宗教经书。这次会议的信息传到乌拉尔的时间，几乎与开始土地普查的时间以及 1669 年沙皇诏书（命令搜捕该地区的逃犯）传到乌拉尔的时间重合。乌拉尔和西西伯利亚农民的生活状况似乎证实了《启示录》《信仰之书》以及耶路撒冷基里尔等做出的悲观预言。П. И. 戈杜诺夫进行人口登记之后，重新测量土地、

---

① Книга о вере. М. : Печатный двор, 1648. гл. 15, с. 128.

② 合并派信徒。——原作者注

③ 尼康（1605-1681），世俗名姓为尼基塔·米诺夫。农民家庭出身。19 岁起在家乡当教师。1635 年为修道院修道士。1643 年任修道院院长。1646 年任莫斯科新教老主修道院大司祭。1648 年任诺夫哥罗德都主教，参与镇压 1650 年的城市起义。1652 年取得了牧首圣职。1653 年主持教会改革。按希腊原版修正宗教经书，统一礼拜仪式。遭到旧礼仪派的反对。改革的目的是加强教权，主张神权至上，结果引起沙皇的不满。1658 年辞去牧首一职，退居莫斯科郊区修道院。1666～1667 年，宗教会议正式宣布将他撤职流放。——译者注

增加什一税耕地的面积，再加上追捕逃亡者，这一切导致了"农民的灾难和毁灭"。在1666~1667年的高级神职人员会议上，一些旧礼仪派教徒被宣布为分裂派分子，对他们的追捕使得事态变得雪上加霜。经过审判，这些分裂派教徒被定为"叛教者、欺骗上帝者以及教会叛乱分子，将被无情地处死、烧死"。分裂派教徒要同时受到教会法庭和世俗法庭的审判，并被处以鞭刑、流放和火刑等。①

根据《基里尔之书》，"反基督者的先知"的形象在社会上可以被识别出来。他们"骄傲、自大、富有、贪慕虚荣，对基督徒凶残而又可怕……他们对穷人漠不关心，对富人忠心耿耿"。追捕员以及土地登记员是上图里耶和托博尔斯克的公职人员，他们执行沙皇的命令，但沙皇篡改并颠覆了先辈的信仰。由于追捕员以及土地登记员的压迫，许多俄国人坚信国家政权的实质是"反基督的"。在乌拉尔地区（以及其他地区）农民的思想意识中，17世纪下半叶的末世论预言在表象上和俄国社会政治发展的现状重合，就此象征性地解释所有"新现象"，这些现象的实质是广大群众生活状况的恶化。

不过，虽然反基督者王国的出现是一个严峻的考验，但稍纵即逝。据《信仰之书》的"预言"，这种现象可能仅仅持续7年，甚至只有3到5年。这一现象之后，基督应该马上"再次降临"，这将是正义的最终胜利，届时"所有信徒将摆脱反基督者的折磨，并受到上帝的赏赐"。②

我们概述了17世纪中叶的末世论著作，这一工作似乎是必要的，否则将难以理解17世纪下半叶在乌拉尔和西西伯利亚发生的历史悲剧。

乌拉尔和外乌拉尔地区社会矛盾尖锐，旧礼仪派信徒的早期文献宣称沙皇阿列克谢·米哈伊洛维奇为"反基督者的先驱"，受上述事件的影

---

① Третьякова Н. В. Социально‐правовой статус старообрядчества в дореформенной и пореформенной России. – В кн.: Вопросы истории СССР. М.: Изд‐во МГУ, 1972. с. 478.

② Кириллова книга. М.: Печатный двор, 1644. 1 л. разд. паг.

响，达尔马托夫圣母安息修道院出现了一份信函，即从该修道院发往秋明州的《论反基督者及其秘密王国》。①

　　该信函反映了由教会分裂引起的诸多争议。引发争议的第一个也是最重要的一个问题具有重大政治意义。在关于反基督者现在如何"统治"和是否曾经（"肉身地"或"精神地"）"统治"的神学讨论的实质是关于对世俗沙皇权力的态度的争论。支持"肉身的反基督者"的人们认为，沙皇、全俄大公阿列克谢·米哈伊洛维奇是"肉身的反基督者"。关于"肉身的反基督者"的神学争论的另一种政治解释形式是，反基督者不是阿列克谢·米哈伊洛维奇，而是他的"密友"大牧首尼康。秋明州的居民坚信这一观点，并向达尔马托夫圣母安息修道院发了一封信函。

　　达尔马托夫圣母安息修道院的一位修道士反对他们的观点，认为反基督者的出现不是以肉身，而是以精神的形式。反基督者是撒旦，他化身于尼康教会中。"而他，阿列克谢②，是他③的使徒，不是他的主人和征服者。"达尔马托夫圣母安息修道院的修道士写道，"反基督者托名为沙皇，这就是精神上的反基督者"④。

　　达尔马托夫圣母安息修道院的这位修道士拥有众多的支持者，包括上图里耶县的军队首领雅科夫·列皮欣和由于参加分裂活动而被驱逐至

---

① П. В. 斯米尔诺夫认为，该信函的作者是一位匿名囚徒。В. 韦留日斯基认为，该信函的作者是达尔马托夫圣母安息修道院的一位修道士，他支持旧礼仪派，后来在教会身居要职——阿法纳西·柳比莫夫·特沃罗戈夫，秋明州一位哥萨克人的儿子，最后成为霍尔莫戈尔斯基大主教。关于该人的详细信息，参见 Верюжский В. Афанасий Холмогорский. Его жизнь и труды в связи с историей Холмогорской епархии за 20 лет ее существования и вообще русской церкви в конце XVII в. Церковно-исторический очерк. СПб.: тип. И. В. Леонтьева, 1908. VI, с. 13。但是，该信函中没有任何信息可以证实正文中提到的两种观点，信函的作者至今不明。

② 指沙皇阿列克谢·米哈伊洛维奇。——原作者注

③ 指反基督者。——原作者注

④ Смирнов П. С. Внутренние вопросы в расколе в XVII в. СПб.: т-во «Печатня С. П. Яковлева», 1898. XXXIV, 237. 0121 с.

喀山的约瑟夫·伊斯托明。在他们看来，反基督者化身于由大牧首尼康改革的教会中。雅科夫·列皮欣的绘画直观地反映了这一点。他"本人是一位圣像画家。他在纸上绘制教堂，将恶魔绘制为蛇，缠绕在教堂十字架之上，并且邪恶地向圣洁的基督吐舌信。他绘制了多张图片，向众人分发，并送到周围地区。人们开始仇恨教会，不再举行基督教的圣礼"①。乌拉尔—西伯利亚分裂派的另一位活动家是西伯利亚官员出身的阿夫拉米·文格尔斯基，他认为，反基督者正是化身为沙皇阿列克谢·米哈伊洛维奇。

神学上的细节（根据阿夫拉米·文格尔斯基的观点，沙皇阿列克谢·米哈伊洛维奇是反基督者的"肉身形式"，而对于寂寂无闻的达尔马托夫圣母安息修道院的修道士以及雅科夫·列皮欣而言，反基督者以精神的形式出现，而沙皇仅仅是反基督者的先知）并未改变事件的实质。②在最终意义上，他们都不接受沙皇、不接受罗曼诺夫王朝的后代。他们对沙皇政权的态度大同小异，这一点至关重要。

"幼稚的君主主义"是一个历史性概念。乌拉尔和西伯利亚的农民依然相信沙皇政权是农民的庇护者，但是他们并不相信具体的沙皇及其继任者，认为他们以及俄国政府是敌对的和非法的力量。旧礼仪派提出了现政权的替代方案，尽管它是虚幻的。

------

① Димитрий Ростовский. Розыск о раскольнической брынской вере. М.：Синод, тип., 1745. ч. 3, гл. 8, л. 15 - 15 об.；Послания блаженного Игнатия, митрополита Сибирского и Тобольского, изданные в 《Православном собеседнике》. Казань：Тип. губ. правления, 1855. с. 15.

② 都主教伊格纳季·里姆斯基-科萨科夫曾指出阿夫拉米·文格尔斯基与雅科夫·列皮欣观点相似："两名异端均支持邪说……"参见 Послания блаженного Игнатия, митрополита Сибирского и Тобольского, изданные в 《Православном собеседнике》. Казань：Тип. губ. правления, 1855. с. 171. 关于阿夫拉米·文格尔斯基的详细信息，参见 Оглобин Н. Н. Старец Авраамий Венгерский. В кн.：На сибирские темы. Сб. в пользу Томских воскресных школ и Гоголевского народного дома / Под ред. М. Н. Соболева. СПб., 1905. с. 92-115。

А. А. 普列奥布拉任斯基在研究中发现了一些重要信息，表明乌拉尔和西西伯利亚居民改变了对沙皇政权的态度。1675～1676 年，卡梅什洛夫自由村的一位农民在听完了当地一位去过莫斯科的哥萨克人的故事后，对哥萨克人说："好像你没有去过莫斯科，你也没见过伟大的君主，你是见鬼了。"[①] 1677 年，塔吉尔农民费奥多尔·托尔马切夫在宴会上发表了有关君主的"亵渎言论"。同年又相继发生了两起事件——一位农妇拒绝亲吻十字架、拒绝向沙皇费奥多尔·阿列克谢耶维奇宣誓；一位农民侮辱了呈文上"国君的名字"。[②] 人们反抗专制政权的强加命令，本质是阶级斗争的反映，尽管其披着宗教外衣。

大规模的自焚事件成为末世论思想的极端体现。与俄国旧礼仪派领导人接近的人在乌拉尔和西西伯利亚地区宣讲末世。上文我们已经指出，雅科夫·列皮欣是大司祭阿瓦库姆的门徒。当地另一位分裂派活动家和他私交甚好——上文已经提及的、秋明州兹纳缅斯克教会的神父多美季安。在约瑟夫·伊斯托明被流放到叶尼塞斯克途中经由秋明州时，丹尼尔与他结识。约瑟夫·伊斯托明"从他们的（丹尼尔和分裂派另一位主要活动家——伊凡·康定斯基）书中获益匪浅"。后来，丹尼尔由于参与"教会分裂"而被召往莫斯科，受到审判并与拉扎尔神父、录事费奥多·特罗菲莫夫和大司祭阿瓦库姆一起被定罪，被监禁于普斯托策斯基监狱。[③] 后来，多美季安成功逃脱，并重新开始在外乌拉尔地区传经布道。

早在流放期间，阿瓦库姆关于反基督者的教义就已经在乌拉尔和西伯利

---

①　Преображенский А. А. Урал и Западная Сибирь в конце XVI – начале XVIII в. М.：Наука，1972. с. 361.

②　Послания блаженного Игнатия，митрополита Сибирского и Тобольского，изданные в《Православном собеседнике》. Казань：Тип. губ. правления，1855. с. 111.

③　Смирнов П. С. Внутренние вопросы в расколе в XVII в. СПб.：т – во《Печатня С. П. Яковлева》，1898. с. XXXV–XXXVI.

亚地区广为传播，随后他补充了必须坚决抵制"反基督者王国"的思想，声称如果无法摆脱反基督者王国，那么就应以死殉道，而非容忍"异端邪说"。

17世纪70年代后期，在托博尔斯克地区的别列佐夫卡河沿岸出现了一个农民聚居区，它迅速发展成为旧礼仪派的一个隐修地。需要说明的是，应当非常谨慎地使用文献中的词汇。官方东正教和旧礼仪派的史学资料并不一致，但它们均将旧礼仪派农民的定居点称作隐修地，事实上这是17世纪乌拉尔和西西伯利亚官地耕农的普通村庄和自由村。它们之间唯一的区别是：隐修地坚决地拒绝（经常是受到政府的压制）屈服于尼康改革后的东正教。在这些隐修地，修道院的规章制度鞭长莫及，农民携家带口来到这里。有时，若条件允许，在这种定居点出现了真正的隐修地，其生活与俗人不同。①

这次，牧师多美季安和伊凡·卡扎涅茨②来到了别列佐夫卡隐修地。多美季安在旧礼仪派中颇具影响，于是自耕农、自由的哥萨克人和工商业者"抛弃自己的房屋和牲畜"，开始从塔拉、秋明州和托博尔斯克地区投奔到这里。根据托博尔斯克都主教伊格纳季·里姆斯基-科萨科夫的资料，这里聚集了多达1700人。

宣讲"末日"即将来临，号召摆脱"反基督者的印记"而实现自我救赎，③ 这种布道在隐修地广为传播，具有显而易见的政治色彩。根据

---

① Куандыков Л. К. Старообрядцы－беспоповцы на русском Севере в XVIII－первой половине XIX вв. Организационно－уставные вопросы（по старообрядческим памятникам）. Дисс... канд. ист. наук, Новосибирск, 1983. л. 10–12.

② Д. И. Сапожникоф дыни科夫认为，以该名字行事的是从喀山派来的约瑟夫（伊万）·伊斯托明。参见 Сапожников Д. И. Самосожжение в русском расколе（со второй половины XVII в. до конца XVIII в.）. М.: унив. тип., 1891. с. 11。但是并未有直接证据支持这一观点。很可能他们是不同的人。

③ 根据旧礼仪派信徒的观点，"反基督者的印记"是一个四端十字架，牧首尼康进行宗教改革之后，将它印在顺民身上。在宗教改革之前，使用八端十字架来履行同样功能。参见 Дополнения к актам историческим, собранные и изданные Археографическою комиссиею, В 12－ти т. Т. 8.（1678–1682）. Ред. Н. В. Калачев. СПб.: тип. Праца, 1862. с. 214–215。广义而言，这是尼康教派举行的所有宗教仪式。

托博尔斯克州收到的告密文件，那里的人们"并不为沙皇的健康而祈祷"。在秋明州，人们普遍认为沙皇阿列克谢·米哈伊洛维奇是反基督者，在他去世后，反基督者是他的继承人费奥多尔·阿列克谢耶维奇。

"训诫者"采取行动，开始封锁丹尼尔隐修地，这导致事态急剧恶化。一些人剃度出家。乌拉尔和西西伯利亚各地谣言四起，甚至有隐修地似乎出现了异象之说。① 由此可见聚集在此的人们对宗教的狂热程度。

1679 年 1 月丹尼尔隐修地的自焚事件发生之后，政府立即组织了一次抓捕分裂派思想领袖的行动。由贵族之子加夫里拉·布特凯耶夫率领的 30 名军人，在牧师捷连季和免去教职的教士伊凡的参与下（他们是后来 18 世纪军事指挥官的原型），于 1679 年早春的谢肉节期间抵达梅洪斯基自由村。

自由村里的生活平静，居民种植粮食作物。但是，根据探子的说法，这种平静不堪一击，有人担心农民会去偏远的隐修地。如果我们回想起数百人大规模地迁往丹尼尔隐修地，这种担忧则顺理成章。迁往隐修地不仅仅是离开"世俗世界"，同时还逃离了"赋役"和"国家的什一税"。这使得分裂派以及相关事宜不仅仅与宗教和世俗问题相关，同时也直接涉及国库收支。因此加夫里拉·布特凯耶夫采取了行动。首先，他要求"担保人"（即通过联保方式承担共同责任的农民）缴纳国家"赋税"，并履行新的相互担保义务。根据加夫里拉·布特凯耶夫的盘算，在农民逃往隐修地甚至自焚时，联保可以保障国库免遭损失。在加夫里拉·布特凯耶夫处理世俗事务时，牧师捷连季和被免去教职的教士伊凡一起尽力处理纯粹的教会事务。他们逮捕斯捷潘·格拉茨基并将他投入监牢。斯捷潘·格拉茨基在接受讯问时，声称自己画十字的方法"是我的父母在婴儿时代就教我的，是上帝和他的使徒以及神父所言的"。

---

① Дополнения к актам историческим, собранные и изданные Археографическою комиссиею, В 12-ти т. Т. 8.（1678-1682）. Ред. Н. В. Калачев. СПб. : тип. Праца. 1862. c. 216-217.

训诫者"强迫"斯捷潘·格拉茨基按照尼康改革后的方式用"三指"画十字，并且"那时在院子旁边①聚集着许多人，他们听到了这样的强令，看到有人被殴打致死或被驱赶，于是他们逃到偏远的隐修地，自焚身亡"。②

留在梅洪斯基自由村的农民因为"害怕受到牧师捷连季和免职教士伊凡的威胁和驱逐，他们将自己和妻子、孩子锁到同一所房子里"，威胁要自焚。

房子附近被安置了一名警卫，开始了统一的围攻并劝说"囚犯"。但是，在劝说的过程中，加夫里拉·布特凯耶夫表现得十分审慎：根据他的要求，被反锁在房子里面的农民可以委托"担保人"向新来的斯特罗加诺夫农民转让他们的土地和财产（连同耕种什一税耕地和缴纳会费的义务），从而保全了国家利益。

当梅洪斯基自由村的农民不再坚持自焚并被解除围困之后，他们却被彻底消灭了。其中一位农民伊凡·贡迪洛的财产登记清单得以保留下来。他曾经有两匹马、九头牛、一只山羊、一只绵羊和一只猪，有20普特的小麦以及10垛尚未脱粒的粮食（该事件发生在冬末），还有一套铁匠工具、带有铁匠铺的院子，以及用来修建浴室的木头。富裕农民的所有这些财产连同耕地一起，都被转交给了逃亡的斯特罗加诺夫农民。③

其他"囚犯"也被劫掠一空。农民们向托博尔斯克州州长 П. В. 谢列梅捷夫请愿，但是加夫里拉·布特凯耶夫并不归还财产。在农民们致

---

① 训诫的地方。——原作者注

② Дополнения к актам историческим, собранные и изданные Археографическою комиссиею, В 12 - ти т. Т. 8. （1678 - 1682）. Ред. Н. В. Калачев. СПб. : тип. Праца, 1862. с. 224; Сапожников Д. И. Самосожжение в русском расколе（со второй половины XVII в. до конца XVIII в.）. М. : унив. тип. , 1891. с. 11-12.

③ Дополнения к актам историческим, собранные и изданные Археографическою комиссиею, В 12 - ти т. Т. 8. （1678 - 1682）. Ред. Н. В. Калачев. СПб. : тип. Праца, 1862. с. 224-225.

沙皇费奥多尔·阿列克谢耶维奇的呈文中，流露出了深深的痛苦之情："我们听到国君和大牧师保罗对我们的怜悯之词，从牢房里出来，如今我们拖家带口，四处流浪。"①

梅洪斯基自由村发生的事件在外乌拉尔地区其他自由村引起了强烈反响。同时，官方继续搜捕在自焚之前离开了丹尼尔隐修地的伊凡·卡扎诺克，以及已从伊谢季监狱越狱的自耕农伊凡·巴尔哈托夫，农民将后者称为"导师和领袖"。

梅洪斯基自由村的搜捕开始一个月之后，1679 年 3 月 14 日，军方将伊凡·巴尔哈托夫逮捕并收监。但是，农民设法救回了他们的领袖。伊凡·巴尔哈托夫与他的解救者一起在莫斯托夫卡村避难，这里聚集了大约 40 位伊凡·巴尔哈托夫的信徒。信徒们拒绝将他交给政府。3 月 27 日，他们向包围莫斯托夫卡村的军人提出要求："给我们宽限到 30 日，现在你们离开我们，撤离所有的警卫人员，我们将走出包围圈，继续住在我们之前的房子里，然后向你们报告：为什么我们把自己锁在里面。但是如果你们不撤下岗哨，那么我们决定自焚。"②

随后，农民的要求得到满足，军人撤离。3 月底，由伊凡·巴尔哈托夫领导的农民向沙皇递交了一份呈文，这是农民意识勃发的一个里程碑，借此我们可以"自内向外"地了解导致农民采取极端措施的原因。③

呈文的作者详细讲述了梅洪斯基自由村不久前发生的事件。莫斯托

---

① Дополнения к актам историческим, собранные и изданные Археографическою комиссиею, В 12 - ти т. Т. 8.（1678 - 1682）. Ред. Н. В. Калачев. СПб. : тип. Праца, 1862. c. 226.

② Дополнения к актам историческим, собранные и изданные Археографическою комиссиею, В 12 - ти т. Т. 8.（1678 - 1682）. Ред. Н. В. Калачев. СПб. : тип. Праца, 1862. c. 219.

③ Дополнения к актам историческим, собранные и изданные Археографическою комиссиею, В 12 - ти т. Т. 8.（1678 - 1682）. Ред. Н. В. Калачев. СПб. : тип. Праца, 1862. c. 220.

夫卡村的"囚犯"中，许多人见证了加夫里拉·布特凯耶夫的"劝诫"。

农民认为这位军人的行为非法。他"奉某种未知的命令到达"，"塔夫里洛并未向我们宣读任何命令"，搜查只是加夫里拉·布特凯耶夫勒索的借口。他逮捕"许多人"，并把他们投入伊谢季监狱，"当他离开村庄时，他让许多人赤身裸体地在严寒中从早冻到晚，然后向全村的每个人勒索半卢布，而我们穷人却身无分文"。

莫斯托夫卡村农民认为，如果发生在梅洪斯基自由村的事情是加夫里拉·布特凯耶夫自作主张，那么性质就完全不同。向农民们"宣读了君主的命令，命令好言劝说我们，让我们不要自焚，我们听到了君主的安抚，这样我们就不再感到痛苦……我们也不会离开君主的耕地"。

表面上军人的行动是合法的，并且受到了沙皇本人的支持，但是实际情况并非如此。农民继续说道："我们仍然对此表示怀疑，不敢回家。我们已经听说，国君的罪责书中写着，我们是因为贪财而被监禁的。而且我们从差役人员那里听说，他们称我们为异教徒和分裂派。伟大的陛下，上帝和圣母知道，我们内心深处没有任何虚伪，我们只是坚持古老的虔诚。"沙皇授权搜捕旧礼仪派教徒，农民认为这一行为违反了"圣父和大公会议的训诫，也违反了十位地区主教的命令，违反了前贵族、虔诚的国王及大公的训令，以及大牧首尼康之前五位圣洁宗主教的布道"。

乌拉尔和西伯利亚农民积累了数十年的经验，他们有能力将执行沙皇直接法令（搜捕旧礼仪派信徒）的行为视为非法。

但是，"幼稚的君主主义"本身是农民理解俄国封建国家组织形式的一种方式，虽然历经变化，最终仍得以留存。在向沙皇的同一封呈文中，农民们提出了一项要求（！），如果未能得到满足，他们将"像丹尼尔牧师一样自焚殉道"。农民们坚决要求应该给他们发放"一道来自托博尔斯克的敕令，给男仆和军事总督彼得·瓦西里耶维奇·谢列梅捷夫……盖上君主您的印章，从现在起我们将永远铭记在心，那些差役不该再厚颜无耻地向我们索要钱财，让我们一贫如洗，不要向我们宣扬改革后的宗教，不要让前大牧首尼康的使徒和教父到我们这里来，我们对此感到厌烦"。[①]

莫斯托夫卡村农民的主要诉求是希望以一种正义的形式复兴正义，即 17 世纪乌拉尔地区官地耕农所理解的"旧式正义"。因此，需要有一份文书，类似于过去地方政府代表沙皇发给新来农民的授权文书，由此免遭"外来人"（授权文书中一直使用该词）的侵犯。这里还有一些新的内容——对官员的严厉谴责，同时受到指责的还有"前大牧首尼康的使徒和教父"。我们在此发现，人们开始信仰万能的国家文书，对农民来说，这种文书比沙皇本人更为重要。因此，农民坚决要求在文书上"盖上君主您的印章"，这并不偶然。在 15~17 世纪的俄国文书中，只有印章才能证明文书签发者的身份。[②③]

本质上，这一时期农民继续为维护"米尔"的内部自治而斗争，将"米尔"扩展到村社的宗教和道德生活方面。如上所述，村社的宗教生活以前取决于教区居民，但在宗教分裂之后，村社不仅捍卫教区组织的独立性，而且试图决定是保留"旧礼仪派"还是接受新的教义和新的祝圣方式。А. И. 克里巴诺夫是研究俄国封建制度时代社会思想的专家，就此他写道："呼吁旧礼仪派农民回归'过去'……并不是倒行逆施的现象。在论及社会抗争时，如果人民群众都在反抗，那么我们认为'回归历史'

---

① Дополнения к актам историческим, собранные и изданные Археографическою комиссиею, В 12 - ти т. Т. 8. （1678 - 1682）. Ред. Н. В. Калачев. СПб. : тип. Праца, 1862. с. 221-222.

② 自 17 世纪末起，人们开始寻找"沙皇的真正文书"，此后并未停止。例如，由于 1812 年的征兵令上面并没有盖上"金印"，这成为暴动的借口，参见 Кавтарадзе Г. А. Крестьянский «мир» и царская власть в сознании помещичьих крестьян. （Конец XVIII -1861 г.）. Дисс... канд. ист. наук. Л., 1972. 230 л.

③ Юзефович Л. А, Посольский обычай Российского государства конца XV - начала XVII в. Дисс... канд. ист. наук. Пермь, 1981. 157 л.

是推动社会发展的因素，尽管这一过程缓慢且影响有限。"①

在莫斯托夫卡村农民的呈文中，非常重要的一点是：农民为自焚行为进行辩解。他们之所以愿意自焚，首先是因为拒绝按照"新信仰"生活，同时还有官员和牧师（"前大牧首尼康的使徒和教父"）的暴力行为。莫斯托夫卡村民写道："如果陛下不授予我们皇家法令，那么从现在开始，您的官员和牧师将会毁灭我们这些可怜的人，强迫我们接受新信仰。我们发自内心地向您、伟大的君主，申诉并哀求。请以慈悲为怀，允许我们拒绝新的信仰以及尼康修订的新版《圣经》，我们丝毫不想。为了免受他们带来的痛苦，我们甘愿像丹尼尔司祭那样自焚。"

由此可见，肉身暴力和精神暴力是自焚的原因。但是，莫斯托夫卡村的农民试图证明，如果他们无法捍卫自己的信仰，那么自焚是他们的权利和义务。

自焚是农民极度绝望的表现，这种绝望经常是由世俗和教会当局的权力迫害导致的，同时，这也体现了农民期望实现"永恒的幸福"。

大主教阿瓦库姆不仅完全赞许乌拉尔—西伯利亚地区旧礼仪派的活动，也充分知晓距离普斯托泽尔斯克 2000 多俄里之外发生的事件。值得一提的是，为了捍卫自焚的正义性，他进行了多次相似的论证。1679 年莫斯托夫卡村农民的呈文和 1681 年《西伯利亚兄弟会的信函》都使用了基督教诞生之初几个世纪自愿殉难的例证，唯一的区别在于外乌拉尔地区农民的呈文较早，其中从"教科书"中摘录的内容更为详细。可以推测：阿瓦库姆拥有一份来自莫斯托夫卡村农民的呈文清单，由于经过深思熟虑的论证，这些清单成为旧礼仪派的纪念碑，纪念那些在强权压迫下捍卫自焚权的殉道者。与此同时，呈文和阿瓦库姆信函之间的相似性，也可能出于其他的原因：他们以同样的方法解释自焚，或者他们援引了

---

① Клибанов А. И. Народная социальная утопия в России. Период феодализма. М. : Наука, 1977. с. 90.

同样的文献。在这种情况下，外乌拉尔地区农民和这位流亡的旧礼仪派信徒领袖的论证方法高度相似，这无疑也说明了外乌拉尔地区农民的思想斗争达到了极高的水平。

在外乌拉尔地区农民看来，批评官方教会等级制度以及拒绝新修订出版的《圣经》，意味着号召回归尼康改革之前的旧时代，但是这并无可能。俄国教会的主教们转向官方的东正教，必然引发对待教区神职人员的态度问题。

在官地耕农生活的地区，依靠"世俗的供养"而生存的郊区教堂不应当仅仅满足居民的精神需求。教堂周围修建了米尔的修道院和养老院，接收米尔的老年居民。教区居民与神职人员之间的关系有正式的依据。17世纪下半叶至18世纪初，近乌拉尔地区汇编的、流传至今的追荐亡人名簿就像是人口登记册，其中包含教区居民极其完整的信息。追荐亡人名簿记录了要求教区居民在教会领有耕地上割草、耕地的记录。在追荐亡人名簿中列举的、近乌拉尔地区的自由民和自耕农中，僧侣比例很高，显然他们是"米尔修道院"的僧侣。①

由此可见，根据新版《圣经》传教并被授以高位的牧师带来了许多麻烦，信奉正统东正教的旧礼仪派教徒也认同这一观点。

与此同时，神职人员在日常生活中执行了最重要的正统仪式——做弥撒、接受忏悔、举行洗礼、为皇帝加冕和超度亡灵。在对"改革后教会"的牧师提出批评之后，下一步无疑是拒绝牧师主持的仪式。做出这一决定，不仅是因为农民厌烦"尼康教"的主教，同时还排斥他们任命的牧师等，所以这一决议非常激进，和传统的宗教信仰发生了冲突。因此提出了解决这一冲突的几个方案，每一方案有相应的历

---

① 参见切尔登县维尔文乡主显教堂的追荐亡人名簿，现存于彼尔姆州州立美术馆（НВФ 02275；НВФ 02374）。另见现存于该美术馆的索利卡姆斯克市一座教堂的追荐亡人名簿（НВФ 022273）。

史传统。

有一个习俗广为传播：在外乌拉尔地区的自由村和农村中，尽管存有禁令，但牧师依然按照旧版《圣经》做圣事，自己受洗并使用双指为教徒举行洗礼。这满足了教民和其他依靠教徒供养的神职人员的要求。官地耕农的村社通过"世俗的供养"支持教会，所以教区居民对圣事的仪式产生了很大的影响。

类似的模式需要神职人员和教区利益相一致，要求他们能够长时间逃避教会和世俗官员的控制。同时，教区居民对神职人员的"专业素质"要求并不高。

如果教民认为有必要设置祭司长，但是不信任"新上任"的祭司，即使新祭司遵循旧书规定的礼仪程序，教民也会选择不同的祭司完成不同的教务。达尔马托夫圣母安息修道院致秋明的信中写道："不少信徒具有判断力。如果向一个牧师忏悔，就必须从他那里接受圣餐和洗礼、向他祈祷、由他主持婚礼并由他满足所有的精神需求，如果牧师选择为基督流血，那么他就适合迎接圣灵。"因此，牧师必须悔改（即放弃"改革后的信仰"），然后可以"根据需要而施洗或主持婚礼"。如果这一牧师因为坚持分裂派教义而受到迫害（"他选择为基督流血"），他还可以负责主要的圣事——日祷。

尽管这种妥协是站在旧礼仪派的立场上，仍然引起了分裂派最为正统的支持者的抗议："我们真的为这种想法感到好奇……如果他们是由异端和反基督的仆人任命的，那么还需要从他们那里得到什么祝圣、洗礼或者忏悔呢？"[①]

在乌拉尔、外乌拉尔地区以及俄国其他地方，旧礼仪派中出现了一种趋势，即完全拒绝神职人员。宗教仪式（至少是一部分宗教仪式）开

① Смирнов П. С. Внутренние вопросы в расколе в XVII в. СПб.：т-во《Печатня С. П. Яковлева》，1898. с. 30.

始由关厢居民、军人、农民和修道士主持，而不是牧师。据伊格纳季·里姆斯基-科萨科夫所言，上图里耶的军官雅科夫·列皮欣不止一次被提及，"让他成为牧师，主持我们东正教会的所有圣礼……采取行动……他开始给自己的信徒、新生儿举行洗礼，给孩子们起宗教名字，进行启蒙祈祷，甚至接待远道而来的信徒，举行圣礼、接受忏悔、传经布道，接纳他们进入修道院，给病人涂抹膏油、主持葬礼，并负责慰灵祈祷"。①

伊格纳季·里姆斯基-科萨科夫都主教表示，在俄国北部的波莫瑞地区和乌拉尔，教徒越来越倾向于反教堂派。

由于缺乏正式的等级制，人们尝试创建非正式的等级制。在此过程中，隐修地藏有大量的分裂派活动家，他们的角色十分重要。其中包括尼康改革前出身于世俗人士的司祭（多美季安-丹尼尔、伊凡·康定斯基）、僧侣和分裂派思想导师等。17 世纪下半叶，旧礼仪派信仰的主要中心是外乌拉尔地区（其精神领袖为旧礼仪派领袖阿瓦库姆·文格尔斯基）和近乌拉尔地区（在奥布瓦河、谢贝奇河盆地）。1684 年，政府获悉，来自上述地区的"约 50 名旧礼仪派男女信徒，开始在距离伊利因斯基墓地方圆约 15 俄里的空地上修建大木屋"②。

有的史学家认为，在近乌拉尔地区出现的旧礼仪派信徒是 17 世纪末从莫斯科逃出的射击军起义参与者。17 世纪末 18 世纪初，该地区旧礼仪派信徒的一个权威领袖为阿瓦库姆·文格尔斯基。他是托博尔斯克州一个贵族的儿子，俗名阿列克谢·伊凡诺维奇·文格尔斯基，在 17 世纪 50 年代参加了"信仰论争"。由于坚持分裂派，他被流放到图鲁汗三一修道院，然后在 1659 年"获释"并成为康定斯基修道院的僧侣，改名为阿夫

---

① Послания блаженного Игнатия, митрополита Сибирского и Тобольского, изданные в «Православном собеседнике». Казань: Тип. губ. правления, 1855. с. 170.

② Берк В. Н. Древние государственные грамоты, наказные памяти и челобитные, собранные в Пермской губернии. СПб. 1821. IV, с. 117–118.

拉米。阿夫拉米在这所修道院生活了10年，然后到"每一座修道院"云游。① 在康定斯基修道院，阿布拉米会见了分裂派的另一位重要人物——伊凡神父（伊凡·康定斯基——"伊凡诺夫斯基神父"），两位信徒一起隐匿了很久。②

从一定意义上来说，由于政府对该地区农民迫害的加剧，在外乌拉尔地区同期形成了分裂派中心。1681年莫斯科宗教会议之后，对旧礼仪派信徒的迫害变本加厉，而且和1666~1667年的会议之后出现的形势一样，俄国政府"重新测量"农民土地、增加国家"赋税"。1680年，宫内杂务侍臣列夫·波斯科钦受命前往西伯利亚——上图里耶、佩利姆、图林斯克、秋明、托博尔斯克和塔拉等地，因为西伯利亚事务衙门认为，"西伯利亚农民耕种什一税土地并不违反诏书，有些人却不耕作，靠优待生活"。③

列夫·波斯科钦和税吏完成了大量的工作，仅仅在上图里耶县，什一税耕地的面积就增加了17%。④

土地登记员的行为激起了农民的强烈反应。农民逃离增加的什一税耕地，迁往新建的自由村。其中，乌加茨基自由村成了分裂派的据点之一，由外乡人费奥多尔建立，他原来是察列沃·格洛基什自由村的居民。17世纪末，乌拉尔和外乌拉尔地区的社会政治发展规律逐渐发挥威力。随着什一税耕地和赋税的增加，人们越来越渴望迁往新的自由村，盖房建屋。新的自由村又吸引了其他农民，因为自由村的土地还没有被登记。

---

① Оглобин Н. Н. Старец Авраамий Венгерский. – В кн.: На сибирские темы. Сб. в пользу Томских воскресных школ и Гоголевского народного дома / Под ред. М. Н. Соболева. СПб., 1905. с. 110.

② ЦГИА, ф. 834, оп. 2, д. 1418, л. 10, об. –12.

③ Шунков В. И. Очерки по истории колонизации Сибири в начале XVIII вв. М.; Л.: Изд-во АН СССР, 1946. с. 179–180.

④ Шунков В. И. Очерки по истории колонизации Сибири в начале XVIII вв. М.; Л.: Изд-во АН СССР, 1946. с. 180.

在这种情况下，新建房屋和自由村不可避免地成为分裂派的据点。新定居者在宗教方面同情原住居民，所以旧礼仪派信徒在自由村有着巨大的影响力。在这种情况下，社会反抗也具有了宗教色彩。正是如此，阿布拉米的权威和影响力越来越大，他为抗议活动辩解和解释道：必须对抗俄罗斯帝国的"反基督政权"。

早在 1681 年 10 月，西伯利亚事务衙门就从上图里耶县获知，分裂派在乌加茨基建立了新的自由村，于是致函托博尔斯克大公 A. A. 果里岑，命令他在通往该自由村的所有道路上建立坚固的哨所。该命令被传达给郊区所有的官员，但是农民、军人、关厢居民和白色哥萨克人依旧源源不断地前往此地。① 官方开始封锁自由村，于是自由村村民产生了自焚的想法。阿夫拉米和伊凡·康定斯基并不赞成正在酝酿中的自焚行为。在这种情况下，乌加茨基自由村的村民们向大司祭阿瓦库姆咨询。从普斯托策斯基监狱返回的特使转达了大司祭的认可——"让他们自焚"。

由于外乌拉尔地区农民事实上参加了莫斯科的射击军起义，乌加茨基自由村的形势变得更加复杂。旧礼仪派信徒阿夫拉米、费奥多尔和其他的自由村村民们拒绝向沙皇伊凡和彼得宣誓效忠，"从此以后，我们不想为伟大的国君祝圣"。此后，他们的活动开始具有显而易见的反政府性质。政府向乌加茨基自由村派遣了 150 名哥萨克龙骑兵和"秋明的立陶宛人"组成的军队。② 1682 年 12 月，居民点起火，104 人在火灾中丧生。一些拒绝"烈火洗礼"的村民得以逃脱，其中就有阿夫拉米和伊凡·康

---

① Акты исторические, собранные и изданные Археографическою комиссиею: В 5-ти т. СПб. : тип. II отд-ния собств. е. и. в. Канцелярии, 1841-1842. Т. 5. 1676-1700 гг./ Подг. к изд. М. А. Коркунов, 1842. c. 181-182.

② Акты исторические, собранные и изданные Археографическою комиссиею: В 5-ти т. СПб. : тип. II отд-ния собств. е. и. в. Канцелярии, 1841-1842. Т. 5. 1676-1700 гг./ Подг. к изд. М. А. Коркунов, 1842. c. 162-163; Дополнения к актам историческим, собранные и изданные Археографическою комиссиею, В 12-ти т. Т. 10. (1682-1700). Ред. А. И. Тимофеев. СПб. : тип. Праца, 1867. c. 9-10.

定斯基，他们藏在巴甫洛夫村附近、位于伊留姆河畔的沼泽地中一个小岛上的卡尔玛克。①

政府继续追捕分裂派精神领袖，首要原因是那些人越坚持"旧礼仪派信仰"，他们就越反对新的世俗政权机关以及教会。1683年1月15日，秋明州贵族之子费奥多尔·费菲洛夫率领一个分队，成功在吉列沃村的卡尔玛克俘获了一位关厢居民伊凡·科罗别尼尼科夫。伊凡·科罗别尼尼科夫和阿布拉米私交甚好。后来，旧礼仪派在论述乌拉尔分裂派历史的文章中称，伊凡·科罗别尼尼科夫曾经两次奉阿布拉米之命，远赴顿河，拜访旧礼仪派信徒中最为权威的僧侣费奥多西。② 显然，正是伊凡·科罗别尼尼科夫直接维持了外乌拉尔地区旧礼仪派活动中心和克尔热涅茨之间的联系。在搜捕伊凡·科罗别尼尼科夫的过程中，于其家中搜出了"13本书，两个装着一些内容不明信件的箱子，一个盒子里放着用手帕包着的几缕头发"。费奥多尔·费菲洛夫旋即展开审讯，要求供出阿布拉米和伊凡·康定斯基的藏身之地。但是审问的结果出乎意料：吉列沃村的农民支持伊凡·科罗别尼尼科夫，声称"我们绝不把这位男子汉交给你"。根据射击军的"传闻"，当费奥多尔·费菲洛夫开始询问阿夫拉米和伊凡·康定斯基的消息时，"当时形形色色的官员都受到了谴责：我们为这些人、为阿布拉米和康定斯基而死"，村民劫走了被绑在铁架上的伊凡·科罗别尼尼科夫，抢回了他的图书和信函。③

射击军被迫离开，而农民做出了看似出乎意料的举动：他们向沙皇伊凡和彼得提交了呈文。农民指责费奥多尔·费菲洛夫殴打并侮辱平民，尤其是在没有君主命令的情况下擅自行事。因此他们解救了伊凡·科罗

---

① Уггу, Шатровскео собр. , 78p/855, л. 20 об.

② ЦГИА, ф. 834, оп. 2, д. 1418, л.7–8.

③ Дополнения к актам историческим, собранные и изданные Археографическою комиссиею, В 12-ти т. Т. 10. （1682–1700）. Ред. А. И. Тимофеев. СПб. : тип. Праца, 1867. с. 11–12.

别尼尼科夫，"你，费奥多尔，开始抢夺伊凡家的圣像、蜡烛、念珠以及学习的书籍，包括小教堂的颂诗和大教堂的文集，伊凡的这些书都有沙皇米哈伊尔·费奥多洛维奇的印章"。农民们得出结论："我们这样说：我们乐意为这些书和我们的圣父而死……"吉列夫村农民对亵渎的指控主要针对费奥多尔·费菲洛夫，此外还包括俄国所有的世俗当局和教会，因为在他们的怂恿和胁迫下，《米哈伊尔·费奥多洛维奇之印》这本书被订正了，而拥有该书尤其是遵照该书举行圣事，被视为旁门左道和分裂，并需要承担由此带来的所有后果。①

　　吉列夫农民的"诉求"揭示了"幼稚的君主主义"的另一面。农民拒绝宣誓效忠沙皇伊凡和彼得，宣布沙皇的权力是反基督的，但是农民继续求助于沙皇政权，指望得到保护，免遭地方行政当局的横行霸道和恣意妄为。

　　17世纪末人口登记成为农民抗议的直接原因，而抗议经过了多个阶段，直至进行自焚行为。抗议形式的转化"机制"在1687年事件中体现得尤为明显。

　　在秋明州特根河畔上的卡卢吉诺村，旧礼仪派信徒们聚集在农民库兹马·列谢尼科夫的家中，"其中有102人携妻带子"。还有两个旧礼仪派信徒叶夫列姆和皮门。那时，政府没有过多地依赖专门的"劝诫者"（即当地的神职人员），就把农民的亲戚差遣到他们那里。通过问询得知，农民并不打算自焚。而且，他们来到这里的动机不仅仅是宗教。1687年7月4日，一名男子对试图劝说他离开垦荒地的兄弟说："我们想住在这里，和自己的兄弟们与外来人在一起，因为他们被书记员列夫·波斯科钦和索菲亚的儿子、贵族米哈伊尔·罗季奥诺夫赶走了：粮食和其他税

---

① Дополнения к актам историческим, собранные и изданные Археографическою комиссиею, В 12-ти т. Т. 10.（1682–1700）. Ред. А. И. Тимофеев. СПб.: тип. Праца, 1867. с. 10–11.

赋等重担被强加给他们，而他们却无力承担。"只要当"他们开始将我们赶出垦荒地，我们马上就在院子里自焚"①。没有税吏、没有沉重的税赋和精神操控者——这就是农民的目标。农民不会放弃这一目标，坚持为实现这一目标而顽强斗争，却由于该目标无法企及，他们只能自焚。

抄写员、贵族之子瓦西里·科尚涅茨和录事伊凡·舒纳耶夫以及他们挑选的税警等，于1687年奉沙皇之命来到卡卢吉诺村，目的是"登记秋明州的郊区农村和市镇的耕地、播种的粮食种类，以及摊派什一税……"，但是他们无法完成上述工作，因为"在卡卢吉诺村……分裂派信徒、缴纳代役租的秋明农民谢尔古什卡·加拉舍夫、斯杰普卡·列舍特尼科夫和菲特卡·列舍特尼科夫和他们的同乡耕种自己的土地，并未指出自己的耕地在什么地方，也不允许将它们登记"。

政府企图对他们使用武力，但是未成功。1687年9月10日，政府宣称农民已开始积极行动，保护定居点，"他们带领着大概有四五十人，携带枪、长矛和斧头等离开了隐修地"。留在垦荒地的"那些分裂派信徒邀请铁匠锻造长矛和斧头。"②

秋明州政府调集当地军人来镇压公开的抵抗，但是收效甚微。指挥秋明州军人的上尉伊凡·阿尔图菲耶夫非常不满地告诉秋明州总督，"他们并没有逃出院子，也没有自焚"，并要求州长提供"大量武器"，以便向垦荒地发动突袭。最终，迫于政府的镇压，农民开始自焚。1687年10月24日，垦荒地起火了。230人中，幸存的只有信奉旧礼仪派的两名老

① Дополнения к актам историческим, собранные и изданные Археографическою комиссиею, В 12-ти т. Т. 10. （1682-1700）. Ред. А. И. Тимофеев. СПб.: тип. Праца, 1867. с. 14; Преображенский А. А. Классовая борьба уральских крестьян и мастеровых людей в начале XVIII в. Исторические записки. М.: Изд-во АН СССР, 1956. № 58. с. 364.

② Дополнения к актам историческим, собранные и изданные Археографическою комиссиею, В 12-ти т. Т. 10. （1682-1700）. Ред. А. И. Тимофеев. СПб.: тип. Праца, 1867. с. 15.

翁和两名老妇，以及其中一名老妇的儿子。旧礼仪派信徒叶夫列姆和皮门在大火中丧生。[①]

综上所述，影响乌拉尔地区官地耕农的社会政治观点的因素有：封建俄国农民对于自己社会地位的传统认识、17 世纪乌拉尔的社会经济发展的现状。

这些观点的实质可以概括为"幼稚的君主主义"。同时，"幼稚的君主主义"集中体现了农民的政治观点，在农民阶层不同的历史发展阶段，经历了重大变化。

乌拉尔农民的特征是：他们意识到自己对于国家的重要性，作为国家居民的一部分，他们应当开垦和耕种荒地、缴纳税款、耕种什一税土地，而在发生军情时，他们需要拿起武器自卫。在开垦、耕种和保护"国君土地"的过程中，农民们认为，自己完全有权向"伟大的国君"请愿，并得到当地政府代表的回应和保护，免遭官员恣意妄为之苦以及暴政。农民认为，国家应在履行必要手续的同时，应该保留农民迁往新土地的权利，并为农民提供优待。

公平地确定税赋、什一税以及其他各种税项的原则是依循旧法，"一切照旧"。村社的内部生活要基于世俗的自治，国家只能通过世俗自治机构间接地干预村社事务。

17 世纪末的农民萌生了一定的法律意识，清晰地将君主与国家机构区分开来：前者代表国家，后者代表地方和中央政府。

东正教是俄国封建国家思想体系的体现，这是一种特定的社会秩序，说明了"国君和全俄大公"在其中占据着特殊的地位。

与此同时，封建时代的俄国农民（当时为 17 世纪乌拉尔地区的官地

[①] Дополнения к актам историческим, собранные и изданные Археографическою комиссиею, В 12-ти т. Т. 10. （1682-1700）. Ред. А. И. Тимофеев. СПб.：тип. Праца，1867. с. 18-20.

耕农）社会政治意识非常稳定且恪守传统，但是仍难免受到国家的经济社会、政治发展以及乌拉尔地域特征的影响。在这种情况下，乌拉尔农民社会政治思想中的一些固有特征得以保留。但是，在17世纪末，出现了一个新的特征，即农民拒绝接受和承认国家的一些措施的合法性，因为它们侵犯了农民的传统权利。农民的"幼稚的君主主义"也发生了质的变化，在该思想框架内，真正的国君与实际在位的国君相对立，后者发布命令、增加什一税、组织搜捕逃亡者等。对统治阶层的反感是俄国和乌拉尔社会思想中的新现象，这鲜明地表现在拒绝向沙皇阿列克谢·米哈伊洛维奇的继承人宣誓效忠。

教会分裂也成为官方意识形态的分裂。旧礼仪派在俄国劳动者中广泛传播，旧礼仪派提出了政治关系中一个极为迫切的问题，即国君的"伪善"，具体表现为人们认为沙皇阿列克谢·米哈伊洛维奇和皇位继承人是反基督者。在劳动者的思想中，旧礼仪派思想根深蒂固，因为旧礼仪派（在宗教世界观中）提出了新的方案，以替代现行的统治性思想。旧礼仪派的核心是回归历史，因为在农民看来，历史是一种正统的思想，意味着正义。17世纪下半叶的官方教会将自己的命运与封建国家利益紧密联系在一起，这遭到了"旧东正教""旧礼仪派"的反对；"庄稼汉君主主义"顺理成章地和"庄稼汉东正教"相得益彰。新的社会现实仍然需要旧的政治和思想意识。①

乌拉尔和西西伯利亚劳动者社会斗争目标之一是捍卫旧礼仪信仰。在广大人民的发展壮大过程中，旧礼仪派一直与社会经济因素息息相关。

这些因素结合从宗教和神秘主义的角度对劳动人民恶化的经济和政治状况进行了添油加醋的解释，人们的末世论思想愈演愈烈，导致了大规模的自焚事件。

---

① Клибанов А. И. Народная социальная утопия в России. Период феодализма. М.: Наука, 1977. с. 95.

17 世纪末，乌拉尔劳动者社会思想中所有的上述因素都影响了 18 世纪上半叶社会和政治思想的发展。

第三节　新兴采矿业对劳动者社会思想的影响

17、18 世纪之交是俄国历史的转折点。工厂改变了乌拉尔大批人口的社会经济和法律地位。在此我们将关注彼此密切相关的几个问题：农民的公众意识如何解释该地区的新形势；在大型采矿业的影响下，乌拉尔人口的社会和政治思想发生了什么新变化。

乌拉尔出现了俄国的大型采矿中心，原因有很多。与俄国中部和卡累利阿相比，乌拉尔拥有许多优势，尽管它距离金属消费市场较远。首先，这里铁矿和铜矿的储量丰富且易于开采。其次，这里拥有大片森林，可以为冶金业提供充足的燃料。再次，俄国人居住于此，但是没有农奴制的束缚，也没有"粮食短缺"现象。18 世纪上半叶的状况如此，由此可以解释为什么人们要迁往（有时是逃往）乌拉尔地区。最后，该地区居民有着悠久的传统，他们早在建设大型工厂之前就已经积累了寻找矿石、从事金属生产和加工的经验。

最早的一批工厂出现于 17 世纪，1631 年建立了尼察炼铁厂（位于图拉河的支流尼策河上），1634 年索利卡姆斯克市附近的贝斯科尔铜冶炼厂落成。1669 年在上图里耶县的聂伊维河畔相继建成了 Д. 图马舍夫炼铁厂和涅维扬斯克工厂。

17 世纪后半叶，在乌拉尔地区，开采铁矿并炼铁已经成为农民的一项副业。在寻找矿床、确定新工厂的厂址时，广泛借鉴了当地矿工和铁匠的经验。例如，位于东乌拉尔地区的卡缅斯克工厂的所在地，早在 17 世纪农民已经小规模地开始使用高炉炼制生铁。为了寻找矿石并确定地址，以建设涅维扬斯克工厂，政府派出了 44 名当地铁匠和"工厂主"以及阿拉拜哈河流域的 14 名铁匠进行"勘察"。为了完成 1696 年国家提出寻找矿床的任务，该地共派出了 75 名本地铁匠、工厂主和矿山专家一同勘查。[①] 上述事实均证明了与铁矿开采和加工相关的农民手工业的普及程度。

乌拉尔开始建立大型采矿业之时，正值俄国北方战争爆发。乌拉尔生产的金属满足了陆军和海军对火炮和弹药的需求，[②] 所以政府密切关注乌拉尔工业的发展。[③]

在乌拉尔开始建造工厂时，官方已经借鉴了当地居民在整个 17 世纪积累的经验。当时工厂的工人来源有两种：自由雇工和附属农奴。

参政院的矿务秘书 B. И. 克拉玛芬科夫认真研究了俄国历史和当时的工业状况，于 1777 年论及乌拉尔最古老工厂的命运："……虽然佩斯科尔工厂（彼尔姆最古老的工厂）从建立之初就有意使用自由雇工从事工厂工作，但这家工厂从一开始就难以经营，原因显而易见：它没有自己的附属农奴，而仅有自由雇工工作。但是，当时很少有人愿意到条件非常艰苦的山区工作……鉴于这一事例，随后在建设国营工厂的过程中，总是首先进行人口登记，以改变工人的身份。"[④]

农民在 17 世纪一直抗议在乌拉尔建立工厂。农民们发现，这将为他们带来新的负担。正是由此，17 世纪 20 年代末 30 年代初，上图里耶县的位于聂伊维河畔的工厂遭到破坏，农民们抱怨说，他们的"孩

① Кафенгауз Б. Б. История хозяйства Демидовых в XVIII - вв. Опыт исследования по истории уральской металлургии. М. ; Л. : Изд-во АН СССР, 1949. т. 1. с. 35, 50.

② Струмилин С. Г. Избранные произведения. История черной металлургии в СССР. М. : Наука, 1967. с. 127-128.

③ Павленко Н. И. Развитие металлургической промышленности России в первой половине XVIII в. М. : Изд-во АН СССР, 1953. с. 102-106, 161-162, 514-517.

④ Крамаренков В. И. Материалы для истории рабочих на горных заводах. (Из записки В. Крамаренкова), Публ. А. В. Шебалова. - Архив истории труда в России. Пг., 1921. № 1. с. 91-92.

子""逃了出去",农民们期盼国君垂恩,"允许农民们不再炼铁并离开国有耕地"。[①] 被"米尔"选中的志愿者"逃离了冶炼工作",军人试图将什一税农民"投入监狱",结果反被农民击退,"整个村社都支持农民和十人长"。政府采取了坚决的行动,结果工厂周围的居民开始骚动,他们既放弃炼铁,也放弃耕作什一税农田。[②] 乌拉尔地区的第一批工厂都如同昙花一现,没有一家工厂能持续经营到 18 世纪初,一个重要原因是乌拉尔地区农民持续地抵制。E. И. 藻泽尔斯卡娅写道:"俄国政府在工厂建设方面失败的罪魁祸首是那些附属农奴的祖先,在随后的几个世纪里,沙皇政权粉碎了他们的反抗,不仅仅将整个村庄、自由村和乡镇划归国家,还将它们划归乌拉尔和西伯利亚的私营工厂。"[③]

17、18 世纪之交,乌拉尔地区开始兴建大型工厂,农民负担旋即加重。为了建设涅维扬斯克工厂,派出了来自塔吉尔、涅维扬斯克、尼察、伊尔比特、阿拉马舍夫、贝洛斯卢茨克、阿亚特斯克、克拉斯诺波尔斯克、丘索沃伊、贝洛亚尔斯克、新佩什马、卡梅什洛夫、佩什马、克拉斯诺亚尔斯克和塔马库尔的农民以及来自上图里耶的车夫。卡缅斯克工厂是由基太斯基和科尔切丹斯基两地的农民以及卡缅斯克、卡梅什洛夫和巴加里亚特斯克自由村的村民建立的。[④] 但是并没有规定新的赋役,18 世纪初,赋役的范围呈逐渐扩大的趋势。新的赋役出现,但是旧的赋役并未被取消。封建国家的这些措施无疑会引起农民的抗议,尤其是农民认为新的赋役并不合法,各种暴动就反映了这一点。

---

①　Заозерская Е. И. У истоков крупного производства в русской промышленности в XVI - XVII вв. К вопросу о генезисе капитализма в России. М. : Наука, 1970. с. 337.

②　Заозерская Е. И. У истоков крупного производства в русской промышленности в XVI - XVII вв. К вопросу о генезисе капитализма в России. М. : Наука, 1970. с. 338–340.

③　Заозерская Е. И. У истоков крупного производства в русской промышленности в XVI - XVII вв. К вопросу о генезисе капитализма в России. М. : Наука, 1970. с. 351.

④　Геннин В. И. Описание уральских и сибирских заводов. 1735- М. : История заводов, 1937. с. 475, 611.

矿业体系是由当地政府创建的，由此带来了繁重的任务。当地的农民巧妙地利用了省级政府部门和新成立的工厂部门之间的矛盾。在提交给地方机构和中央政府的呈文中，农民比较了旧的税赋（此时被农民认为是合法的）和新税赋。1708 年，涅维扬斯克农民写道："在涅维扬斯克人定居点，我们按照国君规定的税赋（什一税）耕作，我们多年来一直按每年 60 戈比或 50 戈比纳税，在列日河上为国家建造了磨坊……我们向国库缴纳交易税、服驿务劳役①等，平均每户 60 戈比，还有浴室税，平均每间浴室 15 戈比，并且在上图里耶县，每家商业浴室还要缴纳包收捐税，浴室包税人每赚 13 卢布须缴纳 45 戈比作为税费，所有年份都是如此。而我们在阿拉巴耶夫斯克炼铁厂工作，砍柴烧炭……我们也在奥金菲·米基蒂奇的涅维扬斯克炼铁厂工作，大约有 500 人砍柴制炭，平均每人要砍 5 立方俄丈的木柴，我们每年将铁和各种军用物资从工厂运送到乔索瓦亚河的码头，花销不菲……"农民们抱怨说，A. 德米多夫通常让他们在工厂连续工作四周甚至更长时间，而且不给他们砍柴、制炭、运输铁器和弹药等工作的报酬。"由于他的横征暴敛，我们变得穷困潦倒，濒临破产。"

农民揭示了自己如何陷入"一无所有"的困境，这尤其令人注意。"我们变得一贫如洗，并不是因为上图里耶和涅维扬斯克的公职人员，也不是因为书记员，没有任何人向我们收税，除了奥金菲·米基蒂奇。他毁灭了所有人，从他那里得到的东西屈指可数；由于有些农民逃亡，现在将他们的什一税转嫁到我们这些农民头上。"② 对于农民而言，作为 17 世纪"痛苦和暴力"的根源，西伯利亚的"上图里耶市以及其他驻军城市或交通枢纽城市"在 18 世纪初由工厂中的权势人物所把控。在农民看

---

① 18 世纪初以前，俄国农民有为国家提供车辆、马匹和驮手的义务。驿务劳役是驿夫的主要劳役。——译者注

② Памятники Сибирской истории XVIII в. : В 2-х кн. / Ред. А. И. Тимофеев. кн. 1. 1700-1713 гг. 1882. СПб. ; тип. МВД. с. 316-318.

来，他们直接危害了国家利益：农民被迫逃亡，由此不仅破坏了村民之间基于联保制度而建立的"米尔"，同时，因为国家税收减少，还在最终意义上损害了国家利益。

农民的理由经常非常充分，似乎也令地方政府信服。1701 年初，上图里耶的军政长官 K. П. 科兹洛夫试图证明，为了运输石料修建上图里耶县城的石筑内城，已经无法向当地居民增加新的税种。他引用农民呈文内容写道："这已经成为农民的巨大困扰和难以忍受的负担，因为陛下命令上图里耶县的郊区农民在上图里耶县建设钢铁厂……"军政长官 K. П. 科兹洛夫指出，有 200 人在凿碎和运输铁矿石。而在修建大坝时，每天至少需要 500 人工作。①

18 世纪初，乌拉尔开始大规模建设工厂，这沉重打击了西伯利亚的神职人员。上图里耶军政长官 A. 卡利京的前任忙于建设工厂，而 A. 卡利京有所不同。1700 年 9 月，他给西伯利亚都主教写信，要求在上图里耶县的工厂区修建一座新的教堂，因为如今当地"工人……数量庞大，并且许多人被迫住在外面"。菲洛费伊认为，通过这件事，可以恰如其分地评价 A. 卡利京本人的行为以及政府对西伯利亚神职人员的政策。

菲洛费伊从信中获知，工厂已经准备好了修建石筑教堂的物资，然后他告诉军政长官 A. 卡利京，"俄国通行的惯例是：神职人员首先要吃饱，然后才能修建教堂"，只有在衣食无忧的情况下，神职人员才会为修建教堂而祈祷，因为"我们教区的神父正陷于贫困，沙皇不给他们钱：教堂的领地空空如也，而人民穷困潦倒，不愿供奉神父等神职人员"。②

18 世纪初，新的秩序在乌拉尔地区逐渐形成，但是缺乏预先的宏观规划。工厂当局要求农民修建大坝、建设工厂、制备木炭和开采矿石，

① Памятники Сибирской истории XVIII в. : В 2 - х кн. /Ред. А. И. Тимофеев. кн. 1. 1700 - 1713 гг. 1882. СПб. ; тип. МВД. с. 105 - 106.

② ПОКМ, 11101/№ 76.

而军政当局（后来被称作省级行政当局）继续征收新旧赋税，双方为了争夺剥削农民劳动的有限权力而纷争不断。这种状况导致农民们一贫如洗，同时引起了教会的不满，因为它降低了神职人员的收入。

乌拉尔农民公开斗争，反对工厂强迫劳动，渴望找到"合法的"抗议理由。

1703 年事件直接延续了 17 世纪农民与工厂斗争的传统。农民们被登记进入卡缅斯克工厂和处于建设中的乌克图斯工厂，作为回应，农民开始逃离附近的阿拉米尔、卡琳诺夫斯基、穆尔津斯基、卡梅什洛夫斯基等自由村以及基太斯基、科尔切丹斯基定居点。[1] "200 多人拖家带口一起逃亡"，"背井离乡，抛弃了自己种的庄稼"，穿过昆古尔县"亚伊茨克山上的草原"。[2] 在昆古尔地区，当地农民加入了他们的行列。民众的不满情绪在该县和昆古尔市的大部分人口中蔓延，因为不久前担任昆古尔地区军政长官、时任上图里耶军政长官的 A. 卡利京计划在此修建一座工厂。A. 卡利京于 1703 年夏季在昆古尔工作，当地的和外来的农民带着弓箭和棍棒等武器，围困了这座城市。

A. 卡利京派出市长 E. 韦谢尔科夫、昆古尔大牧师伊凡同围攻者谈判。农民们向他们解释说，他们"奉君主之命前来此地，将昆古尔地区开采的铜矿石等运往西伯利亚城市，在工厂里铸造大炮"。[3] 初看上去，农民们解释了自己来到此地的原因，显得非常无辜（事实上，他们将城

---

① Преображенский А. А. Классовая борьба уральских крестьян и мастеровых людей в начале XVIII в. Исторические записки. М. : Изд-во АН СССР, 1956. № 58. с. 246-273.

② Волнения работных людей и приписных крестьян на металлургических заводах России в первой половине XVIII в. : Сб. документов / Под ред. Е. И. Заозерской и Л. Н. Пушкарева. М. : АН СССР（Ин-т истории и др.）. Ротапринт, 1975. вып. 1. XVIII, с. 2-4.

③ Волнения работных людей и приписных крестьян на металлургических заводах России в первой половине XVIII в. : Сб. документов / Под ред. Е. И. Заозерской и Л. Н. Пушкарева. М. : АН СССР（Ин-т истории и др.）. Ротапринт, 1975. вып. 1. XVIII, с. 5.

市围困了两天两夜），但是话语中隐藏了一个深刻的信念，即 A. 卡利京并非奉君主之命行事，违法的不是农民，而是 A. 卡利京。农民们并没有大错：尽管 A. 卡利京致力于建设工厂，这完全契合彼得大帝的政策，但是他确实没有得到沙皇的命令。A. 卡利京抓捕了这场动乱的积极参与者——索科利山变容村的耕农阿夫代·皮吉列夫和圣尼古拉镇梅迪安卡村的季洪·佩切斯基。为了驱散围攻城市的农民，A. 卡利京命令向他们开炮。

昆古尔地区发生农民暴乱之后，国家拒绝在那里建厂。农民秉持着 17 世纪下半叶的请愿精神，继续申诉。1707 年，A. 卡利京写道："国君陛下，他们说我莫名其妙地来到他们这些昆古尔人身边，并拒绝承担任何国家工作。"① 暴动还影响到了一位定居在昆古尔地区的私人工业家，即马祖耶夫工厂的老板费奥多尔·莫罗多伊。他听到了传闻，"A. 卡利京带着许多人前来，而他（费奥多尔·莫罗多伊）将被迫离开，并被杀死。"费奥多尔·莫罗多伊报告说，当地农民烧毁了为马祖耶夫工厂准备的木柴和木炭。②

米尔自治机构领导了农民暴乱。1705 年 6 月的夏天，乌拉尔地区农民开始暴乱。涅维扬斯克、别洛斯卢德斯克、阿拉马舍夫、伊尔比特、塔马库尔、佩什马和克拉斯诺亚尔斯克等地的农民拒绝在阿拉帕耶夫斯克工厂以及后来建立的涅维扬斯克的杰米多夫工厂工作。农民们的组织化程度极高，令人震惊。

他们聚集在涅维扬斯克和别洛斯卢德斯克地区，约定"不做任何工

---

① Волнения работных людей и приписных крестьян на металлургических заводах России в первой половине XVIII в. : Сб. документов / Под ред. Е. И. Заозерской и Л. Н. Пушкарева. М. : АН СССР（Ин-т истории и др.）. Ротапринт, 1975. вып. 1. XVIII, с. 28.

② Преображенский А. А. Из истории первых частных заводов на Урале в начале XVIII в. Исторические записки. М. : Изд-во АН СССР, 1958. т. 63. с. 165.

厂工作，停止工厂生产"。据 A. 卡利京所言，他本人建议农民们"不要拒绝履行国家义务，以免被起诉"，但是遭到了农民的拒绝。农民们自愿签订了一份协议："在这场叛乱中不能相互背叛，要并肩战斗"。① 农民们开始履行协议：他们驱散了莫罗多伊工厂中农民出身的保安员、收煤人、木匠和铁匠等。

地方当局企图迫使农民工作，但是遭到了来自米尔自治机构的包括头长、民选代表和十人长等人的拒绝。地方当局尝试雇用工人，但是一无所获——阿拉马舍夫的农民把索利卡姆斯克的劳动者赶出农舍，并拿走了他们的铁锹，使他们无法工作。②

农民的行动迫使工厂停产——高炉熄火，锻锤停止，工厂没有柴火和煤炭。农民们还拒绝为涅维扬斯克工厂砍伐"制备木炭的木柴"，并威胁称要让该工厂也停工，尽管 1705 年 9 月彼得一世曾下诏要求保障该工厂运行。

乌拉尔地区附属农奴的大规模动乱给政府敲响了警钟：1705 年 9 月，西伯利亚事务衙门的职员谢尔盖·奥萨诺夫被派往乌拉尔，奉命结束暴乱并恢复工厂工作。他仍然需要通过地方自治机构采取行动。抵达之后，谢尔盖·奥萨诺夫应该"召集上图里耶各个自由村的所有村长和农民，向他们宣读国君的法令"。③

---

① Волнения работных людей и приписных крестьян на металлургических заводах России в первой половине XVIII в.: Сб. документов / Под ред. Е. И. Заозерской и Л. Н. Пушкарева. М.: АН СССР (Ин-т истории и др.). Ротапринт, 1975. вып. 1. XVIII, с. 8.

② Волнения работных людей и приписных крестьян на металлургических заводах России в первой половине XVIII в.: Сб. документов / Под ред. Е. И. Заозерской и Л. Н. Пушкарева. М.: АН СССР (Ин-т истории и др.). Ротапринт, 1975. вып. 1. XVIII, с. 12–13.

③ Волнения работных людей и приписных крестьян на металлургических заводах России в первой половине XVIII в.: Сб. документов / Под ред. Е. И. Заозерской и Л. Н. Пушкарева. М.: АН СССР (Ин-т истории и др.). Ротапринт, 1975. вып. 1. XVIII, с. 7–8.

　　彼得一世颁布法令，认可上图里耶军政长官的行动。上图里耶县的农民必须"一如既往地在阿拉帕耶夫斯克炼铁厂工作……如果他们以任何方式阻止炼铁厂生产，影响国库收入，将被毫不留情地处以死刑，如果他们给工厂造成损失，后果将完全由这些农民负责"。谢尔盖·奥萨诺夫顺利地恢复了工厂的生产：来自上图里耶县 9 个乡的乡长和当选代表签署了协议，承诺"他们将像以前一样在阿拉帕耶夫斯克地区各工厂从事任何工作，并且绝不阻止这些工厂生产"。[①]

　　农民失败了吗？不，动乱的直接结果是阿拉帕耶夫斯克工厂雇用的农民人数大幅减少（从之前的 500 人锐减至 150 人，减少了 2/3），"这一情况在动乱结束之后的第十周出现"。同时，政府明确表示，将"毫不留情地"强迫农民在工厂工作，没有任何解释余地。1705 年暴乱的消息不可能不传到整个乌拉尔地区，因为来自自由村、中乌拉尔和外乌拉尔的农民参加了暴动，而西伯利亚事务衙门的官员也表现得非常一致，他们向上图里耶所有自由村的负责人和当选代表解释了政府关于农民与新工厂关系的立场。[②]

　　政府开始强迫农民在工厂工作，并且态度日益坚决，彻底改变了政策，取消了该地区的官地耕农和其他社会阶层（亚萨克人[③]、修道院农民、马车夫和下层士兵）的原有权利。

　　1702 年底，涅维扬斯克工厂的新主人 H. 杰米多夫在与西伯利亚事

---

① Волнения работных людей и приписных крестьян на металлургических заводах России в первой половине XVIII в. : Сб. документов / Под ред. Е. И. Заозерской и Л. Н. Пушкарева. М. : АН СССР（Ин-т истории и др.）. Ротапринт, 1975. вып. 1. XVIII, с. 24.

② Волнения работных людей и приписных крестьян на металлургических заводах России в первой половине XVIII в. : Сб. документов / Под ред. Е. И. Заозерской и Л. Н. Пушкарева. М. : АН СССР（Ин-т истории и др.）. Ротапринт, 1975. вып. 1. XVIII, с. 31.

③ 自 15~17 世纪起对伏尔加河流域和西伯利亚的非俄罗斯人的称呼，因沙俄政府向他们征收毛皮、牲畜等实物税（称亚萨克税）而得名。——译者注

务衙门（办公室）负责人 A. 维尼乌斯的谈话中描绘了乌拉尔农民原始的、特征鲜明的"社会肖像"。H. 杰米多夫要求把农民划拨到自己的工厂，他说："西伯利亚的特殊之处在于，由于缺乏木匠和工人，那里的炼铁工厂无法按时完成工作，因为这些工种的人力成本太高……未来西伯利亚的木匠和工人数量无法预计，因为对于西伯利亚的俄国人而言，由于上帝的仁慈，粮食足以养活人们和牲畜，他们生活自由，不按俄国的习俗租用草场和耕地，从他们那里征收国税很容易。当他们来工作时，他们工作两三天，甚至一个星期，村民需要一个监督员，没有监督员他们就偷懒。如果骂他们做得不好，他们当天就会辞职出走。"①

H. 杰米多夫认为，乌拉尔农民中的木匠和工人"并不可靠"，因为他们有充裕的粮食和牲畜，有足够的耕地和草地，所以可以"自由随意地生活"，农民有强烈的自尊心，不能容忍杰米多夫的"法警""出言不逊"，被冒犯的农民可能直接离开。

尽管这幅画像可能显得咄咄逼人（H. 杰米多夫不得不强迫乌拉尔农民到工厂工作），但它还是概括了 18 世纪初该地区农民的基本特征。在 18 世纪初，只有在"毫不留情"的残酷惩罚的威胁下，或者在农民破产之后，才有可能强迫农民在工厂劳动。政府和工厂主有意以惩罚作为威胁，而其结果造成农民破产，尽管破产不是政府的官方目标。

1703 年 2 月 25 日致 H. 杰米多夫的《备忘录》中提出，将阿亚特斯克、克拉斯诺波尔斯克和波克罗夫斯基村的农民划拨到上图里耶工厂"以增加铁厂数量"，为 H. 杰米多夫"划拨了""有孩子、兄弟和侄子"的农民进厂工作，并分配了农民可以任意处置的土地。农民必须在工厂务工，而不用支付以前向国家和寺院（针对僧侣农民）缴纳的赋役。作为回报，H. 杰米多夫必须"按商定的价格"缴纳铁作为实

---

① Кафенгауз Б. Б. История хозяйства Демидовых в XVIII - вв. Опыт исследования по истории уральской металлургии. М. ; Л. : Изд-во АН СССР, 1949. т. 1. с. 118.

物税。

这些居民点的农民在专门的"转让书"上面登记，从而正式完成转隶关系。这里没有明确限定农民的职责范围，仅仅规定农民必须进行工厂工作——"每月一周，并且在每年每人向这些工厂运送一车干草和五车秸秆"。在《备忘录》中特别指出，如果工人"超额工作"，那么 H. 杰米多夫需要"按照法律，用现金支付报酬"。同时，如果农民"不服管教、目无法纪或无所事事"，那么工厂主可以剥夺他们的权利，并"根据过失轻重，用鞭子、棍棒或铁器来整饬秩序"。①

到了 1710 年，强迫农民在工厂劳动的严重后果开始充分暴露。应该说明的是，实际上在工厂务工的农民人数远远超过记载中被划拨到工厂的农民人数。

1711 年 12 月，13 个自由村的民选代表提交了上图里耶县农民的集体呈文，总结了 18 世纪头十年该地区农民与新工厂之间的关系。农民们提及，他们曾耕种沙皇的什一税耕地，缴纳粮食和货币税，然后他们建设涅维扬斯克和阿拉帕耶夫斯克炼铁厂，并在那里工作，此外继续缴纳龙骑兵税、服驿务劳役、缴纳浴室税等。他们支付这些税款，"导致了严重贫困，甚至破产。陛下，由于从事工厂工作，我们……变得贫穷，负债累累，生活完全被毁"。这就是为什么许多农民"抛弃了……什一税耕地，拒绝纳税"，然后逃亡。留下来的人必须为自己和逃跑的人缴纳什一税。

农民们警告称，正是他们缴纳的赋税维持了国家工匠们的生活。这些钱也被分摊到其他的自由村村民中。据请愿者说，以前从每户收取 2 至 5 卢布。摩尔津斯克自由村的农民不得不支付更多的钱——每户 7 至 8 卢布。

---

① Шишонко В. Н. Пермская летопись с 1262－1881 гг. В 5－ти периодах. Период 5－й. С 1701－1715 гг. Ч. 3. Пермь：тип. губ. земства，1889. с. 292－294.

农民们一贫如洗，"我们没有任何东西可以支付，也没有任何东西可以出售。正因如此，我们穷困潦倒，生活苦不堪言"①。

然而，农民们祸不单行。根据 1711 年的法令，上图里耶县开始征兵。为了支援北方战争，上图里耶县从每 20 户中招募一名新兵，农民必须为其筹备现金——平均每月 60 戈比，为时两个月；还要准备一件长衫、毛皮大衣、帽子、手套、鞋、"酒盅"和一件衬衫等。1711 年 11 月，西伯利亚事务衙门收到法令，要求从西伯利亚省各地区派出 2457 人、收缴 6156 卢布，用于第二年即 1712 年建设新首都圣彼得堡。②

政府的这些破坏性措施引起了大规模的农民外逃。根据上述来自上图里耶县 3187 户农民家庭的呈文所言，其中有 1260 户消失（主人逃亡或死亡）。工厂附近的定居点受到的影响尤其严重：在阿拉马舍夫自由村，360 户家庭中有 148 人逃出；在佩什马村，154 户家庭中有 87 人逃出；在克拉斯诺亚尔斯克村，291 户家庭中有 126 人逃出；而在勒索事件特别严重的摩尔津斯克自由村，320 个家庭中有 256 人逃出。③

被派去建设圣彼得堡的农民同样逃跑了。在派往新首都的 2457 名农民中，来自乌拉尔和西伯利亚的 461 位工人甚至在工作的前三个月内已经逃跑。在工作的第一个月里，1712 年 11 月的 1995 名逃亡者主要是来自斯特罗加诺夫和佩斯科尔修道院的领属农民以及来自切尔丁斯基县的农民。在

---

① Волнения работных людей и приписных крестьян на металлургических заводах России в первой половине XVIII в. : Сб. документов / Под ред. Е. И. Заозерской и Л. Н. Пушкарева. М. : АН СССР（Ин-т истории и др.）. Ротапринт, 1975. вып. 1. XVIII, с. 43-45.

② ЦГАДА, ф. 248, оп. 4, д. 154, л. 52. 另见 Волнения работных людей и приписных крестьян на металлургических заводах России в первой половине XVIII в. : Сб. документов / Под ред. Е. И. Заозерской и Л. Н. Пушкарева. М. : АН СССР（Ин-т истории и др.）. Ротапринт, 1975. вып. 1. XVIII, с.46.

③ Волнения работных людей и приписных крестьян на металлургических заводах России в первой половине XVIII в. : Сб. документов / Под ред. Е. И. Заозерской и Л. Н. Пушкарева. М. : АН СССР（Ин-т истории и др.）. Ротапринт, 1975. вып. 1. XVIII, с. 48.

12月（工作的第二个月），119名逃亡者中有31名来自昆古尔市和昆古尔县的农民（第一个月只有两名农民！）。在143名逃亡者中有70名是索利卡姆斯克县的居民（在11月没有该县工人逃亡，在12月则只有11名）。①

农民逃离新首都的过程存在着一些共性。逃亡者的信息表明，即使在遥远的彼得堡，村社仍然颇有影响力，例如农民以"县"为单位逃亡。

18世纪30年代初，乌拉尔地区的社会反抗进一步加剧。此间，该地区工厂建设规模急剧扩大，随之而来的是该地区新出现一批被奴役的人口，同时乌拉尔地区行政机构得以加强。可兹佐证的是下列事实：18世纪头十年该地区建造了7家工厂（5家国营工厂和2家私营工厂），在20年代建立了5家工厂（2家国营工厂和3家私营工厂），在30年代一共建立了19家工厂（8家国营工厂和11家私营工厂）。②

20年代工厂数量急剧增加，对社会产生了非常重要的影响。出身于不同社会阶层的工人必须完成工厂工作，并且对工厂主具有封建依附关系，同时还要承担国家的封建赋役，由此工人逐渐联合起来。

国家农民继续在工厂工作。同时，随着附属自由村、定居点和村庄数量的增加，封建国家的镇压机器也逐渐完备。乌拉尔矿区形成后，1721年，乌克图斯成立了矿务局，管理从伏尔加河到远东的广大领土上的采矿业，同年改称西伯利亚高等矿务局；1723年，集工厂与要塞功能于一身的叶卡捷琳堡建成之后，管理中心也转移至此，并被命名为西伯利亚矿务总局。③

与此同时，对附属村庄的剥削体系也逐渐完善。该体系基于1724年制定的标准，即国家农民在工厂的人丁税为1卢布10戈比，由此，夏季

---

① ЦГАДА, ф. 248, оп. 4, д. 154, л. 56об. -65 об.

② А. В. 切尔诺乌霍夫准确地统计了工厂的数量。参见 История Урала. М.：Наука, 1987, т. 1（в печати）.

③ Чупин Н. К. Василий Никитич Татищев. Отд. отт. Пермских губ. ведомостей. Пермь：Губ. тип., 1867. с. 12.

无马农民每天的工资为 5 戈比，有马农民为 10 戈比，而冬天则相应为 4 戈比和 6 戈比。此外，国家农民还可以有偿为工厂完成其他的工作。① 在乌拉尔的国营工厂中，每位农民必须制备 21 普特的矿石和板岩、4 筐煤炭、1.25 立方俄丈的木柴、0.33 普特的炼炉石。② 西伯利亚矿务总局局长宣布了如下原则："工厂中的国家农民不应当破产……并且不准他们完成超出人丁税的工作。"旋即他做出补充，这实际上取消了之前所有的相关限制，要求工人完成"必需的、迫在眉睫的工作"。③ 由于"迫在眉睫的工作"的标准是由工厂管理部门制定的，所以农民完全依附厂方。

在实践中，工厂劳动与农民的农业生产相互冲突。И. И. 列皮奥欣院士对 19 世纪 60 年代末数据的计算表明：18 世纪，每年农民至少必须为缴纳人丁税工作 36 天。对于农民来说，制备木炭的工作尤为困难。И. И. 列皮奥欣写道："农民认为木炭工作最繁重。制备工艺表明，将 20 立方俄丈的木柴以正确的方式制备木炭，需要数周的时间。因此，假如一个农民为这份收入而改变自己的工作，那么，简单说，他以后只能画饼充饥，因为完成这项工作需要整个夏天。"④

18 世纪 20 年代及以后，即使在繁忙的收获季，西伯利亚矿务总局和工厂办公室也将农民送到工厂。在这方面，卡缅斯克工厂办公室的调查材料非常典型，它证明了在夏季和收获季雇用农民到工厂工作是一种惯例。将农民送到工厂的后果旋即显现。1727 年 7 月 24 日，根据西伯利亚矿务总局的命令，卡缅斯克工厂管理局的负责人 С. 切普什坦诺夫获准从基太斯基定居点的头人和农民百夫长那里把 33 人"带到卡缅斯克工厂"。

---

① Геннин В. И. Описание уральских и сибирских заводов. 1735- М. : История заводов, 1937. с. 362.

② ЦГАДА, ф. 248, оп. 4, д. 161, л. 107.

③ Геннин В. И. Описание уральских и сибирских заводов. 1735- М. : История заводов, 1937. с. 84.

④ Лепехин И. И. Продолжение записок путешествия академика Лепехина. Поли. собр. ученых путешествий по России. СПб. ; При Акад. наук, 1802. т. 4-6. с. 142.

在头人和百夫长的帮助下，C. 切普什坦诺夫只找到了 7 个人。在卡缅斯克地方自治办公室的审讯中，基太斯基定居点负责人 M. 科尔莫戈尔采夫和百夫长叶尔·杜布列内表示，当年 7 月，基太斯基定居点的农民已经在波列伏伊工厂从事开采铜矿的工作。50 名农民中有 41 名分别于 7 月 13 日、23 日和 25 日被分成三批送往该工厂，"还有 9 名农民未能成行，他们从家里逃走，去向不明"。① 毋庸置疑，当局有计划地将农民从农业生产工作中转移出来。

工厂中的强迫劳动将附属农奴从他们自己的产业中分离出来，这也是整个 18 世纪农民主要的抗议对象。这一斗争生动地体现在附属农奴的社会思想中：他们坚信将自己登记到工厂的制度本身是非法的，坚信农民破产最终违背国家利益。农民的信念是："由于在这些工厂工作……我们日益贫困，受到欺诈，负债累累，彻底破产。"这种思想在 1711 年的呈文中已经初见端倪，并在 18 世纪附属农奴起草的许多文件中得到进一步发展。②

大规模采矿业出现之后不久，诞生了新的社会阶层——工匠和工人。图拉、莫斯科和奥洛涅茨等地的国营工厂工匠被分配到乌拉尔工厂，他们是该阶层最初的主要来源。A. C. 切尔卡索娃写道："政府和工匠认为这项事业具有国家意义（为了保卫国家）。"根据西伯利亚矿务总局的条例，工匠和工人有权领取国家工资，工匠们免于被征募，免交"勒索金钱"。③

---

① ГАСО, ф. 42, оп. 1, д. 67, л. 27-28.

② Вернадский В. Н. Очерки из истории классовой борьбы и общественно-политической мысли России в третьей четверти XVIII в. Уч. зап. Ленингр. пед. ин-та им. А. И. Герцена. Л., 1962. т. 229. с. 11-21; Орлов А. С. Волнения на Урале в середине XVIII в. (К вопросу о формировании пролетариата в России). М.: Изд-во МГУ, 1979. с. 146-158.

③ Черкасова А. С. Социальная борьба на заводах Урала в первой половине XVIII в. Учебн. пособие по спецкурсу. Пермь: Пермск. ун-т, 1980. с. 22-24.

在 1701 年致彼得一世的呈文中，^① 可以清楚地看到工匠们在建设涅
维扬斯克工厂的最初几年的法律地位和经济状况。这一年，来自巴甫洛
夫斯克工厂，被派往乌拉尔的锤工阿维尔基·图马诺夫^②向彼得一世递交
了一份呈文，文中声称，他"从钢铁厂的各位兄弟中"被选中，"从上图
里耶来到莫斯科向陛下请愿。他们给我、给您的奴仆一份决议"。阿维尔
基·图马诺夫在呈文中并没有解释他为什么必须去莫斯科请愿，他仅仅
请求彼得一世"从陛下的国库中……以后为所有的工匠增加……10 卢布
的工资"。^③

上图里耶事务衙门根据 1700 年的账簿报告说，上图里耶省省长
К. П. 科兹洛夫于 1700 年 12 月 13 日下令，向高炉工头 Я. 法捷耶夫、锤
工 С. 彼得罗夫和阿维尔基·图马诺夫每人每天支付 5 戈比，向学徒 A.
亚古诺夫、A. 雅科夫列夫（小名雅库什科）每人每天支付 3 戈比，向锤
工 Д. 扎卡、A. 奥尔洛维廷、П. 伊凡诺夫和 M. 法迪耶夫每人每天支付
2 戈比。这里还报告说，阿维尔基·图马诺夫和其他 9 名工匠从 1700 年 8
月 15 日至 1701 年 1 月 1 日的四个半月里，收到了 42 卢布 75 戈比的食品
补贴。"如果沙皇要赏赐雅库什科和他的工友们，那么就会给他们从 1700
年 2 月 1 日到 1701 年 1 月的现金补贴，而不像原来那样仅仅发放给 3 个
人每人每天 3 戈比，或者是发放给 4 个人每人每天 2 戈比。这样，雅库什
科和他的工友们将得到 9 卢布 60 戈比的现金补贴。"^④

该文件还报告说，阿维尔基·图马诺夫提交了一份呈文，为自己和
"所有工匠"多争取到 10 卢布的工资，并从上图里耶事务衙门得到了 9

---

① ПОКМ, 11101/98 № 1-4.
② Кафенгауз Б. Б. История хозяйства Демидовых в XVIII – вв. Опыт исследования по
　 истории уральской металлургии. М. ; Л. : Изд-во АН СССР, 1949. т. 1. с. 61, 76.
③ ПОКМ, № 11101/94 № 1.
④ ПОКМ, № 11101/94 № 2.

卢布60戈比，为此阿维尔基·图马诺夫出具了一份收据。①

这份资料之所以令人好奇，是因为它明确显示了工匠的法律地位，工匠们有权直接向君主上诉，这项权利对于地方行政部门来说绝对无可争议。工匠们有权获得他们的工资，而且这一权利也没有受到地方政府的质疑。应该指出的是，工匠们的上诉是集体性质的，即"他们亲手……将决议"交给A.图马诺夫，委托他向彼得一世提交呈文。这一模式与17~18世纪农民"米尔"的决议非常接近。

特别令人感兴趣的是：究竟是什么原因迫使工匠们选出自己的代表去觐见彼得一世，并要求上图里耶当局提供盘缠。需要指出的是，在这些呈文中没有解释原因。通过分析上图里耶事务衙门的说明，我们可以提出一些假设。起初确定的工资额（工匠每天5戈比，学徒每天3戈比，锤工2戈比）和1701年1月确定的工资额（工匠每天3戈比，锤工每天2戈比）之间差异明显。简单计算表明，在1700年8月15日至1701年1月1日期间，43名工匠、2名学徒和4名锤工应得工资为79卢布54戈比，实得工资仅为42卢布75戈比。②

早在1700年春，上图里耶军政长官就已经抱怨此事。他感慨地说，他很难为从莫斯科派往上图里耶"从事铁器工作"的22名工匠和1名学徒，即"雅科夫列夫和工友们"提供金钱和粮食津贴，因为必须从克拉斯诺波尔斯克和阿亚特斯克自由村为工匠征收金钱和粮食，"由于这些自由村靠近卡缅斯克山区，粮食收成不好，有些年份颗粒无收"。③

西伯利亚事务衙门不同意上图里耶军政长官的意见，规定"在工厂建设完毕之前，必须向工匠们发放工资，其中向8位工匠发放粮食补贴，

---

① ПОКМ, № 11101/94 No 3-4.

② 我们统计了从1700年8月15日至1701年1月1日的所有日子，因为这是食品补贴，与工作日天数无关。

③ Памятники Сибирской истории XVIII в.: В 2-х кн. / Ред. А. И. Тимофеев. кн. 1. СПб.; тип. МВД, 1882. c. 31.

给他们每人每天 5 戈比，每人每年平均为 18 卢布 25 戈比，给他们每人每月提供 3 普特的黑麦和燕麦。已婚的学徒和工人共 22 人，给他们每人每天 3 戈比，共 10 卢布 95 戈比，每人每天 2 戈比的粮食津贴，这与工匠不同。未婚的学徒和工人共有 10 人，每人每天 2 戈比，每人平均 7 卢布 30 戈比。每年给他们 1.5 普特的黑麦和燕麦"。西伯利亚事务衙门遵循上述标准，同时担心"由于这些工匠数量很少，不能遣散他们，也不能违约，因为这将成为他们逃跑的借口"。①

上图里耶事务衙门的报告证明，这些工资标准并没有被采用，工匠们的实得报酬很少。

本书认为，1701 年初上图里耶铁厂工人之所以向彼得一世请愿，最可能的原因是：他们对上图里耶省的工资不满。可以认为，第一次请愿的原因是要求得到合理的工资。工厂劳动是工匠们的主要生计，因此，在这个阶级群体的公共意识中，要求获得公平工资的呼声占据重要的位置，正如工匠们后来所言，"……由于我们都是劳动者，工作就是我们的衣食之源……"②。

在此应当指出，18 世纪初的工匠是以个体方式行事，他们都是自由人。他们坚持不懈地捍卫自己的权利，反对改变自己身份，反对将自己转变为"领有工人"，反对"与农奴相提并论"，这是该社会群体社会思想的典型特征。

17、18 世纪之交，大规模采矿业发展导致社会关系发生重大变化，军人阶层经历了这一过程并被卷入其中。

1698 年，白地哥萨克人向彼得一世发出呈文，要求政府支付货币工

---

① Памятники Сибирской историиXVIII в. : В 2 - х кн. /Ред. А. И. Тимофеев. кн. 1. СПб. ; тип. МВД, 1882. c. 31.

② Черкасова А. С. Социальная борьба на заводах Урала в первой половине XVIII в. Учебн. пособие по спецкурсу. Пермь: Пермск. ун-т, 1980. c. 36.

资，并声称如果没有工资，"就不能继续服役"。[①] 然而，17、18 世纪之交是俄国军队历史上的一个转折点，军队正规化是彼得大帝军事改革的目标，这严重打击了俄国旧军队中的阶层团体，包括外乌拉尔的白地哥萨克人和龙骑兵。

新工厂的建设以及随后乌拉尔地区矿务管理中心的建立，导致了龙骑兵的赋役发生变化。B. H. 塔季谢夫领导的西伯利亚高等矿务局（后改称西伯利亚矿务总局）位于乌克图斯，当地开始为龙骑兵建造自由村。龙骑兵放弃耕地，背井离乡，迁到乌克图斯，由西伯利亚矿务总局直辖。他们的院落由附属于乌克图斯工厂的 6 个自由村的农民们建造。乌克图斯的农民则被迫迁往龙骑兵队的旧居——丘索沃伊地区。龙骑兵们在乌克图斯得到耕地、牧场和草原。龙骑兵队必须防止巴什基尔人攻击工厂，B. H. 塔季谢夫说，"全县都受龙骑兵保护"。外乌拉尔的龙骑兵队率先体验了"常规军"的新规。根据 B. H. 塔季谢夫的建议，龙骑兵开始统一着装——穿袖口为红色的蓝色制服。B. H. 塔季谢夫非常关心为龙骑兵队配备军官的问题。根据他的提议，军官从"人品高尚、有艺术修养的俄国人和外国人"中选出，他还建议从瑞典俘虏中任命官员。

同时，龙骑兵需要自备马匹、马鞍和武器"就地"服役，不领取工资。西伯利亚省当局和军事委员会要求龙骑兵建立"常规编制"，并不急于为他们支付货币工资。B. H. 塔季谢夫致函西伯利亚矿务总局称，龙骑兵不能"无偿服务……如果他们边耕地边服役，就不能长期离家，特别是在夏天，如果需要将他们派遣到托博尔斯克等地，或耗时数周送递邮件，那么就必须为他们提供耕种土地和打草的工人，这将造成很大的麻烦"。[②]

---

① Кондрашенков А. А. Крестьяне Зауралья в XVII – XVIII вв. В 2-х ч. Челябинск: Южно-Уральск. кн. изд-во, 1966-1969 Ч. 1. Заселение территории русскими. 1966. 174 с. Ч. 2. Экономика и положение крестьян. 1969. с. 1, 37.

② ГАСО, ф. 42, оп. 1, д. 2, л. 35 об. -36 об.

　　然而，B. H. 塔季谢夫的提议并未被接受。西伯利亚矿务总局拒绝道："龙骑兵当然要耕作农田，虽然他们要轮流担任哨兵，完成其他任务，但大多数情况下都在家里。这时他们并非没有收入。赋闲在家时，他们总是可以被铜厂或铁厂有偿雇用，当他们在工作时间离家时，他们可以自费雇用工人，而不是由村社出资。他们有孩子，偶尔能够代替他们劳动。"

　　这决定了龙骑兵的命运：服役对他们来说仍然是一种义务。随后出现了一种新的现象：被调到工厂的龙骑兵的生活来源是在"铜厂和铁厂"里的有偿劳动。

　　事实证明，西伯利亚矿务总局的决定得以执行。C. M. 托木辛斯基追溯了逃亡的龙骑兵之子费奥多尔·米哈伊洛夫的命运，它在某种意义上反映了这一阶层的共性。费奥多尔·米哈伊洛夫的父亲在昆古尔炼铜厂工作，他们一家被登记在卡缅斯克自由村。费奥多尔·米哈伊洛夫一家和其他龙骑兵被安置在察雷沃·戈罗季谢。费奥多尔·米哈伊洛夫在受审时说，1731 年，"我们一家与其他龙骑兵一起，从外地携家带口被迁往叶卡捷琳堡"。费奥多尔·米哈伊洛夫被雇为木匠，之后逃跑。[1] 一名退役的龙骑兵成为波列伏伊工厂的炼铜工，[2] 另有一名龙骑兵成为乌克图斯工厂的计件员，有些龙骑兵被农民雇用，准备木柴和制备木炭，有些龙骑兵之子成为工厂的学徒。[3]

　　在此期间，龙骑兵的法律地位不断降低，物质状况日益恶化。根据1728 年卡缅斯克自由村的人口登记簿，在该村被登记的 67 个龙骑兵家庭中，有 8 户在人口登记时表示：他们的户主"没有得到任何补贴"，有一

---

[1]　Томсинский С. М. Бегство работных людей с заводов Урала в первые десятилетия XVIII в. В кн.: Из истории заводов и фабрик Урала. Свердловск: кн. изд-во, 1963. вып. 2. с. 6-13.

[2]　ГАСО, ф. 42, оп. 1, д. 2, л. 35 об. -36 об.

[3]　Сафронова А. М. Документы о побегах трудящихся горнозаводских школ Урала первой половины XVIII в. В кн.: Источниковедение истории классовой борьбы рабочих Урала. Свердловск: Уральск. ун-т, 1981. с. 152-153.

位一家之主逃走了。此外，我们应该注意到，大部分退役士兵的经济状况极其糟糕。人口登记簿显示，为了维持耕作，一个农民家庭所需的最低财产包括一匹价值 1~1.5 卢布的马、一头价值 1 卢布的牛、一个价值 30 戈比的黑麦谷仓和一个价值 20 戈比的燕麦谷仓。因此，一个农民的家产，如果可以进行农业活动，须估值为 2.5~3 卢布。根据该人口调查的资料，居住在卡缅斯克自由村的 66 个家庭中，有 26 个龙骑兵家庭的财产价值都低于 2.5 卢布。[①] 所以，在工厂工作成为可能的生计来源之一，军人被吸纳到工厂生产中。

乌拉尔和外乌拉尔的底层军人在 18 世纪前几十年的生活状况骤然恶化，濒临破产。由此，彼得大帝及其未来继承人的权力具有"反基督性质"，这种信仰被广泛传播，影响深远，同时塔拉暴动（1722 年大规模拒绝向彼得大帝的"非指定继承人"宣誓）也在酝酿中，[②] 军人试图通过暴动，在新的土地上恢复以前的权利。

外来者是工厂人口的重要组成部分。17 世纪，大多数新移民从北部沿海地区来到乌拉尔。与此不同，到了 18 世纪初，许多人从中部地区迁往乌拉尔。18 世纪 20 年代初，出现了大量的新移民，因为彼得一世财政政策对俄国中部地区尤为严苛，并且旧礼仪派信徒受到的宗教迫害变本加厉。克尔热涅茨的旧礼仪派信仰中心被清剿，信仰旧礼仪派的农民大规模地从伏尔加地区逃往乌拉尔。18 世纪 20 年代前半期，伏尔加地区的旧礼仪派农民大量涌入乌拉尔地区的国营和私营工厂。乌拉尔地区之所以成为他们的避难所，原因不一。毫无疑问，克尔热涅茨和外乌拉尔宗教分裂运动领导人之间联系相当密切，这一因素举足轻重。旧礼仪派关

---

① ГАСО, ф. 42, оп. 1, д. 2, л. 35 об. –36 об.

② Покровский Н. Н. Антифеодальный протест урало – сибирских крестьян – старообрядцев. Новосибирск: Наука, 1974. с. 46 – 70; Покровский Н. Н. Новый документ по идеологии Тарского протеста. В кн.: Источниковедение и археография Сибири. Новосибирск: Наука, 1977. с. 221–234.

于乌拉尔分裂派的文章表明，克尔热涅茨旧礼仪派领导人热衷于同乌拉尔—西伯利亚分裂派接触。18世纪初，旧礼仪派中一个非常有影响的教派"教堂派"①（索丰季主义者）的奠基人索丰季（卒于1710年）在外乌拉尔地区活动，他会见了乌拉尔—西伯利亚旧礼仪派的思想领袖阿夫拉米·文格尔斯基，据文献记载，"来自克尔热涅茨的牧师索丰季在伊林村会见了阿夫拉米"。②并且，"他们就所有问题均达成一致。"《分裂派谱系》的作者补充说。③

克尔热涅茨旧礼仪派领导人和乌拉尔—西伯利亚分裂派领导人开始接触之后，双方一直保持联系。1723年，乌拉尔—西伯利亚旧礼仪派信徒的第一次大会在伊留姆举行。参加人员包括"来自克尔热涅茨的……牧师格拉西姆，因为据说他是克尔热涅茨和顿河地区的权威人士"④。

上述密切的联系对克尔热涅茨人而言非常有利。地方政府对伏尔加河畔的旧礼仪派信徒的搜捕日益加剧，因此许多旧礼仪派信徒迁往乌拉尔的私营工厂。1725年，尼基福尔神父和许多旧礼仪派信徒"来到下塔吉尔"。⑤资料显示，这些旧礼仪派信徒"多达30名"。⑥

然而，"旧礼仪派信徒的殖民化"只是一个结果，他们在19世纪30年代前半期一直迁徙，在此期间，大量的农民迁往乌拉尔的国营和私营工厂，А.С.切尔卡索娃研究的下塔吉尔工厂"登记簿"证实了这一点。大多数新人于1720~1726年来到下塔吉尔，在这一时期，他们的数量相对稳定。上述文献同样证明，1745年第二次登记的外来人口共有655人，

① 教堂派是俄国东正教旧礼仪派支派之一。产生于17世纪末。旧礼仪派中与官方的正教会最接近的一个派别。该派承认教会组织、神职人员和教阶制度，反抗情绪较弱，同统治阶级的联系比较密切。分为皈一派、逃亡教堂派和别洛克里尼茨派。——译者注
② УрГУ, Шатровское собр., 78p/855, л. 9об. 另见 НБППИ, № 16, л. 96об.-97об.
③ УрГУ, Тугальмское собр., 8p/690, л. 98.
④ УрГУ, Тугальмское собр., 8p/690, л. 97.
⑤ УрГУ, Тугальмское собр., 8p/690, л. 96об.
⑥ УрГУ, Шатровское собр., 28p/70, л. 9об.

其中来自下诺夫哥罗德省的迁入者多达 228 人，来自莫斯科省的有 197人，来自喀山省的有 90 人，来自阿尔汉格尔斯克省的有 35 人，来自西伯利亚省的有 28 人。[①]

乌拉尔地区的工厂和附属村庄成为外来者的避难所，其中包括许多旧礼仪派信徒。这一现象顺理成章，因为俄罗斯帝国的财政立法阻碍了该地区采矿工厂雇用工人。采矿业欢迎外来者进入工厂，来者不拒。乌拉尔矿业的发展，导致采矿工厂的管理方式非常特殊。矿业人口事实上不受地方行政机构的管辖，后来还试图摆脱西伯利亚和维亚特卡教区的教会当局的控制。这显然偏离封建法律的基本原则——将逃亡者遣返原籍、令他们继续承担原来的"赋役"等。所以乌拉尔工业的先行者们普遍感到不安。1721 年 7 月 26 日，В. Н. 塔季谢夫从昆古尔致函西伯利亚矿务总局，坦承已经收到了沙皇关于外来者的法令，并将其下发给了自由村和工厂。"但我们不敢通报此事：陛下诏书要求遣返 1718 年之后的所有新来者，如果我们这样做，那么工厂的所有领属村庄将空无一人……根据陛下诏书，我们有权接收手工业者和工人，但他们来时没有身份证明文件。所以我们非常担心：如果把他们全部遣返，工厂就无法运营；如果不遣返他们，我们担心有人指控我们违法……几乎所有的外来者都是来自主权教区，每户每年为教区全额缴纳税款 4 卢布 50 戈比。"

В. Н. 塔季谢夫提出的问题让西伯利亚矿务总局陷入困境——不能也不敢支持此时已经通行的惯例，同样也不能在这种情况下命令遣返外来者，因为这将导致工厂停工。这就是为什么它只能默认既成事实，仅仅下令"工厂不能再接纳没有证件的人"。[②]

如果国营工厂长期缺乏工人，其管理部门可以通过向那里派遣新的

---

① Черкасова А. С. Ревизские сказки как источник по истории формирования горнозаводского населения. В кн.: Уральский археографический ежегодник за 1970 г. Пермь: Пермск. ун-т, 1971. с. 84, 86.

② ГАСО, ф. 24, оп. 12, д. 30, л. 247.

国家农民、新兵、国有工匠或瑞典囚犯（例如，根据第一次人口登记，在阿拉帕耶夫斯克工厂的355名农民中，有193名囚犯①），而私营工厂却无法通过这种途径补充人手。18世纪20年代初，H. 杰米多夫家族和代表该地区国家工业利益的 B. H. 塔季谢夫之间开始斗争，以争取新来者。

乌特金斯克码头是众多争议的焦点之一，国营阿拉帕耶夫斯克工厂、国营乌克图斯工厂以及 H. 杰米多夫的涅维扬斯克工厂的产品从那里外运。H. 杰米多夫的管事们驻扎在这里，既不给来自阿拉帕耶夫斯克的承包商安排装货工人，也不给他们提供停靠的地方，说"H. 杰米多夫家族的男人们要比那个上尉（即西伯利亚矿务总局局长 B. H. 塔季谢夫）好"。阿拉帕耶夫斯克承包商试图说服 H. 杰米多夫，让他将乌特金斯克码头转让给国营乌克图斯工厂，那里的农民"不是他（H. 杰米多夫）的农民，而是来自不同国有自由村的农民"，这引发了工厂主 H. 杰米多夫的强烈反对，他声称自己"有权接纳任何自由人，他们自己在我这里登记，不向国家缴税"。当代表国家利益的承包商要求工厂主惩罚犯下"严重罪行"的书记员和士兵时，杰米多夫说："我和你地位平等，我什么都不听你的，你和我没有关系。"② 事实证明，这一冲突极为尖锐，并非个人恩怨，它是 H. 杰米多夫谴责 B. H. 塔季谢夫并迫使后者离开乌拉尔的原因之一。H. 杰米多夫家族继续收留并庇护外来者。外来者成为 H. 杰米多夫工厂的主要劳动力：根据托尔布津上校于 1733~1734 年的人口登记，"在H. 杰米多夫家族的铜工厂和铁工厂中，国家农民占绝大多数"——工厂的2604名农民中，有2370名国家农民。此外，还有91名修道院农民、56名地主农民，有14名来自叶卡捷琳堡省，17名来自"其他国家"，32名

---

① Черкасова А. С. Ревизские сказки как источник по истории формирования горнозаводского населения. В кн. : Уральский археографический ежегодник за 1970 г. Пермь: Пермск. ун-т, 1971. с. 78–82.

② ГАСО, ф. 24, оп. 12, д. 30, л. 225об. –226.

是"工厂居民"，17 名出生于工厂，7 名来自沃罗涅日省。①

乌拉尔大型冶金厂建立过程中，不同阶层都被卷入了工厂，他们最初的法律地位和经济地位不同，所以不同人群的社会斗争经历、思想观点和文化等都有差异。与此同时，由于乌拉尔采矿业的发展导致税赋持续增长，该地区附属自由村的农民开始剧烈分化，他们长期脱离原来的农业劳动而逐渐破产。乌拉尔地区官地耕农的生活动荡不安，退役军人、白地哥萨克人和龙骑兵的生活毫无二致。军人们的情况更加戏剧化：在很短的一代人的时间里，这个阶层被国家压垮了——他们的物质生活状况急剧恶化，外乌拉尔地区的军人服从于军官，而军官与军人的出身完全不同。最后，彼得大帝的立法彻底消灭了外乌拉尔的白地哥萨克人。大部分外来者是伏尔加河和中部地区的国家农民和宫廷农民，他们来到乌拉尔各工厂寻求庇护，希望摆脱专制统治，免于强制征兵，免受宗教迫害，同时俄国农民对彼得大帝改革的不满与日俱增，因为这些改革牺牲了劳动者的利益。

上述因素错综复杂，导致 18 世纪 20 年代乌拉尔地区局势紧张，一触即发。

农民如何回击对其权利的侵犯？18 世纪头 20 年，乌拉尔和外乌拉尔地区农民自卫的主要方式是抵制在该地区新建和扩建工厂，主要手段是联合向地方和中央行政部门提出申诉，证明新的税种并不合法（同时无利可图），这些税收使他们陷入贫困，进而降低国家税收。上述抗议形式相当传统和普遍，但是在乌拉尔历史上，这次抗议的规模之大、农民的组织水平之高前所未有。1705 年夏秋之交，上图里耶地区所有居民联合抗议，拒绝在阿拉帕耶夫斯克和涅维扬斯克的工厂工作，足以证明这一点。

农民们请愿反对在工厂工作，同时还拒绝承担工厂赋役，由此频繁

---

① ЦГАДА, ф. 271, оп. 1, д. 13, л. 112.

与政府公开爆发冲突。

在乌拉尔的整个封建时期，上述斗争经久不息。同时，乌拉尔地区发展条件特殊，由此广大民众生活状况异于其他地区，所以在相对较短的时间内存在着特殊的抗争方式。

乌拉尔地区农民 18 世纪头 20 年的斗争成果丰硕。18 世纪初，他们成功地推迟了昆古尔县工厂的建设，1705 年上图里耶县农民联合行动，成功地减少了他们的工作量。正是因为 18 世纪第二个十年期间农民的顽强抵抗，工厂的建设速度才大大减缓。

这场斗争还造成了另一个后果：政府开始支持私营工厂和国营工厂的管理部门，同时反对农民。政府的举措旗帜鲜明、毫不含糊，它宣布该地区的国家农民必须在矿厂劳动，从而极大地约束了工人以传统形式进行的抗议。此外，如上所述，18 世纪 20 年代工厂建设步伐加快，这抵消了乌拉尔农民此前的所有胜利。随着地方矿务管理机构的设立，俄国的国家镇压机器进一步逼近该地区的工人。

俄国最大的冶金业中心诞生之后，新的税种随之而来，它填平了乌拉尔和外乌拉尔各社会阶层之间的鸿沟，导致该地区广大民众的未来充满了不确定性。

除了上述相对局部的情形之外，应该指出，还有一些全俄性质的现象，进一步恶化了俄国广大人民的处境。首先是彼得一世的税制改革，它的原则是增加税收，以前非应税阶层成为纳税者，从而扩大纳税人的数量。最重要的是增加了一个新的税种——男丁税。① 俄国政府毫不怜悯地向人民追缴税款，拒不纳税和"盗窃国库"同被视为重罪，与叛乱、叛国和弑君相提并论。②

---

① Анисимов Е. В. Податная реформа Петра I. Введение подушной подати в России. 1719–1728 гг. Л. : Наука, 1982. с. 288–289.

② Анисимов Е. В. Податная реформа Петра I. Введение подушной подати в России. 1719–1728 гг. Л. : Наука, 1982. с. 40–41.

政府财政政策之一是向分裂派教徒征收双倍人丁税。根据 1716 年 2 月 8 日和 18 日的法令，所有旧礼仪派信徒实行每年一度的强制忏悔和登记制度，并被征收双倍人丁税。[①]

彼得一世的历法改革令人费解，与传统习惯格格不入，强制推行欧式服装、剃须等，都引起人们的不满。占统治地位的贵族文化和"低俗的"大众文化之间的鸿沟日益扩大。大众思想观念骤变，旧的生活方式崩溃。

之前抗议方法难以为继，新的抗议形式随之产生。然而，它们并非绝对新颖，每种抗议方法此前都曾出现。但在 18 世纪 20 年代乌拉尔地区，它们的整体表现与众不同。

劳动人民曾将劳动视为最高道德价值，如今这种敬业精神已荡然无存。工厂里繁重的强制劳动，再加上税收和会费的压力，农民无法再从事之前的农业活动。自由人并不急于投身工厂。[②] 用马克思的话说，自由人"在双重意义上是自由的：摆脱旧的保护关系或农奴依附关系以及徭役关系而自由了，其次是丧失一切财物和任何客观的物质存在形式而自由了，自由得一无所有；他们唯一的活路，或是出卖自己的劳动能力，或是行乞、流浪和抢劫。他们最初力图走后一条路，但是被绞架、耻辱柱和鞭子从这一条路上赶到通往劳动市场的狭路上去……"[③]

脱离村社的农民不再受传统价值体系的约束，但是通常会发现自己无法为所欲为。这些众多逃亡者被迫躲藏起来，陷入破产，不再履行赋役，"逃得杳无音讯"。

1721 年 2 月，В. Н. 塔季谢夫指出了一个两难困境：在乌拉尔地区，

① Покровский Н. Н. Антифеодальный протест урало‑сибирских крестьян‑старообрядцев. Новосибирск：Наука，1974. с. 40‑41.

② Поршнев Б. Ф. Феодализм и народные массы. М.：Наука，1964. с. 154.

③ Маркс К. Экономические рукописи 1857‑1859 годов.（Первоначальный вариант 《Капитала》.）Часть первая. Маркс К.，Энгельс Ф. Соч. 2‑е изд.，т. 46. ч. 1. с. 498‑499. 照录《马克思恩格斯选集》第 2 卷，人民出版社，2012，第 762 页。——译者注

要么是流浪者居无定所，要么是随之而来的抢劫、盗窃或者"收入不定的工作"。他向西伯利亚矿务总局提议，要求招募免费的手工业者和工人，并承诺免除"士兵和水手服役"，他写道："如果这些流浪者没有在 H. 杰米多夫工厂工作，他们就会盗窃……而且自由人为了逃避债务和其他的罪行，无法在任何地方糊口，并且非常乐意为一点点食物而工作，这样，工厂可以维持良好的经营状态，而且代价甚微。"①

基于乌克图斯工厂的经验，西伯利亚矿务总局局长认为这些结论无懈可击。乌克图斯工厂的管事还履行司法职能，在18世纪20年代经常处理敲诈勒索、公开抢劫和新兵逃亡等案件。

强盗唯一的出路就是抢劫。抢劫是流浪汉的收入来源和生计，在脱离村社的农民中极为普遍。例如，费奥多尔·米哈伊洛夫·科兹洛夫被指控犯有谋杀罪，对他进行审判时就发现了这种情况。他在1745年10月的审讯中受到严刑逼供，供出自己来自乌斯秋斯克县，时年40岁，在 H. 杰米多夫家族的工厂工作，曾搭乘货船去过索利卡姆斯克、莫斯科和卡卢加等地，近期在沙伊坦卡工厂工作。在西尔瓦工厂附近的一片云杉林里，他遇到了一帮流浪汉（纤夫），大约12人。他们饥肠辘辘，只有浆果可食，意欲逃往隐修地，投奔旧礼仪派信徒。但他们在路上看到了几辆马车，车上是派往莫斯科的士兵。纤夫决定抢劫并杀死他们。"他（费奥多尔·米哈伊洛夫）说这样做不好，而他们（纤夫）却反问道：'你靠啥吃饭？'"费奥多尔·米哈伊洛夫说，这些暴徒袭击并杀死了士兵，洗劫了他们的枪、剑、钱和马匹等，然后逃走；费奥多尔·米哈伊洛夫本人回到了西尔瓦工厂，就地被捕。②

将部分人口赶出农民"米尔"的过程中，抢劫现象频繁发生。农民离开"米尔"的原因多种多样。上文我们已经提及，它们包括征兵、税

---

① ГОСО, ф. 24, оп. 12, д. 6, л. 51–56об.; ф. 129, оп. 1, д. 160, л. 91.

② ЦГАДА, ф. 248, оп. 6, д. 347, л. 405–406. 乌拉尔地区的劫掠现象值得专门研究。

收和勒索导致部分农民破产、工厂里国家农民的超负荷劳动以及不同阶层居民的逃跑等。

遭受劫掠之害的不仅有从总督到信使等各级行政部门的工作人员，而且还有农民和关厢居民。

1720~1723 年，针对外乌拉尔地区、卡缅斯克工厂的附属自由村中的抢劫行为，秋明事务衙门进行了大规模搜查。起初的缘由是传统的罪名——抢劫罪。这很快发展为对该地区造假活动的搜捕，最后，搜捕中发现了乌拉尔地区的传闻，声称彼得大帝及其继任者是反基督者，由此人们拒绝为沙皇祈祷。普列奥布拉任斯基衙门①做出最终判决。这一案例对于研究那些破产的、被自己"米尔"抛弃的、在该地区流浪的人们心理和世界观都具有显而易见的启示意义。

搜捕始于 1720 年逮捕被指控在卡缅斯克工厂盗窃和纵火的斯捷潘·泰什科夫。和他一起被捕的还有一名逃兵别洛格拉佐夫（来自喀米什洛夫自由村）、谢苗·米亚库舍夫（秋明市关厢居民之子，住在卡尔马基的吉列夫村）、白地哥萨克人的儿子、季莫费·维谢尔科夫和多罗费·维谢尔科夫兄弟、龙骑兵之子斯捷潘·潘克拉季耶夫、佃农瓦西里·博尔查尼诺夫和伊凡·奥西波夫（谢尔科夫）以及秋明鞑靼人库丘克和阿布迪·乌拉扎耶夫等。他们被指控抢劫并勒索上图里耶和秋明地区农民。②该团伙中许多人是平民知识分子，这非常引人注目。上述情况非常普遍："参政院高官知道其中的缘由……特别是神职人员、教会人士和文员中的流浪者，以及士兵、龙骑兵和平民的孩子都被传唤和拘捕。"③

---

① 1695~1729 年俄国掌管政治犯罪案件的行政机关（曾参与审判参加阿斯特拉罕起义的射击军）。——译者注

② ГАТО, ф. 181, оп. 1, д. 6, л. 14-24.

③ Черкасова А. С. Материалы следствия 1732 г. о «пришлых» на Егошихинском заводе - источник для изучения формирования правового положения горнозаводского населения Урала, В кн.: Уральский археографический ежегодник за 1972 г. Пермь: Пермск. ун-т, 1974. с. 150.

　　还有一个细节：大多数参与者是龙骑兵、哥萨克人、农民和关厢居民的孩子。"父亲之子"这一称呼不仅表示父子之间的亲属关系，也表明了儿子的法律地位，意味着他没有自己的家业、自己的院落。在征收人丁税之前，农户一直是主要征税单位。此外，在家庭生活和经济活动的最重要问题上，孩子们都依赖他们的父亲，父亲是一家之主。① 16～17 世纪的立法让孩子和侄子单独承担"赋役"，使其成为独立纳税人。因此，前文提及的目标之一是"将父亲的儿子和叔叔的侄子"迁居到乌拉尔和西伯利亚地区。然而，在 18 世纪 20 年代，在附属村庄遭到破坏的情况下，他们难以安顿下来、置办产业。如果平民没有产业，并离开了村社，他们发现自己也脱离了当时业已形成的道德规范。

　　被捕的团伙成员不仅是抢劫。其中，龙骑兵之子斯捷潘·潘克拉季耶夫与造钱工匠、"黑钱"专家特伦蒂·亚里什科夫和多罗费·维谢尔科夫有联系，并将他们"带到巴什基尔人的家中（进行交易）"。②

　　秋明事务衙门在调查中特别注意搜寻伪币制造者。1722 年，为了找到多罗费·维谢尔科夫，政府逮捕了他的妻子阿库丽娜。秋明市搜捕者的意图很快就实现了：佃农伊凡·奥西波夫（谢尔科夫）在试图为阿库丽娜送信时被捕。事实证明，这位佃农与多罗费·维谢尔科夫联系密切，他曾经被捕，然后贿赂了押送他的士兵之后逃走，摇身一变成为高级僧侣。当伊凡·奥西波夫（谢尔科夫）到达秋明时，他去给阿库丽娜提供物质帮助，同时带去了她丈夫和她兄弟萨莫尔给她的书信。

　　1723 年初多罗费·维谢尔科夫被捕后，搜捕"假钱工匠"的工作就大功告成了。按照当时法律，多罗费·维谢尔科夫面临着严厉的惩罚。法律规定："把滚烫的锡水倒进伪币制造者的喉咙，根据罪行不同，犯人

---

① Миненко Н. А. К изучению семейной этики сибирского крестьянства второй половины XVIII в. В кн.: Крестьянство Сибири XVII - начала XX вв. Классовая борьба, общественное сознание и культура. Новосибирск: Наука, 1975. с. 79-83.

② ГАТО, ф. 181, оп. 1, д. 6, л. 16.

被砍掉手和耳朵，并受鞭刑，房产和家畜被没收，他们本人被流放到西伯利亚。"[1] 为了逃避这种惩罚，多罗费·维谢尔科夫声称自己要告发"犯上作乱言行"，他揭发季莫费·科斯特罗明从事违禁贸易——向巴什基尔人出售貂皮。[2] 多罗费·维谢尔科夫的这一行为徒劳无功且弄巧成拙，因为多罗费·维谢尔科夫的指控无关国事，而虚假的告发要遭受鞭刑。[3]

于是多罗费·维谢尔科夫再次声称要告发"犯上作乱言行"。他这次的指控完全符合1714年的法令，根据此令，普列奥布拉任斯基衙门有权在全国范围内开展政治调查。多罗费·维谢尔科夫曾经是一名流浪汉，是哥萨克人和伪币制造者。他报告称，在乌拉尔和外乌拉尔的各个群体中，关于"沙皇陛下"的谣言流传甚广。

由于多罗费·维谢尔科夫的告发，乌特卡·梅热瓦亚村在斯特罗加诺夫工厂务工的农民雅科夫·索尔尼什科夫（马尔科夫）、住在丘索沃伊附近定居点的老妇普拉托尼达、瓦尔索诺菲和多罗费·维谢尔科夫以及老翁瓦尔福洛梅被捕。[4] 被告人与控诉人一起被押送到莫斯科的普列奥布拉任斯基衙门。其中两名被捕者逃脱了普列奥布拉任斯基衙门的酷刑——老妇普拉托尼达死于途中，老翁瓦尔福洛梅半路逃脱。[5]

在普列奥布拉任斯基衙门，多罗费·维谢尔科夫报告称他在勘探银

① Котошихин Г. О. О России в царствование Алексея Михайловича. 4 - е изд. / Ред. М. А. Коркунов. СПб. , тип. Гл. упр. уделов. 1906. с. 98 - 99; Полное собрание законов Российской империи. Собр. 1 - е. С 1649 по 12 декабря 1825 г. СПб. ; тип. II отделения е. и. в. канцелярии, 1830. № 4157, 5089.

② ГАТО, ф. 181, оп. 1, д. 6, л. 24.

③ Голикова Н. Б. Политические процессы при Петре I (По материалам Преображенского приказа). М. : Изд-во МГУ, 1957. с. 23-24, 26.

④ Покровский Н. Н. Обзор сведений судебно-следственных источников о политических взглядах сибирских крестьян конца XVII - середины XIX в. В кн. : Источники по культуре и классовой борьбе феодального периода. Новосибирск: Наука, 1982. с. 56.

⑤ Есипов Г. Раскольничьи дела XVII столетия. Извлечения из дел Преображенского приказа и Тайной розыскных дел канцелярии. СПб. : Изд-во Кожанчикова, 1863. т. 2. с. 15-18.

矿和铜矿（不知是不是为了制造伪币）。

在乌特卡·梅热瓦亚村，多罗费·维谢尔科夫住在当地矿工、斯特罗加诺夫工厂的农民雅科夫·索尔尼什科夫的家里。那里还有一些其他的流浪者，他们说："沙皇摧毁了喀山的旧礼仪派小教堂，把圣像和十字架移出小教堂，并到处发布法令，要求取缔小教堂。"听了这话，斯特罗加诺夫工厂的一位农奴"当即用极为粗野的话咒骂沙皇陛下……说，去他妈的，我会捉住他，把他剁碎，他娘的"①②。

离开雅科夫·索尔尼什科夫家之后，多罗费·维谢尔科夫继续寻找矿石，他找到了铜矿，③ 并偶然发现了一些旧礼仪派信徒的隐修地。多罗费·维谢尔科夫假装成一名旧礼仪派信徒，在那里待了几天。这些旧礼仪派信徒几个月前刚刚从克尔热涅茨来到乌拉尔地区。他们又一次谈到了彼得一世。老妇普拉托尼达说："他是个交换过来的瑞典人，这就是你能猜到的原因，他的所作所为与上帝背道而驰，他迎着太阳洗礼并举行婚礼。他不守斋戒，酷爱瑞典式样的衣服，和瑞典人一起喝酒吃饭，不

---

① Н. Н. 波克罗夫斯基的看法令人信服。他指出，隐修地被摧毁的传闻引起了农民们的愤怒，因为隐修地代表着俄国北方农民悠久的历史传统，隐修地的等级关系事实上和官方东正教的等级关系无关。摧毁隐修地被认为是变本加厉地侵犯之前公认的农民权利。旧礼仪派信徒关于"国君……在破坏隐修地"的说法可能是由主教公会在 1722 年 3 月 28 日颁布的"关于解散所有现存隐修地并禁止新建隐修地"的命令直接引起的。参见 Зольникова Н. Д. Делопроизводственные материалы о церковном строительстве как источник по истории приходской общины Сибири. （Начало XVIII в. - конец 60-х гг. XVIII в.）. В кн.: Рукописная традиция XVI - XIX вв. на востоке России. Новосибирск: Наука, 1983. с. 107。

② Есипов Г. Раскольничьи дела XVII столетия. Извлечения из дел Преображенского приказа и Тайной розыскных дел канцелярии. СПб. : Изд-во Кожанчикова, 1863. т. 2. с. 39; Покровский Н. Н. Обзор сведений судебно - следственных источников о политических взглядах сибирских крестьян конца XVII - середины XIX в. В кн. : Источники по культуре и классовой борьбе феодального периода. Новосибирск: Наука, 1982. с. 54.

③ 多罗费·维谢尔科夫希望在前往莫斯科的路上顺便在叶卡捷琳堡"公开展示"这一矿石。声称发现铁矿、铜矿以及在许多情况下（绝大多数情况下都未经证实）声称发现银矿，在当时都是摆脱惩罚或逃避兵役的手段。

离开他们的国家。还有，你知道吗，他折磨俄国皇后，把她流放到修道院，防止她和王子接触。他还亲手杀死了王子阿列克谢·彼得洛维奇，以免王子登基，而他自己娶了瑞典人叶卡捷琳娜·阿列克谢耶夫娜，但是这位皇后不孕不育，于是沙皇颁布了一道法令，要求从下一任沙皇开始，应当为瑞典人祝圣，因为瑞典人即将登基成为君主，该人是皇后叶卡捷琳娜·阿列克谢耶夫娜的亲戚或者弟弟。沙皇彼得的母亲是一位瑞典女人，他生来有牙，是一个反基督者。"①

伪沙皇的生活受到了农民的密切关注。各种评论均深信当今沙皇是冒名顶替者，并非真正沙皇，他的统治并不合法。他打破了旧礼仪派信徒的教会戒律（"他迎着太阳洗礼并举行婚礼……"②）；他让人们穿上"瑞典式样的衣服"③。他是"交换过来的瑞典人"，也是反基督的沙皇。彼得开启了一个反基督的沙皇王朝（17世纪旧礼仪派信徒的预言将沙皇阿列克谢·米哈伊洛维奇和大牧首尼康视为反基督者，在这种情况下显然不再有意义，这只是坚信皇室具有"反基督性"的基础）。正是因为担心无法把王位传给未来的反基督继承人，沙皇彼得才废黜了皇后叶夫多基娅，并将她流放到修道院。

根据1722年2月5日诏书，这位"未来的君主"、一位未指定的继承人将宣誓就职。在旧礼仪派看来，他是彼得大帝的继承人，也是反基督者。老妇详细介绍了他的情况：他是彼得一世的孙子——"沙皇彼得

---

①　Есипов Г. Раскольничьи дела XVII столетия. Извлечения из дел Преображенского приказа и Тайной розыскных дел канцелярии. СПб. : Изд-во Кожанчикова, 1863. т. 2. 277. с. 341.

②　对于旧礼仪派信徒而言，彼得是冒充的，这一事实再次证明了受到"调换沙皇"迫害的"真正信仰"的合理性。

③　穿"德式服装"和谢肉节仪式之间的关系以及在大众意识中与此相关的神秘思想，参见论文 Успенский Б. А. Царь и самозванец: самозванчество в России как культурно-исторический феномен. В кн. : Художественный язык средневековья. М. : Наука, 1982. с. 209-214。

的母亲是一位瑞典女人，他生来有牙，是一个反基督者，……出生时身高1.25俄尺，并非凡人"。

多罗费·维谢尔科夫在丘索沃伊的隐修地听到的一堆政治新闻中，事实和虚构很难辨别。无论是彼得大帝与皇后叶夫多基娅的离婚、王子阿列克谢·彼得洛维奇的死亡，还是由于彼得大帝担心没有直系继承人而于1722年2月5日颁布的诏书，彼得大帝的这些"秘史"信息量巨大，令人震惊。人们对这些事实的解释五花八门，传闻、猜测和臆断有很多，最终的结论是皇权具有"反基督性"。

老妇们说，她们亲眼见到了彼得大帝，从而让上述传闻更加可信。沙皇想训诫分裂派教徒，其中包括瓦尔索诺菲和多罗费·维谢尔科夫，让他们改宗官方东正教。然而，根据这些老妇们的描述，彼得大帝的尝试彻底失败。甚至是一个旧礼仪派信徒年仅两岁的女儿也非常清楚彼得大帝错在何处："陛下双手抱住那个女孩，弯曲她的手指，让她用三指画十字。那个女孩把手从陛下手中抽出，吐了一口唾沫，说'狗屎叔叔'，并将小指和无名指弯曲，用大拇指压住。"[①]

造钱工匠多罗费·维谢尔科夫的被迫告发，揭示了乌拉尔地区广为传播的信念，即俄国政权是"反基督的"。所以当地人拒绝为沙皇祈祷，声称"不必为一个不义的君主祈祷，他仇视正确的信仰，是上帝的敌人"。

彼得大帝是反基督者，18世纪前25年间创作的小型画《启示录》就充分说明了这一点。这些小型画由乌拉尔国立大学的考古学家在斯维尔德洛夫斯克州的沙林斯基区发现，位于乌特卡·梅热瓦亚村附近、1722年事件的发生地。其中的一幅小型画描绘了基督骑马追击一群骑士的场

---

① Покровский Н. Н. Обзор сведений судебно－следственных источников о политических взглядах сибирских крестьян конца XVII － середины XIX в. В кн.: Источники по культуре и классовой борьбе феодального периода. Новосибирск: Наука, 1982. с. 54-55.

景。铁鸟攻击骑士，骑士们则用三角铁抵挡，并且冲向为野兽布下的陷阱。在这些骑士中，彼得大帝和叶卡捷琳娜一世显而易见。

第四节　乌拉尔劳动者的反抗

乌拉尔地区突然调查关于反基督者彼得的传闻，这证明了1722年塔拉暴动的参与者（他们拒绝宣誓效忠反基督者沙皇）与乌拉尔和外乌拉尔地区的居民在意识形态上密切地相互影响。基本上整个广大地区（从西西伯利亚到巴什基里亚，从上图里耶县到雅伊克河上游）农民、白地哥萨克人和龙骑兵的大规模暴乱此起彼伏。这不仅仅意味着广大劳动人民的处境进一步恶化，也彻底改变了他们以前的社会、经济和法律地位，改变了他们的生活方式。由于上述原因，他们开始重新反思以前与俄国政府的关系。信仰之争、教派之争不断，新旧信仰支持者之间的矛盾日益尖锐。

造成这种情况的直接原因是彼得大帝立法实施人丁税，随着乌拉尔和西西伯利亚国家村庄以及工厂的建设，赋役不断加重，同时，在俄国东部推行的军事改革取消了龙骑兵和白地哥萨克人先前的阶层特权。

农民仍然试图使用传统的斗争形式，提交呈文或者通过"告发"的方式反抗地方政府的官员。地方自治局委员、贵族伊利扎尔·科洛科利尼科夫的儿子在秋明大肆勒索，1722年，别利亚科夫斯基米尔自治政府的代表就对此提出强烈抗议，[①] 同时意欲告发地方自治局委员 И. 阿布拉莫夫有"犯上作乱言行"，认为他非法获得600卢布。[②] 政府认为这种抗议形式合法。此外，中央和地方政府经常呼吁农民们向参政院和省长通

---

① ГАТО, ф. 47, оп. 1, д. 4424, л. 1–8.
② ГАТО, ф. 167, оп. 1, д. 2.

报人口登记员和采集员的情况——"谁对他们不满、他们向什么人索取了什么贿赂……"——并威胁农民说，如果不报告，将受到"严厉的惩罚，包括抄家"。①

上述文件是由西伯利亚总督马特维·加加林大公亲自签署的，他后来以受贿罪和敲诈罪而被处决，因为他收受金银、马匹和铁器等贿赂，勒索过往商人，有一次甚至利用职务之便，偷窃叶卡捷琳娜一世本人的钻戒。②从这一事实可以看出，政府打击贿赂和敲诈的措施卓有成效。

但是，农民此时反对滥用职权的呈文相对较少。指望地方政府出面调解毫无意义：政府让民众明白，缴纳人丁税是农民的主要责任。因此，投诉征税人注定徒劳无功。

请愿暂时被其他形式的抗议所取代。Н. Н. 波克罗夫斯基在研究中发现，西西伯利亚农民反对彼得一世政策的最重要活动是1722年的塔拉暴动。③值得注意的是，1721年底在西西伯利亚开始人口登记，1722年2月5日沙皇发布诏书，要求向尚未指定的王位继承人宣誓效忠，这些举措广受争议。争议一方是世俗当局和官方教会，另一方是由旧礼仪派信徒伊凡·斯米尔诺夫和老翁谢尔盖领导的旧礼仪派信徒隐修地，那里收容了大量的农民、白地哥萨克人和龙骑兵。

在这场论战中，沙皇政权具有"反基督性"的论点最终形成。因此，

---

① ГАТО, ф. 47, оп. 1, д. 1965, л. 3–3об.

② Соловьев С. М. История России с древнейших времен. М. : Соцэкгиз, 1962. кн. с. 494–497.

③ Покровский Н. Н. Антифеодальный протест урало–сибирских крестьян–старообрядцев. Новосибирск: Наука, 1974. с. 221–234; Покровский Н. Н. Обзор сведений судебно–следственных источников о политических взглядах сибирских крестьян конца XVII – середины XIX в. В кн. : Источники по культуре и классовой борьбе феодального периода. Новосибирск: Наука, 1982. с. 26–28; Покровский Н. Н. Новый документ по идеологии Тарского протеста. В кн. : Источниковедение и археография Сибири. Новосибирск: Наука, 1977. с. 221–234; Покровский Н. Н. Следственное дело и выговская повесть о тарских событиях 1722 г. В кн. : Рукописная традиция XVI – XIX вв. на востоке России. Новосибирск: Наука, 1983. с. 46–70.

结论是自然不可支付人丁税，原因如下：首先，人口登记导致"人们拥有兽的印记或兽的名字"，被卷入反基督王国；其次，人们无力支付人丁税，"老的、小的、瞎的和瘫的人们都非常无助"。①

此外，农民们惊恐地发现所有生活习惯都被改变；彼得大帝"把男性变成了女性，他命令男性留长发，剃掉胡须"。此外，彼得大帝宣布："你们的时代已经改变。"这不仅意味着彼得大帝改革历法，同时还意味着政府对农民们提出了新的要求，因为政府向农民们声称"你们从前向沙皇进贡，而主对门徒说：物归原主。所以，现在需要向我们进贡"。旧礼仪派信徒们反对道，"如今反基督者太多"，沙皇根本不是罗马恺撒的继承人。塔拉附近反教堂派隐修地的领导人伊凡·斯米尔诺夫回答说："因此，我们既不签名，也不进贡，我们一直害怕异端，担心如何生活下去。"②

在"反基督者"降临前夕，18世纪初的劳动者对历史发展的理解已经完全改变。这就是为什么"我们现在和今后不进贡，你们的时间和年代已经改变"。③

人们抗议人口登记和征收人丁税，拒绝向未来的王位继承人宣誓效忠，这导致了1722年春天哥萨克驻军和塔拉市民的暴动，其中以涅姆奇诺夫上校为首的一些暴动参与者自焚，这引起了政府对其他暴动参与者的处决和镇压以及逾15年的塔拉搜捕。

虽然暴动的领导人要么"自焚"，要么被刽子手处决，但是塔拉暴动期间产生的思想影响深远，在乌拉尔和外乌拉尔的农民中广泛传播。社

---

① Покровский Н. Н. Новый документ по идеологии Тарского протеста. В кн.: Источниковедение и археография Сибири. Новосибирск: Наука, 1977. с. 226–227.

② Покровский Н. Н. Новый документ по идеологии Тарского протеста. В кн.: Источниковедение и археография Сибири. Новосибирск: Наука, 1977. с. 232–233.

③ Покровский Н. Н. Новый документ по идеологии Тарского протеста. В кн.: Источниковедение и археография Сибири. Новосибирск: Наука, 1977. с. 227.

会动荡不安，旧的生活方式不复存在，之前的价值观荡然无存，这一切都必然影响到意识领域。由于当时的资料来源主要记录了意识形态的一个方面——宗教，所以我们面临的问题是：传统的旧礼仪派信徒和新礼仪派信徒之间出现了什么新的矛盾和对立（虽然早在17世纪末他们的关系就已开始变化）？

早在1722年初秋，西伯利亚事务衙门就注意到位于乌克河上游亚卢托罗夫斯克区的旧礼仪派信徒建立的隐修地。秋明市大贵族伊格纳季·科尔尼洛夫儿子的表兄，名为埃弗拉伊姆的老翁被通缉。这位老翁曾拜访过亚卢托罗夫斯克区农民斯捷潘·沃洛森尼科夫，后者在这次搜查中被捕。斯捷潘·沃洛森尼科夫并不符合旧礼仪派信徒（分裂派）通常的表现。他认为自己是东正教教徒，虔诚地去教堂、忏悔，而且他"每天都去教堂，因为他是领班，那座教堂是他发起修建的"，尽管他和妻子用两个指头画十字，他的妻子同样认为自己是东正教教徒，但在教会当局看来，他们纯粹是分裂派教徒。

斯捷潘·沃洛森尼科夫的审讯记录表明，即使是埃弗拉伊姆本人，他的经历完全符合东正教的传统——他是索利卡姆斯克县的居民，是一个修道士，住在隐修地，坚持旧礼仪信仰，只用两个手指画十字架。①

教会长老斯捷潘·沃洛森尼科夫被指控参与分裂派活动，他的命运在当时并非个例。Н. Н. 波克罗夫斯基在研究了18世纪20年代初外乌拉尔和西西伯利亚暴乱之后指出，1722年秋天开始的声势浩大的塔拉搜捕，导致伊希姆、秋明州和亚卢托罗夫斯克区许多村庄的数百名农民逃离家园。与旧礼仪派信徒一起逃亡的还有以前忠于官方教会的人。Н. Н. 波克罗夫斯基注意到"旧礼仪派信徒的口号在农民之间相当流行，而且当时

---

① ТФ ГАТО, ф. 156, оп. 1, 1723 г., д. 1, л. 7-8. 搜捕时，在斯捷潘·沃洛森尼科夫那里没收了4本书：《印刷版日课经文集》、日课经文月书、赞美诗和古罗斯教会赞美歌。

分裂派活动的界限模糊不清"[1]。

以前没有为政府造成麻烦的农民村社"米尔"转而支持旧礼仪派，不仅证明了长期以来人们习惯性地同情旧礼仪派（这种同情心无疑普遍存在），更重要的是，西西伯利亚宗教分裂运动领导人反对人口登记、反对新的赋役，并认为俄罗斯帝国本身是"反基督"政权，这些举措深受农民的支持。

政府残酷地搜捕那些与塔拉暴动参与者志同道合的人，这激发了乌拉尔和广大西伯利亚地区波澜壮阔的农民暴动。为了抗议搜捕，农民掀起了大规模的自焚浪潮，以这种极端的方式表达了他们对国家世俗政权和教会当局的不满。

1722年9~10月亚卢托罗夫斯克村农民和龙骑兵的活动，清晰地反映了外乌拉尔地区农民和与之相近的农奴群体抗议的内部"机制"、抗议的组织形式以及反对政权的意识形态基础。[2]

清剿隐修地是政府的主要惩罚措施之一。1722年初秋，政府摧毁了位于乌克河上游的旧礼仪派信徒隐修地，[3] 从而引发了人们的抗议。政府逮捕旧礼仪派老年信徒，没收书籍和文件，[4] 随后西伯利亚省省长及托博尔斯克市市长开始进行政治审讯。

然而，龙骑兵伊凡·库特金指挥的讨伐队刚开始行动就遭遇失败。

① Покровский Н. Н. Антифеодальный протест урало - сибирских крестьян - старообрядцев. Новосибирск: Наука, 1974. с. 53.

② Покровский Н. Н. Антифеодальный протест урало-сибирских крестьян-старообрядцев. Новосибирск: Наука, 1974. с. 58-59.

③ 不迟于1722年10月15日。参见 ТФ ГАТО, ф. 156, оп. 1, 1723 г., д. 1, л. 16-17。

④ Н. Н. 波克罗夫斯基认为，1722年"尚未开始搜查古书及旧礼仪派文献"，参见 Покровский Н. Н. Антифеодальный протест урало-сибирских крестьян-старообрядцев. Новосибирск: Наука, 1974. с. 60。这一观点值得商榷。正是在这一年，斯捷潘·沃洛森尼科夫的藏书、农民季莫费·阿夫杰耶夫收藏的书信和图书被没收。政府定期统计从旧礼仪派信徒那里没收的书籍。1725年之前从西伯利亚各地没收的图书清单可以证实这一点。参见 ТФ ГАТО, ф. 156, оп. 1, 1723 г., д. 1, л. 44-64。

讨伐队逮捕了季莫费·阿夫杰耶夫和尼基福尔·阿夫杰耶夫兄弟，但是他们被退役的龙骑兵阿法纳西·罗格诺夫（孟什科夫）救出。亚卢托罗夫斯克区派来的伊凡·库特金未能逮捕老年信徒。

阿夫杰耶夫兄弟、阿法纳西·罗格诺夫和他们带领的40位农民逃往上乌科夫村，在政府的眼皮底下开始修建当时广泛存在的隐修地。隐修地更接近于世俗组织，而非教会机构，但是它们反对俄国的教会和世俗秩序。阿法纳西·罗格诺夫成为这个隐修地的实际领导人。政府发现，罗格诺夫曾经定期去亚卢托罗夫斯克区居民点的教堂。同时，像教会长老一样，旧礼仪派信徒斯捷潘·沃洛森尼科夫也采用双指画十字，并且正如后来的事件所表明的那样，他完全赞同塔拉暴动领导人对国内事件的看法。

阿法纳西·罗格诺夫将阿夫杰耶夫兄弟二人救出之后，与亚卢托罗夫斯克区的警官Ф.И.耶夫拉舍夫通信，在三封信中，他试图证明俄罗斯帝国西伯利亚当局的国内政策是错误且"泯灭人性"的。其中两封信件至今仍保存完好。

作者将引用农民抗议的这些杰出的、里程碑式的文献，H.H.波克罗夫斯基首次将它们用于科学研究。在第一封信中，阿法纳西·罗格诺夫写道："致费奥多尔·伊凡诺维奇先生，发自我们、您垂怜的罪人。您把伊凡·库特金派到我们这里，我们感谢您的仁慈，但您也把贫穷带给我们。无论你们这些罪人强烈地呼吁我们做什么，我们都不同意。我们害怕——因为你们罪孽深重，下达的命令非法，要求我们剃掉胡子，用三指画十字，在斋戒期吃肉。我们对此感到害怕，这是异端邪说……我们奉行祖先和上帝的律法，为此不惜相继赴死……我们所有人都想用两指画十字，想得到上帝的律法书，即使上帝要我们去死。我们还听说，在托博尔斯克，即使自由村中的人们也必须剃掉胡须。您召唤我们，但是并不接待，我们害怕您生气。所以我们不敢去自由村。"

阿法纳西·罗格诺夫还说："如果您想驱赶旧礼仪派信徒，我们都愿意为对方牺牲自己的生命。伊凡·库特金来过我们这里，他对我们无恶不作。"

在第二封信中，阿法纳西·罗格诺夫给地方警官写道："仁慈的费奥多尔·伊凡诺维奇先生，阿法纳西·罗格诺夫向您叩首。我泣求您的宽恕。怜悯这些旧礼仪派信徒吧，国君费奥多尔·伊凡诺维奇先生，请不要将他们赶走！他们认为人生在世是一种惩罚，但是，陛下，您需要他们做什么？旧礼仪派信徒体衰力弱，他们对您毫无用处。陛下，您有权把他们赶走，但是我们不会屈服，如上帝的旨意，那就如此吧。难道旧礼仪派信徒妨碍什么了吗？他们保持着自己的虔诚，并引导别人走上救赎之路。

您看，《圣经》有言，穷人有福了，因为他们有一个天国，而主称这些穷人为兄弟。如果您怜悯穷人，您就是怜悯上帝本人。陛下，您为什么要侮辱他们？

陛下，怜悯这些穷人吧，可怜可怜他们，让他们留下来。为什么旧礼仪派老年信徒都逃往森林？为了保持虔诚。陛下，正如《圣经》所言，这是至高无上的大爱。谁会为自己的朋友放弃生命呢？您要驱赶的话，这是您的自由，但是他们会坚持下去。"①

龙骑兵伊凡·库特金被派去逮捕"旧礼仪派信徒"，他告诉亚卢托罗夫斯克区的警官：1723 年 10 月 16 日，罗格诺夫"没有交出新来者……他本人也没有自首，看到秋明地区许多人在隐修地自焚之后，他也想和这些新来者一起自焚"。②

此处非常详细地引述了上乌科夫村避难的农民与当地警官的通信（由于地方自治会警官将农民的信件寄给西伯利亚都主教安东尼，所以农

---

① ТФ ГАТО, ф. 156, оп. 1, 1723 г., д. 1, л. 17об. –18.

② ТФ ГАТО, ф. 156, оп. 1, 1723 г., д. 1, л. 18–18 об., 20.

民们实际上可以间接地与西伯利亚都主教通信），对于研究他们在与政府论战中的观点而言，这举足轻重。

如上所述，上乌科夫村农民的抗议是由秋明军政长官和西伯利亚省长的"使者"挑起的。农民发现自己处境危险，被迫阐明自己对俄国律例的态度，认为它们完全不符合公正国家的标准。

第一封信尤为明确地评价了这些律例，"下达的命令非法，要求我们剃掉胡子，用三指画十字，在斋戒期吃肉……我们所有人都想用两指画十字……"农民和龙骑兵们写道。

我们注意到农民表达出来的激进的思想，他们毫不含糊地宣称法令（即通常由中央机构代表君主本人发布的法令）为非法！农民的"幼稚的君主主义"并不意味着以君主之名发布法令完全正确，他们认为政府行为显然违法。

国家强制普及"德式"服装，意欲蓄须的人必须纳胡须税，这就是迫害和管制。随着教会日益官僚化和集权化，国家建立了一套新的"符号体系"，对广大人民而言，这一体系意味着新的税种和敲诈勒索，单一的或双倍的人丁税。

塔拉暴动的参与者和上乌科夫村农民对这一体系的反应如出一辙。伊凡·斯米尔诺夫写道："为此，我们既不签名，也不进贡，我们一直害怕异端。"[1] 农民们附和他说，"我们对此感到害怕，这是异端邪说……"[2] 这种恐惧完全不是农民的消极情绪。他们将世俗政权和"最终审判"相提并论，竭力躲避在劫难逃的灾难。在农民们看来，他们在这个世界忍受着"另一个世界"的折磨，逃离"反基督的王国"，[3] 如果有必要，准备"相继赴死"。

---

[1] Покровский Н. Н. Новый документ по идеологии Тарского протеста. В кн.: Источниковедение и археография Сибири. Новосибирск: Наука, 1977. с. 233.

[2] ТФ ГАТО, ф. 156, оп. 1, 1723 г., д. 1, л. 17 об.

[3] ТФ ГАТО, ф. 156, оп. 1, 1723 г., д. 1, л. 18.

第二封信的主要内容是拒绝交出旧礼仪派老年信徒。在阿法纳西·罗格诺夫的信函中，旧礼仪派老年信徒是道德和宗教价值的守护者，他们在"米尔"中发挥着特殊的作用，具有众所周知的神职功能。他们的任务包括拯救他人："难道旧礼仪派信徒妨碍什么了吗？他们保持着自己的虔诚，并引导别人走上救赎之路。"老年信徒恰恰认为"人生在世是一种惩罚"①。

这里有一个重要的细节：上乌科夫村农民的信函根本没有提及神职人员。这反映了官地耕农"米尔"的传统，它们雇用"僧侣"，并对僧侣的活动产生了巨大影响。②

同时，亚卢托罗夫斯克区一个自由村的常客阿法纳西·罗格诺夫认为，教堂里真正虔诚的信徒已经不复存在："为什么旧礼仪派老年信徒都逃往森林？为了保持虔诚。"

旧礼仪派老年信徒在村社的宗教生活领域的特殊作用，肯定了分裂派可以不用神父讲经这一事实。这一点可以从乌拉尔宗教分裂运动协会（"隐修院"）的俗称"旧礼仪派信徒教会"得以证明，因为逃亡的牧师对旧礼仪派信徒的影响微乎其微。

这些写于1722年的农民来信，让人想起另一份体现农民意识的杰出文献，它同样以自焚相威胁——1679年在莫斯托夫卡村避难农民的呈文。除了出现的情况相似之外，它们都试图证明农民自身对真理的理解，并将这种理解与官方定义相对立。但是这两份文献迥然不同，在其背后我们可以感受到外乌拉尔地区农民所积累的经验。莫斯托夫卡村的农民向"伟大的君主"提交了一份呈文。而上乌科夫村农民仅仅诉诸一名地方自治警察。我们认为，这种"降级"并非偶然。在法律上，国家农民仍有权

① Покровский Н. Н. Новый документ по идеологии Тарского протеста. В кн.: Источниковедение и археография Сибири. Новосибирск: Наука, 1977. с. 227.

② Копанев А. И. Крестьянство Русского Севера в XVI в. Л.: Наука, 1978. с. 226-227.

向"君主"请愿，然而，他们并未急于行使这一权利。彼得一世这位"改革派沙皇"干预帝国管理的所有细枝末节，以他的名义开始征收人丁税，制定了龙骑兵的"常规军制度"，将农民划拨到工厂，以彼得之名镇压射击军和一些贵族，以及关于他是反基督者的谣言，由此人们不再相信彼得一世是正义使者。彼得一世的法令及在 18 世纪 20 年代的实施，使农民坚信君主和俄罗斯帝国的官僚机构沆瀣一气，且时间已经证明了这一点。

莫斯托夫卡村农民的呈文与上乌科夫村农民的信函的另一个不同之处是对宗教文献的态度。莫斯托夫卡村的呈文是旧礼仪派信徒的一篇完全说理的论辩文，他们为自焚的权利进行辩护。他们的论证基础是《日课经文月书》和《训诫集》。上文我们已经指出，《莫斯托夫卡呈文》的证明体系类似于大司祭阿瓦库姆所写的《致西伯利亚教友书信》，后者也广泛引用了《训诫集》。在上乌科夫村农民的信函中，没有提到或转述《日课经文月书》和《训诫集》中的内容。① 他们主要的做法是重新解释福音书，与其说是利用文本本身，不如说是利用民间对它们的阐释。阿法纳西·罗格诺夫给亚卢托罗夫斯克区的警官的信中写道："您看，《圣经》有言，穷人有福了，因为他们有一个天国，而主称这些穷人为兄弟。如果您怜悯穷人，您就是怜悯上帝本人。陛下，您为什么要侮辱他们？"这里提出了一个具有重大社会意义的问题：富人和穷人之间的关系应该是怎样的？值得一提的是，早在 17 世纪，这个问题就在文学作品中占据了重要地位，不同思想流派以此展开公开或隐秘的论战。② 新兴的俄国专制主义思想家西蒙·波洛茨基认为，"旧教会关于穷人'忍耐性'的理

---

① 例如，伊凡·斯米尔诺夫隐修地的信函中就转述了类似内容。参见 Покровский Н. Н. Новый документ по идеологии Тарского протеста. В кн.: Источниковедение и археография Сибири. Новосибирск: Наука, 1977. с. 233–234。

② Робинсон А. Н. Борьба идей в русской литературе XVII в. М.: Наука, 1974. с. 246–277; Робинсон А. Н. К проблеме «богатства» и «бедности» в русской литературе XVII в. (Толкование притчи о Лазаре и богатом). В кн.: Древнерусская литература и ее связи с новым временем. М.: Наука, 1967. с. 124–155.

论……要求他们为自己不幸的命运表达（显然，对上帝的）'感激'"①，那么，分裂派运动的领导人、大司祭阿瓦库姆谴责富人，"用粗俗的话咒骂富人，听起来就像是对封建领主的指控"。②

上述观点冲突的原因是福音书中拉撒路采用比喻的方法解释了穷人和富人之间的关系。A. H. 罗宾逊指出，持禁欲主义的平民阶层认为，财富是身外之物且罪恶深重，这种观点广为人们接受，诗篇《两个拉撒路》《穷人拉撒路》以及大司祭阿瓦库姆都表达了上述观点。同时，无论是此世还是在"彼世"的生活中，"穷人"和富人之间的关系都不可调和。③

在彼尔姆省广泛流传的宗教诗篇《星期日与神学家伊凡》中，"贫富关系"主题也得到了发展。在回答"可怜的弟兄们"的祈求时，基督答应给他们"一座金山和……流淌着蜂蜜的河流"。

但神学家伊凡劝阻基督："亲爱的主，上天的万神之神！不要给他们金山，一旦富人发现了金山，山上将会发生许多凶残之事，甚至流血……"④

正如关于贫穷的拉撒路和富有的拉撒路的宗教诗篇一样，这同样证实了富人和穷人不共戴天。财富是暴力、流血和凶杀的根源。而且，就像阿法纳西·罗格诺夫的信中所言，基督是"贫穷兄弟"的庇护者，这一观点也体现在《居鲁士的圣埃皮法尼乌斯之言》一文中，该文被收入18世纪手稿集（乌拉尔大学考古学家在库尔干地区发现）。其中写道："凡在尘世为了基督而穷困的人，在天堂必得富足；凡在尘世为了基督而饥渴的人，在天堂必得饱食；在尘世为了基督而无辜受难者，在天堂必

---

① Робинсон А. Н. Борьба идей в русской литературе XVII в. М. : Наука, 1974. с. 261.

② Робинсон А. Н. Борьба идей в русской литературе XVII в. М. : Наука, 1974. с. 262.

③ Робинсон А. Н. Борьба идей в русской литературе XVII в. М. : Наука, 1974. с. 267－271.

④ Дмитриев А. А. Народное творчество в Билимбаевском заводе Екатеринбургского уезда Пермской губернии. Записки Уральского об-ва любителей естествознания. Екатеринбург, 1890－1891. т. 12. вып. 2. с. 1－2；Бессонов П. А. Калики перехожие. Сб. стихов и исследование. М. : Б. и. , 1861. т. 1. с. 1-2.

与神的使者同享尊荣。"① 这里与阿法纳西·罗格诺夫给亚卢托罗夫斯克区的警官的信函遥相呼应："如果您怜悯穷人，您就是怜悯上帝本人。陛下，您为什么要侮辱他们？"

在阿法纳西·罗格诺夫的信函和伪书中，封建时代农民关于上帝是穷人的庇护者的思想颇具攻击力，它意味着侮辱和迫害穷人就是侮辱和迫害上帝本身。封建时代社会意识研究者 A. И. 克利巴诺夫指出："人民理想的'真理'对上帝本身也提出了要求。"②

因此，政府及官员的活动在本质上是非法的——根据封建时代的世界观，上帝才是法律、真理和恩典的本源。

在上乌科夫村避难的农民和退役龙骑兵与地方警官之间的通信言辞激烈，造成了严重的后果，后来达尔斯特勒姆少尉指挥武装部队袭击了上乌科夫村。③

夺取这座已经成为隐修地的村庄，是消除塔拉暴动影响的惩罚措施的一部分。值得注意的是，塔拉暴动领导人之一谢尔盖的隐修地（1722年11月9日）④ 和上乌科夫村的隐修地（1722年11月8日）几乎同时被清除。⑤

上乌科夫村农民显然知道正在谋划的突袭。之前那里有40人，当军队到达时只剩下两人——阿法纳西·罗格诺夫本人和季莫费·阿夫杰耶夫，⑥ 其

---

① УрГУ, Курганское собр., 177р/1147, л. 412–412об.

② Клибанов А. И. Народная социальная утопия в России. Период феодализма. М.: Наука, 1977. с. 17.

③ ТФ ГАТО, ф. 156, оп. 1, 1723 г., д. 1, л. 26об.

④ Покровский Н. Н. Антифеодальный протест урало – сибирских крестьян – старообрядцев. Новосибирск: Наука, 1974. с. 60.

⑤ ТФ ГАТО, ф. 156, оп. 1, 1723 г., д. 1, л. 22об.

⑥ 显然，阿法纳西·罗格诺夫希望能够辩解，因为从10月17日起，他试图和地方当局妥协，同意放弃自焚，愿意像以前一样去教堂，但是并没有将旧礼仪派信徒交给政府。参见 ТФ ГАТО, ф. 156, оп. 1, 1723 г., д. 1, л. 20–22об. 后来，这未能使他摆脱由西伯利亚省长切尔卡斯基亲自参与的搜捕和审判。

他人已经四散而逃。搜捕人员没收了五本书"以及他们之间的往来信件",即阿夫杰耶夫兄弟之一的尼基福尔·阿夫杰耶夫与亲戚和朋友之间的通信。阿法纳西·罗格诺夫写给地方警官的信中报告了农民的意见,认为警官应该知道农民为何不服从政府,而尼基福尔·阿夫杰耶夫"与自己的兄弟们"之间的往来信件则说明了农民自身觉得很重要的原因。

在《致我们的朋友阿尔希普·马特维耶维奇》的信中,作者写道:"我们的基督教堂受到了来自东西伯利亚军区的迫害,警官派人来了两次;我们没有去见他。"

尼基福尔·阿夫杰耶夫写道,阿法纳西·罗格诺夫那里聚集了大约40人,并且"他们相处融洽",之后他问了"朋友"一个问题:"阿尔希普·马特维耶维奇,你是怎么打算的?如果你愿意为上帝的律法而死,请来我们这里。"①

尼基福尔·阿夫杰耶夫在给他的教子加夫里罗·阿尔希波维奇的信中更详细地解释了聚集的原因。他写道:"我们听说颁布了一道法令,要求向龙骑兵支付薪水,并且龙骑兵需要剃掉胡须。而你,加夫里罗·阿尔希波维奇,不要因为剃须而遭人责骂……为了律令,即使在城中被杀,也不要成为异教徒,受到嘲笑和责骂。"②

尼基福尔·阿夫杰耶夫在给兄弟姐妹的信中召唤他们来自己这里:"我建议你们尽量到我们这里来,以获得忠告,拯救你们的灵魂。非常遗憾,尼康信徒已经出现,上帝原谅了我们的罪孽,现在是捍卫虔诚信仰的时刻。"

不同受众的观点也存在差异。农民认为,地方警官必须详细解释"法令为什么是非法的",并且不要忘记人丁税、双重赋税,不要忘记无

---

① ТФ ГАТО, ф. 156, оп. 1, 1723 г., д. 1, л. 27об.

② Покровский Н. Н. Антифеодальный протест урало - сибирских крестьян - старообрядцев. Новосибирск: Наука, 1974. с. 59.

力承担赋役的、"年老体弱"的旧礼仪派信徒，也不要忘记解释为何必须剃须，必须详细地解释什么是离经叛道。

官方给农民的回信则简单得多——农民所谓的离经叛道和非法命令的本质不言自明。回信中讨论的是其他事情。①

18 世纪 20 年代的危机形势随时可能爆发，这使乌拉尔和外乌拉尔地区的农民阶层和下层公职人员看清了前进方向。局势所迫，人们不得不解决迫在眉睫的问题——个人责任的本质是什么、如何捍卫祖先流传下来的精神和道德价值、"如何在这个时代拯救自己的灵魂"。

然而，受到反思的不仅是旧礼仪派，还有东正教固有的宗教世界观（无论是改革后的东正教还是旧礼仪派的东正教）。

1722 年 10 月，政府试图逮捕上乌科夫村隐修地的旧礼仪派信徒，变本加厉地调查塔拉暴动，扩大对分裂派老年信徒（他们拒绝向未指定的俄国皇位继承人宣誓效忠，②并为自己辩护）的搜捕范围。恰在此时，教会和世俗当局发现，有人在积极地宣传一些观点，这些观点实际上既反对旧礼仪派，又反对正统的东正教。

龙骑兵塔夫里罗·苏林第一个公开传播反教会的观点，他是地方自治警官 Ф. И. 耶夫拉舍夫（阿法纳西·罗格诺夫正是给他写信）的勤务兵。这位龙骑兵无论在哪里都能找到追随者，宣传自己的观点——在亚卢托罗夫斯克区的市场上、面对自家的房客以及来访的农民和龙骑兵等。

1722 年 10 月 1 日，有人向亚卢托罗夫斯克地方自治办公室告发说：塔夫里罗·瓦西里耶夫的儿子塔夫里罗·苏林在集市上说："我们的主耶稣基督是尘世的凡夫俗子，而不是上帝。塔夫里罗·瓦西里耶夫本人并不信仰我们的主耶稣基督，也不尊重耶稣的信徒和圣像。"

鉴于这一告密事件和其中披露的事实，官方立即展开调查。在调查

① ТФ ГАТО, ф. 156, оп. 1, 1723 г., д. 1, л. 28об.‒29.
② ТФ ГАТО, ф. 156, оп. 1, 1723 г., д. 1, л. 18об.‒19.

过程中审讯了大批关厢居民、龙骑兵、乌拉尔农民和西西伯利亚人，范围涵盖了卡缅斯克和亚卢托罗夫斯克区、托博尔斯克市和特本雅茨克自由村等。

由于主要事件发生的时间和地点的恰巧重合（都发生在亚卢托罗夫斯克区），导致本案与阿法纳西·罗格诺夫案被机械地合并调查，尽管在本质上它们是完全不同的罪名。

控方证人、佃农伊凡·苏洛夫采夫证实，塔夫里罗·苏林确实在集市上说过："信徒无须崇拜圣像，也无须尊重上帝的圣徒，可以亵渎圣徒和圣像，并且应当焚烧教堂书籍和训诫集。"

特本雅茨克自由村的一位农民杰缅季·波波夫做出了更详细的证词。他租住在塔夫里罗·苏林家中，多次听到房东说："除了福音书、赞美诗和使徒行传，其他的教会书籍没有什么可相信的，而且，这样的教会书籍是由尘世的老翁们擅自拼凑的，而不是圣父编纂的，也不是主的指示。"

午饭后，杰缅季·波波夫向上帝和圣像祈祷……而同时他（塔夫里罗·苏林）却说："所有向偶像鞠躬的人都将自惭形秽……"

塔夫里罗·苏林的亲属被审讯时也说了同样的话，并补充说，1722年8月10日从托博尔斯克回来后，这位地方警官的勤务兵开始宣传类似观点。塔夫里罗·苏林被捕后没有反驳对他的指控。他说，他说的每一句话都"不明就里，也不识字"，他的说教源自在托博尔斯克遇见的一位"车床师傅"瓦赫罗梅·伊凡诺夫，后者"根据一些书……教他说，我们的主耶稣基督是上帝在尘世的儿子，但不是上帝，他没有命令崇拜圣像和圣人，除了福音书、使徒行传和赞美诗，没有命令崇拜圣像"，因此塔夫里罗·苏林本人在集市上说，需要"焚烧教堂书籍和训诫集"，并将圣像称为"偶像"。①

---

① ТФ ГАТО, ф. 156, оп. 1, 1723 г., д. 1, л. 19-20.

瓦赫罗梅·伊凡诺夫被捕后，断然否认了塔夫里罗·苏林的话，本来顺利进行的调查就此中断。他援引证人的话说，当时他正在向听众宣读 1720 年圣彼得堡亚历山大圣三一修道院印制的《致青年的首要教义》。这本书是在托博尔斯克的旅馆里从一名"商人"手中买的。除了这本书之外，他还宣读了福音书，这本书的主人是托博尔斯克人伊凡·扎莫什科夫，后来将这本书归还。瓦赫罗梅·伊凡诺夫表示，他宣读并讲解这些书出于良好的动机：他教导人们向上帝祈祷，崇尚圣人，为君主祈祷。瓦赫罗梅·伊凡诺夫忠诚于教会，证据之一就是，接受他忏悔的牧师是托博尔斯克兹纳缅斯克修道院的主教帕霍米。①

两人证词不一，由此引出了一个问题：龙骑兵塔夫里罗·苏林激进的言辞是他个人的想法、他本人对时事的思考，还是他狂热地支持从托博尔斯克教育程度更高的"车床师傅"那里听到的观点？

在试图回答这个问题之前，让我们先解释一下。首先，塔夫里罗·苏林布道是俄国改革思想的体现。由于具有深厚的历史渊源，② 即使在旧礼仪派信徒出现后，改革思想仍在广大人民群众（主要是关厢居民）中广为流传。17 世纪 90 年代，丘多夫修道院的僧侣叶夫菲米通知大牧首阿德里安说，出现了"一些比较特殊的分裂派教徒"，他们"与路德派和加尔文派一起嘲笑传统的教会"。③ 他提交给大牧首阿德里安的文章记录了新教教义和仪式的一些特征，这些文章由学者利库德汇编，并由叶夫菲米本人补充整理。文中总结了新教徒的各种特征，如果理解了这些特征，那么东正教教徒就可以更轻松地与俄国新教教徒斗争。

---

① ТФ ГАТО，ф. 156, оп. 1, 1723 г., д. 1, л. 31–32.

② Цветаев Д. Протестантство и протестанты в России до эпохи преобразований. М.：Унив. тип., 1890. с. 792 разд, паг.；Клибанов А. И. Реформационные движения в России в XIV–первой половине XVI вв. М.：Изд-во АН СССР, 1960. 411 с.

③ Цветаев Д. Памятники к истории протестантства в России. М.：унив. тип. 1888. ч. 1. с. XI, 243–245.

这些特征包括：新教教徒对圣餐、等级制度、神职人员和他们所举行的仪式提出批评（"礼拜仪式诵经被称为小事……神谕和其他金事，或被亵渎，或被称为嬉戏和玩笑"），他们排斥圣像（"将圣像称为偶像，将圣像崇拜称为偶像崇拜"），他们拒不接受教父对《圣经》的解释，取而代之的是他们自己的解释，"他们认为自己知识渊博，聪颖智慧，正确无误"。新教教徒尤为严厉地批评圣像崇拜。典型事例之一是，根据1715年的调查，在他们莫斯科的一个支持者 Д. 特维里季诺夫的家里，发现了一张黑纸，上面以"金字"抄写了《摩西后书》的戒律："我是你的主，你的神，不要为自己制造任何偶像或神像。"这一戒律否认创造"偶像"，据此，Д. 特维里季诺夫"谈论了圣像崇拜，并根据书上内容，宣称没有必要崇拜圣像"。[①]

龙骑兵塔夫里罗·苏林和他的托博尔斯克对话者显然在讨论同样的问题，这些问题对莫斯科的自由思想家也很重要。塔夫里罗·苏林认为，作为一个机构，教会完全没有必要存在，他否认神职人员和"教会之父"的神圣性。他非常理解对"廉价教会"的追求，这是宗教改革的基本要求之一。对"偶像崇拜"的批评，应该从这个角度进行解释。相应地，塔夫里罗·苏林对《训诫集》、《使徒行传》和律书的严厉批评引人注意。如果说旧礼仪派作为一种宗教和政治趋势出现的原因之一是宗主教尼康在1654年出版了希腊语版本的《圣经》，改变了某些宗教仪式，那么塔夫里罗·苏林批评律书，实际上就是否定了全部宗教仪式。[②]

与此同时，可以说，塔夫里罗·苏林的一些激进言论或多或少地得到了他同时代人和当地人的认同。他否认《训诫集》和《使徒行传》的价值，并扬言要烧掉这些书，因为它们的编纂者是普通的旧礼仪派信徒，而

---

① Описание документов и дел, хранящихся в архиве святейшего и правительствующего Синода. СПб. : Синод, тип. , 1868. т. 1. стб. XVI.
② 同样应当记住，皈依"新信仰"将造成实际的物质损失。村社出资购买的书籍应当换成新版图书，但是这同样需要教区承担费用。

不是圣父。在调查期间，阿法纳西·罗格诺夫在致地方警官的信中不再坚持对整个旧礼仪派（尤其是对于乌拉尔地区的分裂派）而言传统的、用于捍卫自焚的证据，这些证据在 17 世纪 70 年代末 80 年代初的《训诫集》和《使徒行传》中即可找到。[1] 在塔夫里罗·苏林看来，上帝是"尘世的凡夫俗子"，阿法纳西·罗格诺夫在这方面更为谨慎，但他的上帝也"把穷人称为弟兄"。鉴于告密者蓄意控告塔夫里罗·苏林亵渎神明，从这个意义上说，苏林和罗格诺夫对上帝的理解差异甚微——是"农民之神"。

尽管他们的出发点有很大分歧——一方捍卫宗教分裂运动的理想，另一方则赞同俄国社会思想中影响甚微的观点，但是这两位龙骑兵都反映了农民特有世界观的一些特征。

但是，回到我们的问题：塔夫里罗·苏林的想法只是他个人推理的结果，还是他赞同在托博尔斯克听到的观点？在我们看来，在研究塔夫里罗·苏林的问题时，我们必须考虑到他在托博尔斯克的会面，这无疑促使他形成自身对教会、宗教仪式和上帝的态度，并开始积极传经布道。瓦赫罗梅·伊凡诺夫断然拒绝了塔夫里罗·苏林分配给他的角色，我们对这一事实不应感到困惑。在塔拉搜捕期间，调查人员认为主要危险来自旧礼仪派信徒，因为他们拒绝为沙皇祈祷，拒绝宣誓等，而当"车床师傅"表示彻底的政治忠诚时，调查人员相当满意。托博尔斯克当局当时并没有搜捕其他"教友"。

同时，有直接证据表明，托博尔斯克不少人支持塔夫里罗·苏林的观点，例如米哈伊尔·安季皮耶夫。他从 1701 年起就住在该市。1748年，托博尔斯克调查者注意到他的时候，他已经 85 岁，是一名老年旧礼仪派信徒。审问米哈伊尔·安季皮耶夫时，教会当局发现了一些重要细

---

① Елеонская А. С. Политические цели второго издания Пролога 1642–1643 гг. В кн.: Русская старопечатная литература (XVI – первая четверть XVII в.). Литературный сборник XVII в. Пролог. М.: Наука, 1978. с. 96–97.

节，由此安东尼都主教亲自审讯了这位囚犯。

米哈伊尔·安季皮耶夫从不去教堂——"为什么要去？"——当他稍感不满时，便开始骂人，"去见鬼吧！"他将攻击他的人即"劝说者"称为"施刑者尼禄"。他批评圣像崇拜，在解释诗篇文字时，把它们比作多神教的偶像。"语言、银子和金子都是偶像——这是人造之物，由于阅读不适宜的文本和偶像崇拜，人们逐渐堕落。"米哈伊尔·安季皮耶夫对待圣像也是如此：他鄙视阿巴拉契亚圣母的圣像，"非常猥琐和可怕"。[①]当他进入房子时，他喜欢喃喃自语："给救世主鞠躬，给圣母鞠躬，给所有的圣徒鞠躬，并请各位自行受礼。"此外，他还毫无敬畏心地说："大头的是救世主，蒙着面纱的是圣母。"

调查人员发现，米哈伊尔·安季皮耶夫多年来一直固执己见。早在1701年来到托博尔斯克之前，他就从喀山的讲经人伊凡·拉里奥诺夫那里听说，不必崇拜圣像。因此，塔夫里罗·苏林可能于1722年在托博尔斯克听到了关于圣像和教堂的争论，这些内容令他惊讶和信服。

米哈伊尔·安季皮耶夫亲自告诉安东尼主教，他本人反对圣像崇拜和圣餐。这激怒了主教，就像这位旧礼仪派信徒说了"连牧师都被统治者用金钱收买了"之类大不敬的话。

当米哈伊尔·安季皮耶夫被威胁要以亵渎罪处死时，他声称自己已经准备赴死，"我的善恶将被血所净化，从此，米哈伊尔·安季皮耶夫不再说恶，也不言善。"他死在修道院的监狱里，弥留之际拒绝忏悔和领用圣餐。[②]

---

① 米哈伊尔·安季皮耶夫嘲弄阿巴拉契亚圣母的圣像，可能不仅仅是因为他不喜欢这一圣母像，毕竟它只是在某些地区受人供奉，还有一个更为普遍的原因。修道士耶夫费米在他撰写的反新教的文章中指出，信奉新教的俄国人"有时并不崇拜其他圣父和圣母"。参见 Цветаев Д. Памятники к истории протестантства в России. М.：унив. тип. 1888. ч. 1. с. 244。

② ТФ ГАТО，ф. 156，оп. 1，1748 г.，д. 24，л. 9–30 об. 告发米哈伊尔·安季皮耶夫的人是托博尔斯克的驿站车夫库兹马·切列潘诺夫，即托博尔斯克编年史作者 Н. И. 切列潘诺夫的兄弟。参见 Копылов А. Н. Очерки культурной жизни Сибири XVII – начало XIX в. Новосибирск：Наука，1974. с. 177–178。

虽然塔夫里罗·苏林和米哈伊尔·安季皮耶夫的命运各异，但是必须看到他们的宗教世界观极其接近（同时，他们的观点也接近于塔夫里罗·苏林从托博尔斯克"车床师傅"瓦赫罗梅·伊凡诺夫那里听到的观点）。

塔夫里罗·苏林的案例也表明：宗教激进主义和遵守改革教规根本不是教徒直接参与社会反抗运动的原因。农民和旧礼仪派信徒在斗争中的联系要密切得多。虽然分裂派的意识形态非常保守，但这并不妨碍旧礼仪派信徒们尖锐地批评俄罗斯帝国的社会体制和国内政策。

在 18 世纪 20 年代初的群众运动中，龙骑兵、白地哥萨克人和士兵表现得特别踊跃。他们既直接参与行动（塔拉哥萨克驻军的暴动足以说明问题），在群众暴动中扮演思想家的角色（如瓦西里·伊谢季斯基、彼得·拜加乔夫）。和退役的龙骑兵阿法纳西·罗格诺夫一样，尼基福尔·阿夫杰耶夫也是龙骑兵，曾撰文呼吁"为上帝的律令而死"。如果说彼得一世的改革恶化了农民的处境，那么龙骑兵和白地哥萨克人的财产会被清算，以前所有权利和特权可能被取消，他们即将纳税，所以军人理所当然地积极参与这些事件。[①] 仍在服役的龙骑兵被编成团和连，被划拨到工厂，脱离农业生产；他们穿上制服，被迫剃掉胡子，在身为俘虏的瑞典军官指导下学习"军事条例"。

彼得大帝的改革摧毁了旧的社会关系，人们意识到先前的生活无以为继。危机形势迫使人们重新思考传统的意识形态和宗教观念，这又促使大众背离了官方东正教，旧礼仪派的影响力逐渐增长。此外，乌拉尔和外乌拉尔的农民和军人产生了改革思想。

旧礼仪派在乌拉尔和外乌拉尔的农民、军人和关厢居民中拥趸甚众，他们义正词严地批判 18 世纪 20 年代俄国的国家秩序。这一时期，分裂派提

---

① Анисимов Е. В. Податная реформа Петра I. Введение подушной подати в России. 1719–1728 гг. Л. : Наука, 1982. с. 136–137.

出的积极方案主要包括抵制"反基督王国"、拒绝进行人丁税登记、逃入森林遁入隐修村等。如果无法摆脱"反基督印记",则被建议殉道。[①]

虽然分裂派影响力巨大,但是该地区农民只有在极端的情况下,通常是在受到世俗和宗教当局的挑衅时,他们才会走上"永生"之路。在日常生活中,农民试图利用几个世纪以来积累的经验,竭力削弱(如果不是消除)封建国家侵犯其权利的后果。

政府持续将大量人口划拨到乌拉尔工厂,这引起了农民的报复。

根据西伯利亚矿务总局的数据,仅仅三年的时间(从1722年到1724年)就有1438人逃出阿拉帕耶夫斯克、阿拉米尔、卡梅什洛夫和卡缅斯克等四个地区的附属村庄。[②] 逃亡的原因是农民企图前往边疆地区,意欲转入另一个阶层——哥萨克。

В. Л. 纳扎罗夫写道:"在被压迫的群众眼里,哥萨克地区代表着农奴制之外的'自由'生活……这是一种虚幻的想象,梦想着似乎完全自治的、独立的'庄稼汉共和国',不受农奴制压迫,也不受市场的破坏。由于这一现实,哥萨克人产生巨大社会心理影响,首先影响了农民。"[③]

外乌拉尔地区的农民试图迁往雅伊克哥萨克人居住的雅伊克河上游。1703年,来自托博尔斯克区的阿拉米尔、科尔奇坦等自由村的农民都逃到那里。[④] 边境地区居民的社会地位相对特殊:首先,他们可以成为哥萨克人,也就是说,他们有望摆脱最繁重的"税赋"(耕种什一税田地或以

---

① 尽管在旧礼仪派信仰中总是包含着反对自愿殉道的内容。

② Пензин Э. А. Документы местных органов горнозаводского управления как источник о побегах мастеровых, работных людей и приписных крестьян, с уральских заводов в первой половине XVIII в. В кн.: Источниковедение истории классовой борьбы рабочих Урала. Свердловск: Уральск. ун-т, 1981. с. 140-141.

③ Назаров В. Д. О некоторых особенностях крестьянской войны начала XVII в. в России. В кн.: Феодальная Россия во всемирно-историческом процессе. М.: Наука, 1972. с. 122.

④ Волнения работных людей и приписных крестьян на металлургических заводах России в первой половине XVIII в.: Сб. документов / Под ред. Е. И. Заозерской и Л. Н. Пушкарева. М.: АН СССР (Ин-т истории и др.). Ротапринт, 1975. вып. 1. XVIII, с. 2-4.

货币形式纳税）。此外，这些定居点可以拒绝登记到工厂。政府认为，由于位于边境，这些农民可以不用登记为国家农民。

1723～1727 年，农民再次开始流入边疆地区的自由村。1723 年春，逃亡者涌向位于乌拉尔南部、"雅伊克人和巴什基尔人之间"的新建哥萨克城镇——萨克玛尔。

П. И. 雷奇科夫指出，萨克玛尔哥萨克镇是"1720 年由西伯利亚人的后裔建立的，一些雅伊克河哥萨克人当时住在萨克玛尔河口的小蒙古包里，加入了他们"①。定居者的生活动荡不安，"从他们开始定居起，他们就经常遭到巴什基尔人的侵袭和破坏"②。然而，渴望成为哥萨克人的农民数量在萨克玛尔并未减少，萨克玛尔镇的新居民与他们的故乡之间的联系依旧很紧密。

1724 年，为了"召集农民"，两名哥萨克人福马·季莫费耶夫和尼基福尔·雅科夫列夫从萨克玛尔镇来到卡缅斯克和阿拉米尔地区。③

根据 1725 年初萨克玛尔镇的人口登记数据，1724 年有 270 名男子和 190 名妇女来到此地。④ 农民们告诉萨克玛尔镇的哥萨克人首领阿拉波夫，

---

① 由根宁领导的西伯利亚矿务总局对农民逃亡的个人动机并不感兴趣，委托叶卡捷琳堡和卡缅斯克地方自治办公室调查农民逃亡的具体事件。因此，备忘录中很少记录该运动参与者和领导者的观点。在我们的文献中已经指出，调查材料作为研究农民思想来源具有显而易见的局限性。参见 Покровский Н. Н. Обзор сведений судебно‐следственных источников о политических взглядах сибирских крестьян конца XVII – середины XIX в. В кн.: Источники по культуре и классовой борьбе феодального периода. Новосибирск: Наука, 1982. с. 48–49。

② Рычков П. И. История Оренбургская (1730–1750) /Под ред. и с прим. Н. М. Гутьяра. Оренбург: Оренбургск. губ. стат. ком., 1896. с. 95.

③ Пензин Э. А. Документы местных органов горнозаводского управления как источник о побегах мастеровых, работных людей и приписных крестьян, с уральских заводов в первой половине XVIII в. В кн.: Источниковедение истории классовой борьбы рабочих Урала. Свердловск: Уральск. ун‐т, 1981. с. 141.

④ Протоколы, журналы и указы Верховного тайного совета 1726–1730 гг. / Под ред. А. Ф. Дубровина. Сб. Русского исторического об‐ва. СПб., 1889. т. 69. 4. LVII, 967. 1 с. 624–627.

他们是为了"捍卫哥萨克的荣耀和服务哥萨克人"而来。[①]

1726 年,"大约 900 名被划拨到工厂的家庭"的农民逃到了萨克玛尔镇。[②] 同年,农民逃出乌拉尔和外乌拉尔的现象愈演愈烈,显然是因为 1722~1725 年国家工厂扩大建设。除了在叶卡捷琳堡工厂工作,工人们还要建造上乌克图斯工厂、上伊谢季工厂和波列伏伊工厂等。

1726 年 2 月 8 日,西伯利亚矿务总局审理了卡缅斯克区巴加里亚特自由村农民的案件,他们"全家打算逃往哥萨克人新建的萨克玛尔镇"。该自由村的农民卡塔纳耶夫兄弟(科涅夫和维尤什科夫)是"逃跑的策划者"。农民们被捕时,从他们身上搜出了枪和长矛等武器。政府修建了哨所,以防止农民逃跑。[③]

1726 年 3 月 18 日,西伯利亚矿务总局听取了叶卡捷琳堡地方自治办公室的报告。其原因是西伯利亚省衙门因"重要事务"而寻找沙德林斯克的农民伊凡·戈雷瓦诺夫,并请求协助。根据叶卡捷琳堡地方自治办公室的说法,伊凡·戈雷瓦诺夫"逃往并生活在萨克玛尔"。伊凡·戈雷瓦诺夫是沙德林斯克的农民之子,在 1725 年已经成为农民的领袖之一。萨克玛尔镇的哥萨克首领阿拉波夫拒绝逃亡的农民进入该镇,因为"他没有受命接收逃亡者,而来自西伯利亚的哥萨克人伊凡·戈雷瓦诺夫允许所有人进入萨克玛尔镇"。[④] 伊凡·戈雷瓦诺夫抓住了几名被派往乌法的哥萨克人,他们带着阿拉波夫的告密信,这封告密信被没收。阿拉波

[①] Павленко Н. И. Развитие металлургической промышленности России в первой половине XVIII в. М. : Изд-во АН СССР, 1953. с. 504.

[②] Протоколы, журналы и указы Верховного тайного совета 1726–1730 гг. / Под ред. А. Ф. Дубровина. Сб. Русского исторического об - ва. СПб. , 1889. т. 69. 4. LVII, 967. с. 622.

[③] Пензин Э. А. Документы местных органов горнозаводского управления как источник о побегах мастеровых, работных людей и приписных крестьян, с уральских заводов в первой половине XVIII в. В кн. : Источниковедение истории классовой борьбы рабочих Урала. Свердловск: Уральск. ун-т, 1981. с. 141.

[④] ГАСО, ф. 24, оп. 12, д. 194, л. 87.

夫被迫使用诡计——他又用鞑靼语写了一封信，这样，即使信差被捕，叛军也无法阅读。①

但是，乌法办公厅无力清剿哥萨克农民的营地。乌法和叶卡捷琳堡政府都希望雅伊克河哥萨克人能够打败萨克玛尔镇的逃亡农奴，因为萨克玛尔镇属于"雅伊克河哥萨克的势力范围"。

1726年，在上议院定期会议上审议的问题中，关于农民逃亡的报告十分普遍。主要事件如下：1726年5月17日，来自卡缅斯克和捷钦斯基自由村的农民在前往"新建的哥萨克镇"途中被俘，被送到叶卡捷琳堡。逃犯被处以鞭刑并被遣返"原籍"。当地农民有义务签名保证"防止他们再次逃跑"。审讯被捕逃犯苏沃洛夫和卡普斯京时发现，"许多从西伯利亚省逃亡的农民居住在萨克玛尔镇"，包括工厂的领有农。据了解，这些雅伊克河哥萨克人生活在上述省份，于是西伯利亚矿务总局决定"写信给……喀山和阿斯特拉罕省，让他们抓捕划拨到工厂的逃跑农民，并将他们遣返原籍"。②

但是，喀山和阿斯特拉罕当局协助遣返逃亡者的愿望落空了。次日（5月18日），西伯利亚矿务总局收到消息称，被派遣建设叶卡捷琳堡水库大坝的农民逃亡。在同一次会议上，据报道，"巴加里茨克和卡梅什洛夫斯基定居点的许多农民离家出走，目前仍在逃亡。"西伯利亚矿务总局下令自由村的官员们"在适当的地方"修建"坚不可摧的哨所"，以"尽力防止农民逃跑"。

三天后，许多"农民没有砍掉他们的木柴，就从主人那里逃了出来"③。

---

① Протоколы, журналы и указы Верховного тайного совета 1726–1730 гг. / Под ред. А. Ф. Дубровина. Сб. Русского исторического об-ва. СПб., 1889. т. 69. 4. LVII, 967. с. 620–623.

② ГАСО, ф. 24, оп. 12, д. 194, л. 151–151об.

③ ГАСО, ф. 24, оп. 12, д. 194, л, л. 152об. –155.

托博尔斯克军团士兵彼得·佩切金的报告引起了西伯利亚矿务总局的特别关注。彼得·佩切金去了卡梅什洛夫斯基自由村，"从自由村的村长和百夫长那里听说，许多工厂的领有农和托博尔斯克自由村的附属农奴逃跑，去向不明，据说，1500 户农民聚集在阿尔加齐湖附近，紧邻着巴什基尔人。农民的周围全是栅栏，他们全副武装，意图不明"①。

彼得·佩切金的消息令西伯利亚矿务总局极为震惊。他受线人的影响，掌握的信息并不十分准确，向叶卡捷琳堡传播的谣言有些夸张，此时却造成了恐慌：农民们确信他们 1500 个全副武装的兄弟携妻带子出逃了——逃离了税收、敲诈勒索、工厂辛勤劳作和"不知名的犹大"。当局面临的危险是：叶卡捷琳堡附近可能出现类似于萨克玛尔镇一样的新城镇。后来发现，这些农民位于阿尔加齐湖附近，距离叶卡捷琳堡以南 150~200 俄里。

工厂和地方自治办公室迅速做出反应。第二天（5 月 25 日），在西伯利亚矿务总局的会议上，听取了西伯利亚矿务总局高官之一康斯坦丁·戈尔杰夫、工厂警官费奥多尔·涅克柳多夫和伊凡·扎莫希科夫关于如何防止农民进一步攻击的意见。

矿务总局的官员们首先将农民逃亡的责任推卸给地方自治办公室。但是，指责西伯利亚矿务总局领导人尸位素餐和庸碌无为是毫无道理的。他们制定了一个切实可行的打击犯罪的计划。他们提议给巴什基尔的封建领主们写一封"充满诱惑"的信，"授权他们抓捕逃亡到自己庄园里的俄罗斯族农民并将其带到叶卡捷琳堡，这将有赏"。为了激发巴什基尔人的积极性，当局允许他们霸占被俘农民的财产。西伯利亚矿务总局认为，唯一应留给逃亡农奴的财产是马匹，"因为如果他们交出马匹，他们就无法为工厂工作"（但是，这一限制也旋即被取消）。

---

① ГАСО, ф. 24, оп. 12, д. 194, л, л. 156об. –157.

当局意识到，这样做将导致巴什基尔人袭击俄罗斯族人的自由村。叶卡捷琳堡当局挑起血腥冲突，挑拨民族关系，但还虚伪地自我辩解，否认自己参与大屠杀，并提醒说，"巴什基尔人只有在自己的庄园中才能以逃亡者的名义抓捕那些逃亡农奴，并且不能越界，在俄罗斯族人的土地上抓捕……在抓捕时，除非这些农民殊死抵抗……严禁打死任何人"。

此外，当局还提议：派出一支由山地连军官指挥的龙骑兵分队，前往边境定居点；安排前哨抓捕逃犯；要求西伯利亚事务衙门和托博尔斯克龙骑兵团提供支援；宣布赦免所有自愿返回的逃亡农奴；无须等待托博尔斯克的命令，派遣150名士兵和两个连的龙骑兵去抓捕逃亡者；紧急向已经出发的龙骑兵和士兵提前发放半年的津贴，向他们提供饼干和面粉。①

工厂警官费奥多尔·涅克柳多夫已于1726年5月底前往南乌拉尔，"前往巴什基尔人的住所"。在那里，他了解到逃亡农奴在他到达之前两天就已离开阿尔加齐湖前往萨克玛尔镇。经过侦查，工厂警官确定了逃亡者可能藏匿的营地。费奥多尔·涅克柳多夫建议动用西伯利亚矿务总局可以支配的所有部队，追捕这些逃亡者，并在追上之后"击溃他们"，"尽管这些逃亡者不会落入他们的手中，但还是要以此警告他们：若有再犯，绝不放过。"根据矿务总局之前的命令，他给叶卡捷琳堡写信说，"竭尽所能地"关照巴什基尔人。费奥多尔·涅克柳多夫甚至拒绝列入保护农民的部分财产（他们的马匹）免遭抢劫的条款。他允许巴什基尔人抢走农民的马匹，"因为马匹被赶走后，逃亡者就会被迫停下来"②。

逃亡的不仅是农民，还有龙骑兵。同年5月，从龙骑兵儿童中招来的负责熔炼的学徒们逃跑，③ 6月，西伯利亚省衙门报告称，78名龙骑兵

---

① ГАСО, ф. 24, оп. 12, д. 194, л. 156об. -160.
② ГАСО, ф. 24, оп. 12, д. 194, л. 169об.
③ ГАСО, ф. 24, оп. 12, д. 194, л. 146.

逃跑。① 6月23日，利亚林工厂的负责人向西伯利亚矿务总局报告称，从退役龙骑兵和白地哥萨克人中招募的5名工人逃跑，之前他们负责熔炼和生产硫黄②。

西伯利亚矿务总局试图用武力阻止农民的逃亡，并煽动巴什基尔人对付他们，与此同时被迫冷静地分析逃亡的原因。

西伯利亚矿务总局的负责人声称，导致农民逃离家园的原因，是工厂长年累月地拒绝向农民支付加工费，农民被迫于农忙时期（5月、7月和8月）在工厂务工。西伯利亚矿务总局下令将这笔钱支付给农民，并计划采取措施，"以便他们可以做好自己的田间工作，为自己准备一年的粮食"。③

1726年的整个夏天，逃亡事件不断发生。然而，西伯利亚矿务总局意外地找到一个盟友。1726年7月，叶卡捷琳堡当局获悉，在逃往南乌拉尔的农民之间爆发了非常严重的传染病，人和动物都被感染，一些逃亡者因此被迫返回故乡。

同时，在萨克玛尔镇避难的农民的处境进一步恶化。乌法办公室向位于叶卡捷琳堡的西伯利亚矿务总局发文称，萨克玛尔镇的首领阿拉波夫和卡拉卡尔帕克族人之间发生了战斗。逃亡农民的领袖伊凡·戈雷瓦诺夫表示："没有给阿拉波夫任何帮助。"阿拉波夫将逃亡农民送往原籍，并监视伊凡·戈雷瓦诺夫本人。西伯利亚矿务总局致函乌法办公室，要求驱逐"居住在巴什基尔人住所中的、来自西伯利亚的逃亡农民"。④

---

① ГАСО, ф. 24, оп. 12, д. 194, л. 172.

② ГАСО, ф. 24, оп. 12, д. 194, л. 201.

③ ГАСО, ф. 24, оп. 12, д. 194, л. 176об. -180. 西伯利亚矿务总局防止附属农奴逃亡的详细分析，参见 Павленко Н. И. Развитие металлургической промышленности России в первой половине XVIII в. М. : Изд-во АН СССР, 1953. с. 505-511。

④ ГАСО, ф. 24, оп. 12, д. 194, л. 341.

1726 年夏季以后，国家农民的反抗趋于沉寂，[①] 但后来（1727～1728 年）他们又开始大规模逃亡。1727 年，最高枢密院被迫采取措施，遏制农民逃往南乌拉尔。最高枢密院的备忘录命令将逃亡者送至"西伯利亚省工厂附属的各个自由村，并将他们交给根宁少将，由他将他们遣返原籍，并看管他们，对其予以严厉的警告，严禁他们再次逃离"。[②]

然而，即使是在第二年，即 1728 年，根据西伯利亚矿务总局的数据，仍有 744 人从该地的国营工厂和附属自由村逃出，包括 511 名农民、233 名工匠和工人。绝大多数情况下，逃亡都是成功的。根据 Э. А. 片津的统计，当局仅逮捕了 33 名工匠和 52 名逃亡农民，逃跑的 22 名工匠和 51 名农民自愿返回。[③] 同时，这些逃亡在组织水平上逊色于 1726 年农民逃亡。

本章小结

农民大规模逃亡到南乌拉尔山脉是摆脱奴役的最后一次尝试。本着 17 世纪的传统精神，他们建立了新的自由村。武装农民以武器捍卫自己的迁徙权，他们的迁徙行动是 18 世纪 20 年代初农民暴动的延续。塔拉暴动、反教会抗议和成千上万的农民逃往南乌拉尔，这些事件之间的联系

---

① Павленко Н. И. Развитие металлургической промышленности России в первой половине XVIII в. М. : Изд-во АН СССР, 1953. с. 504.

② Протоколы, журналы и указы Верховного тайного совета 1726–1730 гг. / Под ред. А. Ф. Дубровина. Сб. Русского исторического об-ва. СПб., 1889. т. 69. 4. LVII, 967. с. 621.

③ Пензин Э. А. Документы местных органов горнозаводского управления как источник о побегах мастеровых, работных людей и приписных крестьян, с уральских заводов в первой половине XVIII в. В кн. : Источниковедение истории классовой борьбы рабочих Урала. Свердловск: Уральск. ун-т, 1981. с. 143.

显而易见。

首先，这些事件爆发的原因相同。它们的深层原因是反对增加税收、反对人丁税（从 1724 年起，缴纳人丁税是农民在工厂劳动的法律保证）、反对俄国专制政权的国内政策。此外，国家无缝不入地侵犯了该地区各族人民的权利，并通过警察手段推行官方东正教。

其次，在 1725～1726 年以及 1722～1723 年的农民运动中，军人阶层的作用极为重要。在大多数情况下，他们制定了运动的主要口号，提出了基本要求。H. H. 波克罗夫斯基详细研究了哥萨克人在塔拉暴动中的作用。在南乌拉尔农民大规模外逃过程中，哥萨克人充当"策划者"，沙德林斯克农民伊凡·戈雷瓦诺夫成为哥萨克首领，收留并庇护逃亡者。就像 18 世纪 20 年代初的事件一样，分裂派的作用显而易见。根宁少将向参政院通报了伊凡·戈雷瓦诺夫的举动，哀叹道："很难捉住（伊凡·戈雷瓦诺夫）——那个城镇里受他欺骗并信奉旧礼仪派的居民正在保护他。"[1] 旧礼仪派信徒在 1725～1726 年的事件中的作用仍然不够清楚。一些原因妨碍研究这些事件中分裂派的作用，其中应该指出的是，西伯利亚矿务总局领导层漠视这些动乱中的宗教因素，甚至故意视而不见。彼得罗夫（奥洛涅茨）工厂的前负责人根宁少将曾与维戈夫斯卡娅领导层展开广泛合作，他正确地指出，该领导层是将北部沿海农民登记到工厂，进而保障工厂劳动力的重要条件，在北部沿海地区，旧礼仪派信徒人口占据绝对优势。

最后，在一定程度上可以断言，这一时期乌拉尔地区矿务主管部门的主要人物之一（叶卡捷琳堡工厂的警官，曾直接阻止工人出逃）费奥多尔·涅克柳多夫对旧礼仪派抱有同情心。可兹佐证的是，费奥多尔·

---

① Протоколы, журналы и указы Верховного тайного совета 1726-1730 гг. / Под ред. А. Ф. Дубровина. Сб. Русского исторического об-ва. СПб. , 1889. т. 69. 4. LVII, 967. с. 623.

涅克柳多夫的女儿马特琳娜·涅克柳多娃是一名分裂派教徒。显然，如果他在自己的位置上参与分裂派活动，就会非常不利于收集旧礼仪派信徒的负面材料。

而哥萨克人的主要作用是维持农民们追求的理想："对农民而言，村社和哥萨克人组织似乎是最公正的社会机构。"①

塔拉驻军反对侵犯哥萨克人权利，农民前往萨克玛尔镇"为哥萨克人的荣耀而战"，哥萨克镇的建立被认为是摆脱国家登记、拒绝纳税以及避免国家官僚主义干涉的真正途径。

---

① Индова Е. И., Преображенский А. А., Тихонов Ю. А. Лозунги и требования участников крестьянских войн в России XVII–XVIII вв. В кн.: Крестьянские войны в России XVII–XVIII вв.: Проблемы, поиски, решения. (Сб. статей). М.: Наука, 1974. с. 267.

第二章
"幼稚的君主主义"与专制制度

第一节　"蓄意曲解陛下诏书"：
工人的自我法律保护

劳动人民的社会意识的中心位置之一是关于国家制度，关于君权、农民、关厢居民、工匠和工人在俄国的地位等一系列观念。

这些思想的形成无疑受到俄国专制主义思想的影响。[1] 早在 18 世纪的前 25 年，俄国以立法形式确立了绝对君主制，宣布保障臣民的福利、社会福祉和国家利益是君主的任务之一。

像 1719 年的《矿业特权法案》那样，专制国家在法案中告诫"每一位忠诚的臣民"，声称"我们每一位忠诚的臣民……通过有利的特权或授权书，获得了属于自己的和俄国全民的财富"。这样，专制主义国家制造了一个假象，似乎其活动具有超阶级性。[2]

---

[1] Дружинин Н. М. Просвещенный абсолютизм в России. В кн.：Абсолютизм в России（XVII-XVIII вв.）. М.：Наука，1964. с. 428-459；Этнография русского крестьянства Сибири. XVIII-середина XIX в. М.：Наука，1981. с. 46-65.

[2] Черепнин Л. В. Вопросы методологии исторического исследования. М.：Наука，1981. с. 195-196.

学界已经发现，专制主义思想影响了乌拉尔群众。[①] 同时应该指出，专制主义思想在该地区的附属农奴、工匠和工人之间广为流传，他们的理解异乎寻常，经常与官方定义大相径庭。如前所述，农民关于国家制度、君主和官员的权力和职责的思想以及对工人自身的权利和义务的政治思想综合体现为"幼稚的君主主义"。它体现了俄国农民悠久的、可以上溯到中央集权国家形成之初的传统，[②] 体现了 18 世纪农民的斗争经验。农民认为专制主义应当谋求"社会福祉"，渴望君主履行庇护功能。

封建晚期劳动者的"幼稚的君主主义"，本身结合了农民对政治权利的不同理解，客观上与官方的专制主义思想相对立，并且经常被用作各种形式的社会反抗的理由：提交呈文以解释新的剥削形式为何"非法"、伪造诏书等，甚至支持伪沙皇，并为农民战争辩护。[③]

此外，即使命运面临重大转折，高贵的人格尊严也不会轻易消失。H. 杰米多夫认为，乌拉尔农奴拥有这种自尊心和尊严，他说："如果（对农奴）出言不逊，当天他就会放弃工作，然后离开。"[④] 工人们认识到了自己在国家生活中的重要地位，这直接激怒了世俗政权和宗教当局。例如，安德烈·谢苗诺维奇·帕尔菲诺夫是沙尔塔什的居民，因参与宗教分裂活动而被审讯，并被指控参与营救伊格纳季·沃龙科夫，后者由于参与布拉温-哥萨克人暴动而被流放到乌拉尔。[⑤] 当安德烈·谢苗诺维

---

① Орлов А. С. Волнения на Урале в середине XVIII в. （К вопросу о формировании пролетариата в России）. М. : Изд-во МГУ, 1979. с. 71.

② Черепнин Л. В. Образование Русского централизованного государства в XIV– XV вв. М. : Соцэкгиз, 1960. с. 268–269.

③ Покровский Н. Н. Обзор сведений судебно-следственных источн иков о политических взглядах сибирских крестьян конца XVII– середины XIX в. В кн. : Источники по культуре и классовой борьбе феодального периода. Новосибирск: Наука, 1982. с. 78 – 79.

④ Кафенгауз Б. Б. История хозяйства Демидовых в XVIII– вв. Опыт исследования по истории уральской металлургии. М. ; Л. : Изд-во АН СССР, 1949. т. 1. 524 с. 118.

⑤ ГАПО, ф. 297, оп. 1, д. 1130, л. 206об.

奇·帕尔菲诺夫被囚禁到托博尔斯克修道院监狱时，他于 1751 年 4 月
"放肆地"声称："尽管我们是分裂派教徒，但我们同样是国家人民。虽
然有时和国家步调不一，请放过我们。"

H. 杰米多夫听到这些话之后，向西尔维斯特都主教写信，告发此
事。他指出，安德烈·谢苗诺维奇·帕尔菲诺夫说这些话"用心险恶"，
"毫无赞美之意"。①

整个 18 世纪，政府被迫不停地批驳工人的政治观。在镇压的过程
中，政府总结了农民所理解的"幼稚的君主主义"的几种特征。它是农
民法律意识的一种形式，与官方意识形态不同。②

其中，农民、工匠、工人以及其他劳动者群体对帝国立法的解释无
疑占据着首要位置，政府文件中经常将其定性为"蓄意曲解陛下诏书"。

农民的法律思想至关重要。面对专制主义国家的迫害，各个社会群
体都必须基于自己的法律地位，捍卫自己的权利。

因此，不同群体对法律文献的兴趣持久而稳定，这并非偶然。他
们重新解释法律文献，而这些文献影响到劳动人口中的各个社会群体
的公共意识，这一事实也尤其值得关注。法律意识之所以在公众意识
中占据重要地位，是因为法律意识、道德意识和宗教意识一样，具有
极高的规范性。③

18 世纪俄国的矿工阅读各种法律文献——文件集、立法法案（1649
年的《法律大全》、《矿业特权法案》和政府文告等）。④ 完全或者部分由

---

① ГАПО，ф. 297，оп. 1，д. 1130，л. 209об. −210.

② Покровский Н. Н. Обзор сведений судебно−следственных источн иков о политических
взглядах сибирских крестьян конца XVII−середины XIX в. В кн. : Источники по культуре
и классовой борьбе феодального периода. Новосибирск: Наука，1982. с. 78−79.

③ Вичев В. Мораль и социальная психика. М. : Прогресс，1978. с. 26.

④ Пихоя Р. Г. Книжно−рукописная традиция Урала XVIII−начала XX в. （К постановке
проблемы）. В кн. : Источники по культуре и классовой борьбе феодального периода.
Новосибирск: Наука，1982. с. 113−114.

法律文献汇编的图书在 18 世纪乌拉尔地区的藏书中并不罕见。① 18 世纪，下塔吉尔工厂工人 A. 布雷迪欣拥有一本法律汇编，其中包含《军事条例》、《总条例》和《汇票章程》等。在奥伦堡省的某一居民拥有的文集中，收录了国君给参政院的谕令和指示、18 世纪昆古尔市市情介绍以及《1759 年 7 月 30 日普鲁士国王腓特烈二世与本德尔元帅谈俄国人的胜利》等。乌拉尔人的藏书中通常包含 1649 年的《法律大全》和 18 世纪的一些立法文献②、17 世纪至 18 世纪初下发到昆古尔县的沙皇法令副本、彼得一世的《官阶表》③、矿务指示和回忆录，当然还有矿业特权法令和矿务法规等。这些文件是采矿业，特别是乌拉尔采矿业的基础，18 世纪乌拉尔附属农奴和工人的数十份呈文中援引了上述文书，可见它们流传范围之广。

通常，这些文献不被视为"读物"。人们侧重于法律文件的实用性和工具性，认为法律文件比文学作品更具参考意义。这种对立似乎并非完全合理。当然，17~18 世纪的法律文献对于 18 世纪的人有着毫无疑义的实用价值。这是法律文献的"功能"所在，以及 18 世纪政府宣言和法令所追求的目标，也使得读者和听众相信立法者的主要动机是"公共利益"，为了保护所有臣民免受官员的敲诈勒索和滥用职权，所以诏书、律例和法令是特殊的"读物"。在广泛的劳动阶层中，它们以物质形式体现了"幼稚的君主主义"思想。④ 从这个意义上讲，这些读物所体现出来的

---

① Нижнетагильский краеведческий музей（далее—ТМ）—4664.

② ГАСО，ф. 101，оп. 1，д. 317.

③ ГАСО，ф. 101，оп. 1，д. 317. 官阶表是 18~20 世纪俄国规定官员等级的立法文件，1722 年由彼得一世颁布。分为三类官阶——军职（陆海军）、文职和宫廷职，每一类分 14 个等级（一等最高）。十月革命后，其被废除。

④ 普加乔夫的百夫长巴特尔卡亚·伊特基宁向奥新斯克自治办公室发布命令，要求"在奥新斯克的屯耕士兵应当遵守……当地法令，秉公守法……恪尽职守地巡逻"。这证明了劳动者出于"幼稚的君主主义"而对法律文件的尊重。参见 Документы ставки Б. И. Пугачева, повстанческих властей и учреж дений. 1773 - 1774 гг. Сборник / Сост. А. И. Аксенов，Р. В. Овчинни ков，М. В. Прохоров. М.：Наука，1975. с. 157.

思潮，足以成为 18 世纪乌拉尔人民社会思想的一部分。

这些文献还有另一面。法律上明确规定了"矿山自由"原则，即任何阶层都有在任何地点探矿的权利，无论土地主人是谁。这些文件均为探矿者提供了一定的法律保证，免受地方当局的侵扰。[①] 该地区的探矿者很快就掌握并应用了其中的条款。被指控者经常以"自己是探矿工"为借口来逃避惩罚。面临惩罚时，他们通常宣称告发"犯上作乱言行"，并报告矿藏信息。他们企图以同样的方式摆脱兵役。这种做法在 1726~1727 年工厂工人大规模外逃期间最为普遍。因此，根宁于 1727 年向参政院提出上诉，要求重新修改告发"犯上作乱言行"的处理程序，他坚持说，如果犯罪嫌疑人自称探矿工，则应当先惩罚他先前的罪行，然后再处理其他事宜。[②]

后来，使用《矿业特权法案》及其中规定的矿工特权等条款来规避惩罚的事例屡见不鲜。

1756 年，乌法省和奥伦堡事务衙门审理了一起在南乌拉尔地区轰动一时的案件。禁军普列奥布拉任斯基军团的一名中尉队长亚历山大·彼得洛维奇·舒瓦洛夫到达南乌拉尔。他自称是鞑靼人，在圣彼得堡受洗，而他的教父正是总司令 П. И. 舒瓦洛夫。中尉队长手持一份 1755 年 5 月 9 日在圣彼得堡颁布的法令，法令宣称，该法令的持有者是"所有异教徒的总督"。

刚刚镇压巴特尔沙暴动的地方当局拘留了"总督"，并怀疑他与巴什基尔暴动的参与者有联系。不久，调查表明这位"中尉队长"实际上是扬堡[③]军团的逃兵、昆古尔县上伊尔加村人穆拉什·托伊梅托夫。尽管他新近受洗，但他的教父并非总司令。穆拉什·托伊梅托夫急于自证清白，

---

① Кузин А. А. История открытия рудных месторождений в России до середины XIX в. М. : Изд-во АН СССР, 1961. с. 130–131.

② ЦГАДА, ф. 248, оп. 13, кн. 686, л. 204–206.

③ 爱沙尼亚城市金吉谢普（Кингисепп）1922 年前的名称。——译者注

他说冒充的想法来自"一个邪恶之人"，坚决否认与叛乱分子有任何联系，他之所以逃跑，是为了以探矿者身份寻求宽恕。不知道他寻找矿石的意图是否为真，但显而易见的是，他试图采用这种方法逃避惩罚。能证明这一点的还有搜查时发现的石头——他认为这是银矿石，以及一份被翻译为鞑靼语的《矿业特权法案》。①

探矿工认为，当局企图无视他们"被迫发出的言论"，这直接违反了帝国法令并导致了告发"犯上作乱言行"的行为，而这种告发对地方政府而言不无危险。矿工马卡尔·沃罗比约夫在 1745 年被监禁并在库什温工厂工作，在这一案件中，寻找银矿石也占据着重要地位。马卡尔·沃罗比约夫被举报与其他囚犯一起准备越狱（"他们正在检查监狱的房顶和烟囱"），企图摆脱乌拉尔工厂的辛苦工作。他怂恿被流放的伊格纳季·普列奇科夫以"犯上作乱言行"的罪名告发自己。马卡尔·沃罗比约夫本人想被带到莫斯科，他将在那里控告叶卡捷琳堡矿业官员卡尔·布伦特上尉和秘书费克提斯特·库兹涅佐夫。他告发上述官员有"犯上作乱言行"的依据是：当马卡尔·沃罗比约夫因抢劫罪被捕时，他向大家展示了"银矿石"，并说根据陛下的法令，不能对他施加酷刑。闻此，秘书费克提斯特·库兹涅佐夫表示："我们不需要你提供矿石产地，而是要你把矿石背回来。陛下的法令鞭长莫及，因为我们这里天高皇帝远。"

叶卡捷琳堡当局极为严厉地处理了马卡尔·沃罗比约夫的举报事件。他们说，这并非其第一次"宣布发现"矿石。此前，他在彼尔姆地方自治办公室展示了矿石，结果证明该矿石是硫黄废料。费克提斯特·库兹涅佐夫拒不承认他对帝国法令心怀不满。西伯利亚矿务总局局长要求以空前严厉的措施惩罚这名不幸的矿工，这近乎报复。由于虚假的告发以

---

① ЦГАДА，ф. 248，оп. 113，д. 390，л. 16-40.

及"上述的莽撞和违法行为",他被处以极刑。①

犯人和乌拉尔矿业当局对"陛下诏书"的理解明显不同,这只是一个特殊案例,表明不同阶层对现行法律的不同态度。农民、工匠和工厂工人的呈文比比皆是,其中工人要求改善自己的处境,这些要求受到了当时所有法律规范的支持,但在社会实践中则完全相反。②

18世纪通行的请愿程序及对请愿书的论证体系如下。在提交呈文之前,首先在米尔大会上做出一个决议。当选人被授权"去……请求陛下宽恕"③,"米尔"为请愿者筹措费用。"米尔"在撰写呈文的过程中发挥了重要作用,决议通常由当地神职人员完成。④"专制制度的官方法规承认国家农民有权提出申诉和请愿……但是,官方法律意识与农民法律意识的根本区别在于:官方要求农民完全服从他们所挑战的命令,直至受到裁决;而农民在提出申诉后立即开始抗命,甚至更早。"⑤

按照长期以来的传统,农民认为,引起他们抗议的那些理由并不合

---

① ГАПО, ф. 297, оп. 1, д. 1113, л. 84, 104. 通常,工厂管理总局对于虚假举报"犯上作乱言行"的行为处以鞭刑,少用笞刑。对于类似的犯罪几乎从未处以死刑。

② Вернадский В. Н. Очерки из истории классовой борьбы и общественно-политической мысли России в третьей четверти XVIII в. Уч. зап. Ленингр. пед. ин-та им. А. И. Герцена. Л., 1962. т. 229. с. 11-52; Пихоя Р. Г. Книжно-рукописная традиция Урала XVIII-начала XX в. (К постановке проблемы). В кн.: Источники по культуре и классовой борьбе феодального периода. Новосибирск: Наука, 1982. с. 113-114.

③ Волнения работных людей и приписных крестьян на металлургических заводах России в первой половине XVIII в.: Сб. документов / Под ред. Е. И. Заозерской и Л. Н. Пушкарева. М.: АН СССР (Ин-т истории и др.). Ротапринт, 1975. вып. 1. XVIII, с. 106.

④ Вернадский В. Н. Очерки из истории классовой борьбы и общественно-политической мысли России в третьей четверти XVIII в. Уч. зап. Ленингр. пед. ин-та им. А. И. Герцена. Л., 1962. т. 229. с. 34-37.

⑤ Пихоя Р. Г. Книжно-рукописная традиция Урала XVIII-начала XX в. (К постановке проблемы). В кн.: Источники по культуре и классовой борьбе феодального периода. Новосибирск: Наука, 1982. с. 48-79.

法。在农民的土地上建造工厂、把国家农民划拨到工厂并把他们变成附属农奴以及把附属农奴变成领有工人等，都是"根据来源不明的法令"进行的。"在没有向我们宣布任何法令的情况下"，龙骑兵长于1736年命令沃兹涅斯基村的农民"效忠于喀山公民伊凡·伊凡诺夫之子内博加托夫"①，彼尔姆省议会于1737年"似乎是通过法令"将伊林斯基村的农民划拨给 A. 杰米多夫的拜莫夫工厂。②农民普遍认为将他们划拨到该工厂并不合法，通常并未遵循任何法令。农民的上述观念在18世纪50年代末60年代初附属农奴的大规模暴动中表现得尤为明显。③

农民认为划拨到工厂是非法的，所以，虽然工厂工作的法令以女皇的名义发布，它仍被认为是错误的。这种情况不只反映在呈文中。昆古尔地区蒂霍诺夫斯基村的一位百夫长向西伯利亚矿务总局抱怨说，当他命令农民去制炭时，农民殴打了百夫长和十人长。他们喊道："现在是夏天，哪里有什么木炭？"百夫长写道："我从背包里拿出了相应法令，回答他们说，这是皇帝陛下的法令。"一个农民听了百夫长的话之后说："去他妈的（这是民间极为粗俗的詈语）这项法令。"④

这种现象相当普遍。⑤上述案例之所以能被收入18世纪的档案库，是因为官方认为这侮辱了女皇，对国家而言"罪不可赦"。⑥

然而，在这种情况下，还可以看到矿工法律意识的另一特征。他们拒绝在5月底制炭，这违抗了帝国法令，但矿工对此进行了简明扼要的

---

① Волнения работных людей и приписных крестьян на металлургических заводах России в первой половине XVIII в. : Сб. документов / Под ред. Е. И. Заозерской и Л. Н. Пушкарева. М. : АН СССР（Ин-т истории и др.）. Ротапринт, 1975. вып. 1. XVIII, с. 108.

② ЦГАДА, ф. 271, оп. 1, кн. 3224, л. 1.

③ Орлов А. С. Волнения на Урале в середине XVIII в.（К вопросу о формировании пролетариата в России）. М. : Изд-во МГУ, 1979. с. 147, 163-164.

④ ГАПО, ф. 297, оп. 1, д. 1117, л. 163-165.

⑤ ГАПО, ф. 297, оп. 1, д. 1117, л. 163 - 165. 例如，参见 ГАПО, ф. 297, оп. 1, д. 1126, л. 92-92об。

⑥ 该农民被处以笞刑，然后被改为鞭刑，因为政府认为该农民有利用价值。

辩解。首先，西伯利亚矿务总局根宁将军的命令证明了"陛下诏书"的错误性。根宁敦促"不要搞垮划拨到工厂的农奴……在他们的夏季耕种期间，即5月、7月和9月的中旬到20日，播种和收获谷物、向工厂供应干草期间，如有可能，不要使用他们"[1]。

实际上，这种情况很可能成为农民请愿的契机，如果他们怀疑被划拨到某一工厂并不合法，农民就会指控地方当局违反矿务管理部门的决定，指控百夫长和十人长（或工厂书记员）滥用职权，强迫农民去工作。

但是，即便如此，农民的观点与根宁的观点也迥然不同。根宁对农民夏季劳动的限制最终要服从于工厂生产的需要（"如有可能"，不应该派农民去工作）。并且根宁毫不怀疑那些农民并没有完成给他们布置的工作："如果农民由于懒惰或者执拗……没有在规定时间完成其工厂工作，并且没有得到工资，那么即使在耕种期，他们也必须完成工作。"[2] 而农民针锋相对地说："夏天怎么制炭？"

上述案例中的另一个细节体现了矿工典型的辩解策略。这从一个侧面反映了他们渴望沿袭传统惯例，并认为新的规则与旧的惯例相抵牾。18世纪30年代初根宁关于保护附属村庄的看法，在15~20年后被认为是一种落后于时代的陈规陋习，因为贵族工厂主开始抢夺乌拉尔、近乌拉尔和伏尔加河流域的国家村庄。[3] 根宁颁布了一条关于附属农奴工作时间的命令，废止了之前的命令。1741年10月23日中央工厂委员会的决议中写道："让农民去堆放柴火准备制炭、铺草皮、洒水、开采矿石、烧制并运送石灰……大约在5月25日，最迟在6月1日之前开始，并工作到7

① Геннин В. И. Описание уральских и сибирских заводов. 1735. М. : История заводов, 1937. с. 84.

② Геннин В. И. Описание уральских и сибирских заводов. 1735. М. : История заводов, 1937. с. 84.

③ Павленко Н. И. К вопросу о причинах волнений приписных крестьян в 50-60-е гг. XVIII в. Уч. зап. Свердловск, и курганск. пед. ин-тов. Свердловск, 1966. вып. 38. с. 124.

月 10 日结束。"①

1741 年 5 月 23 日，百夫长呼吁农民进厂上班。他的行动绝对符合当时已经沿袭十年的惯例，虽然农民从不认可该惯例。在呈文中，农民总是采取以攻为守的方法来捍卫自己的权利。呈文的起草者不仅援引了现行法律（陛下法令、《矿业特权法案》、矿务总局条例和林业条例等），而且还援引了现行文件、人口登记数据和工厂记录等，② 在呈文中详细描述了工厂主违反"国家利益"的情况，指控工厂主砍伐保护区的树木、使用禁止出售的铜铸造钟，③ 而主要的是，工厂主通过阴谋诡计和贪赃舞弊把国家农奴、亚萨克人和熟练的国家工人据为己有，将他们变成自己的"领有工人"或"不记得血缘"的农奴。

沃兹内森斯科耶村的农民被划拨到内博加托夫的希尔瓦工厂，十五年间，他们不断斗争，反对被划拨到工厂，要求被重新登记为亚萨克人。④ 叶利塞·别洛博罗多夫的呈文中深入分析了农民的情况和工厂主的行为，证明将昆古尔地区伊林斯基村的农民划拨到 A. 杰米多夫的拜莫夫工厂并不合法。⑤

在研究了 18 世纪 50~60 年代动乱期间农奴的呈文之后，A.C. 奥尔洛夫发现农奴不再反对人丁税，对按人头收税已经习以为常。农民们转

① Крамаренков В. И. Материалы для истории рабочих на горных заводах. （Из записки В. Крамаренкова），Публ. А. В. Шебалова. Архив истории труда в России. Пг.，1921. № 1. с. 97.

② Орлов А. С. Волнения на Урале в середине XVIII в. （К вопросу о формировании пролетариата в России）. М.：Изд-во МГУ，1979. с. 163.

③ Волнения работных людей и приписных крестьян на металлургических заводах России в первой половине XVIII в.：Сб. документов ／ Под ред. Е. И. Заозерской и Л. Н. Пушкарева. М.：АН СССР（Ин-т истории и др.）. Ротапринт，1975. вып. 1. XVIII，с. 109-110.

④ Волнения работных людей и приписных крестьян на металлургических заводах России в первой половине XVIII в.：Сб. документов ／ Под ред. Е. И. Заозерской и Л. Н. Пушкарева. М.：АН СССР（Ин-т истории и др.）. Ротапринт，1975. вып. 1. XVIII，с. 105-227.

⑤ ЦГАДА，ф. 271，оп. 1，д. 3224，л. 1-3.

而为增加日工资、停止克扣收入和反对殴打等而斗争,而附属农民则争取缩减工厂工作时间。[①]

"蓄意曲解陛下诏书"不仅是乌拉尔地区农民的典型行为,也是工匠和工人根深蒂固的观念。由于乌拉尔地区的这一社会群体经济和法律地位、生活和习俗条件等比较特殊,他们的诉求和请愿方式都具有一定的特殊性。

工匠们的斗争目标之一是取消人丁税。除了《矿业特权法案》中规定工匠免于"敲诈勒索……兵役和其他任何附加事项"之外,工厂的居民还援引了1740年10月23日和1740年11月11日的宣言以及1741年1月6日的参政院法令,上述文件均宣布免除1719年以来欠缴的税款以及由于收容逃亡者的罚款等。[②]

18世纪40年代初,抗议活动的高潮是在杰米多夫家族各工厂的工匠等劳动者的联合行动。

A. C. 切尔卡索娃在书中详细研究了涅维扬斯克、本戈夫斯基、切尔诺-伊斯托钦斯克、下塔吉尔、上塔吉尔、维伊斯基、沙伊坦斯基工厂和乌特金斯克工厂工匠们的斗争,领导人是"米尔代理人"——机器操作员谢门·伊林、锤工 П. 特列古博夫和瓦西里·克罗波图欣。应该指出的是,与附属农奴不同,工匠们力争免缴人丁税。这就是为什么在呈文中论证了工匠是一个特殊的社会阶层,根据政府的指示,他们出身于自由人(学习工厂技能的国家农民和以前的国家工匠)。呈文中援引了彼得一世的法令,以此来反对俄罗斯帝国后来的法令,特别是1742年规定工匠们必须缴纳人丁税的法令。[③]

---

① Орлов А. С. Волнения на Урале в середине XVIII в. (К вопросу о формировании пролетариата в России). М.: Изд-во МГУ, 1979. с. 168.

② Черкасова А. С. Социальная борьба на заводах Урала в первой половине XVIII в. Учебн. пособие по спецкурсу. Пермь: Пермск. ун-т, 1980. с. 70-72.

③ Черкасова А. С. Социальная борьба на заводах Урала в первой половине XVIII в. Учебн. пособие по спецкурсу. Пермь: Пермск. ун-т, 1980. с. 66-94.

　　封建国家和工厂主侵犯工匠权利，结果出现了一个领有工人阶层。1755 年法令正式明确他们的地位等同于农奴，从此领有工人成为乌拉尔私营工厂工人的主力。从 18 世纪中期开始，反对奴役是工厂居民呈文的主要内容，例如 1763 年 A. A. 维亚泽姆斯基向调查委员会提交的涅维扬斯克、本戈夫斯基和上塔吉尔工厂劳动者的呈文。① 1780 年，涅维扬斯克工厂的工匠们向四等文官顾问兼矿务总局委员会委员 A. A. 纳托夫提出申诉。他们在申诉书中写道："我们的先辈来自祖国各地，在以前的人口登记中自愿登记到涅维扬斯克工厂……在那里他们和在册农奴一样缴纳人丁税，直至 1764 年。"后来，这些领有工人被迫缴纳 7 格里夫纳的赋税。② 工匠们抱怨说，他们的赋税沉重，萨瓦·雅科夫列夫成为新工厂主之后，在采用计件工资的条件下，每人应该"根据办公室规定的低价至少多赚取 40 卢布，而那些最弱的工人——至少多赚取 25 卢布。"

　　令申诉者特别愤慨的是，萨瓦·雅科夫列夫像对待农奴一样对待他们。他"未经任何许可"就将他们划拨到他新建或购买不久的工厂，派他们护送铁器，"甚至派他们去当家仆，除了少许的伙食费外，他概不付钱"。③

　　在工厂定居的附属农奴的后代，以及 18 世纪初被派遣到乌拉尔、先辈是国家农民的国家工匠认为，工厂主的所有这些行为均不合法。

　　他们致函矿务总局称："现在划拨到工厂的农民被解雇，这违背了陛下诏书……涅维扬斯克办公室藏匿了陛下诏书，并未向我们宣布。"

　　为了回应涅维扬斯克工厂工匠的申诉，西伯利亚矿务总局展开了调

---

① Орлов А. С. Волнения на Урале в середине XVIII в. （К вопросу о формировании пролетариата в России）. М.：Изд-во МГУ, 1979. с. 245, 250.

② ЦГАДА, ф. 271, оп. 1, д. 1384, л. 164. 在这种情况下，七格里夫纳的工资证明了工匠和工人的等级，他们"必须一直在工厂务工，不得离开"，这与附属农奴不同。参见 1743 年的修订说明。参见 ЦГАДА, ф. 271, оп. 1, д. 24, л. 145об。

③ ЦГАДА, ф. 271, оп. 1, д. 1384, л. 164об。

查。当局确认，申诉者及其先辈"自愿参加 1732 年的人口登记"，但是，当局由此认为，自愿登记者成为领有工人，根据命令，他们和农奴"并无二致"①，而农奴对地主提出请愿的事实本身就是"需要罚款的罪行"。② 旋即宣布"罚款"以示惩罚。提交申诉书的涅维扬斯克代理人、工厂监督员伊凡·博罗维茨基和骚乱的领导人被处以鞭刑，被流放到涅尔琴斯克国营工厂，并被登记为农奴。

虽然 1780 年骚乱的参加者和领导人受到严厉惩罚，涅维扬斯克工厂工匠与工厂主的斗争并未停止，因为工厂主将他们变为农奴。1790 年涅维扬斯克工厂的工匠和工人提交给叶卡捷琳娜二世的呈文就是证明。Н. Н. 波克罗夫斯基研究并公开发表了该呈文，他明确指出，通过该文件可以判断工匠和工人对于农奴制的态度，因为其中包含对 18 世纪繁多的奴役立法、对地方和政府（从涅维扬斯克工厂办公室到参政院）各种活动的真实评价。③

它实际上是一份严谨的法律史研究报告——《关于杰米多夫家族和雅科夫列夫家族工厂的工厂主武力防备工匠和工人的说明》。代表工人的律师（这些人显然能接触到涅维扬斯克工厂管理部门保存的文件）认为，"这些居民的出身"并不单一，包括图拉州依法定居的国家工匠——"西伯利亚的第一家国营工厂（涅维扬斯克工厂）的土著居民"；从外省、修道院和国家村庄持护照（"或者没有护照"）来到该工厂的律师，"其中许多人被杰米多夫家族以高薪为幌子诱骗而来"；有些人则完全是"逃亡

---

① ЦГАДА，ф. 271，оп. 1，д. 1384，л. 151.

② Вернадский В. Н. Очерки из истории классовой борьбы и общественно - политической мысли России в третьей четверти XVIII в. Уч. зап. Ленингр. пед. ин - та им. А. И. Герцена. Л.，1962. т. 229. с. 38–39.

③ Покровский Н. Н. Жалоба уральских заводских крестьян 1790 г. В кн.：Сибирская археография и источниковедение. Новосибирск：Наука，1979. с. 155–182；Семевский В. И. Крестьяне в царствование императрицы：Екатерины II.：В 2 - х т. Т. 1. 2 - е изд. тип. М. М. Стасюлевича，СПб，1903. с. 530–532.

者，包括国家农民、地主农民和其他行业的人"。

呈文的起草人继续援引文件，说明杰米多夫家族及其后继者雅科夫列夫家族如何实施一系列欺骗行为，将不同阶层的人变成他们的农奴。呈文中系统地研究了18世纪所有涉及工厂劳动的立法。作者试图证明，在立法的所有阶段，工厂主以及受其贿赂的俄罗斯帝国政府，从人口登记员到参政院总检察长 A. A. 维亚泽姆斯基等，都滥用职权，"放任无视君主至高利益，纵容违法行为，称呼我们为农奴"①。呈文指出，1702年关于将工厂转让给杰米多夫家族的法令已经失效，因为"根据该法令，杰米多夫有义务制造并以规定的价格向国库、皇室以及炮兵部队提供铁、钢、大炮、炮弹和夹板等，满足海军部的一切需求，但诏书于779年②终止了该合同，并要求向国营工厂订货"。③ 农奴的看法与海军部委员会的意见相差无几。1780年1月，在海军部提交给矿务总局的报告中回顾说："他们（即杰米多夫家族）始终没有认为这项工作是一种负担……因为当他们停止供货时，那些自由村应当被收归国有，并划拨给其他国营工厂。"④

不难看出，海军部当局在维护其部门利益时，暂时遵循了与涅维扬斯克律师相同的逻辑。如果工厂不为海军部生产钢铁，那么就应该将划拨给它们的农民（其中一些人已经成为工匠）从工厂中解放出来。

呈文写道：杰米多夫家族违反1722年的法令，并未将外来者遣返原籍，他们伪造文件，将外来者登记为"非婚生子"和"不记得血缘

---

① Покровский И. Н. Жалоба уральских заводских крестьян 1790 г. В кн.: Сибирская археография и источниковедение. Новосибирск: Наука, 1979. с. 165.

② 原文如此，疑有误，应为1779年。——译者注

③ ЦГАДА, ф. 271, оп. 1, д. 43, л. 90-90об. 下塔吉尔方志博物馆的文献证明了杰米多夫工厂的居民在18世纪初拥有丰富的、与其法律地位有关的法律文件，其中列出了矿山特权（ТМ-4739/10）、1702年3月4日关于将涅维扬斯克工厂转让给 Н. 杰米多夫的法令（ТМ-4739/16）等。

④ ЦГАДА, ф. 271, оп. 1, д. 43, л. 90об.

关系者","这样……他们不仅避免了罚款,而且将所有这些人永远留在他们的工厂"。呈文称,另一个主要的滥用职权行为是杰米多夫没有执行1736年的法令。在工厂接受培训的新来者没有被划拨到国家自由村,这并不合法。"所有人都被留在工厂里,这就是陛下命令的执行情况。"

在乌拉尔工厂进行第二次人口登记是罪行之一。呈文如实地描述了人口登记的过程。"西伯利亚的总监察员切尔诺夫将军前往涅维扬斯克工厂,他和整个政府办公室在那里待了两年,这是杰米多夫的地盘。因为违反了法律并侵犯了国家利益,杰米多夫家族向审计部门提交了预期的方案。他们从涅维扬斯克和其他工厂的许多居民那里收走了自由法令、身份证件和纳税凭证(相当于国家农民的税收收据)并送到涅维扬斯克办事处。在新的人口登记簿中,工人的出身被篡改。许多当地居民和外来者在新户籍中被改为买来者,而其他的一些外来者和逃亡者被称为非婚生子或不记得血缘关系者……"①

呈文称,18世纪50年代后半期,滥用职权的现象死灰复燃。"即使是那些根据第二次人口登记留下的、工资等于国家农民的人,也被杰米多夫定为农奴。"②工厂居民中的律师认为,工厂主与帝国的各级权力机关勾结,甚至参政院"在审理此案时,违反了帝国所有正义的法令,既不尊重国家利益……,又明确地命令……工厂主数以千计的工人像农奴以及被买卖人口一样终生在工厂务工"③。请愿者提醒女皇,1780年涅维扬斯克的居民已经向女皇提出申诉,证明"他们是沙皇的财产","但没

① Покровский И. Н. Жалоба уральских заводских крестьян 1790 г. В кн.: Сибирская археография и источниковедение. Новосибирск: Наука, 1979. с. 165.

② Покровский И. Н. Жалоба уральских заводских крестьян 1790 г. В кн.: Сибирская археография и источниковедение. Новосибирск: Наука, 1979. с. 168.

③ Покровский И. Н. Жалоба уральских заводских крестьян 1790 г. В кн.: Сибирская археография и источниковедение. Новосибирск: Наука, 1979. с. 169.

有经过任何审查——20名最优秀的人被从工厂里用铁链带走。他们被带到叶卡捷琳堡，并在大庭广众之下被无情地鞭打"，而西伯利亚矿务总局"逮捕了两个人，即科罗特科戈和博洛维茨基，对其施以鞭刑，以杀鸡儆猴，他们被流放到涅尔琴斯克，并被雅科夫列夫登记为奴"。①

请愿者非常详细地分析了各个机构（从工厂办公室、总督办公室直至参政院）受理矿工大量投诉和请愿的过程。在向彼尔姆州总督 Е. П. 卡什金上诉未果后，涅维扬斯克律师得出了一个意味深长的结论："所有与总督职权有关的条款实际上都是上帝亲自制定的法律，根据该法律，倒霉的请愿者本应伸张正义。但上面我们已经看到，曾经提出过多少申请，以及决议究竟是什么样子。这像是神圣的法律吗？"②③

"上帝的法律"与18世纪俄国专制主义的法律实践针锋相对，而俄罗斯帝国政府和女皇本人的"最高利益"相对立。

18世纪工匠和工人的政治意识并未超越同时代俄国农民的"幼稚的君主主义"。在研究1790年涅维扬斯克工匠的呈文时，Н. Н. 波克罗夫斯基指出，呈文反映出来的庄稼汉君主主义是一种特殊的、反对封建官僚等级体系的君主主义。庄稼汉君主主义的体系复杂，其中包

---

① Покровский И. Н. Жалоба уральских заводских крестьян 1790 г. В кн.：Сибирская археография и источниковедение. Новосибирск：Наука，1979. с. 176.

② Покровский Н. Н. Жалоба уральских заводских крестьян 1790 г. В кн.：Сибирская археография и источниковедение. Новосибирск：Наука，1979. с. 181.

③ 值得注意的是，受叶卡捷琳娜二世委托，С. И. 舍什科夫斯基本人对各种举报进行调查，他是枢密委员会的领导。他认为涅维扬斯克工厂工匠们的论点很有说服力，同意工匠们关于杰米多夫伪造人口登记数据的观点，并建议立即要求工厂主们提供文件，以证明他们有权拥有涅维扬斯克工厂的工匠和工人并让他们成为农奴。然而，叶卡捷琳娜二世并没有同意他的意见。她的借口显而易见——呈文中没有签名，并下令将举报"束之高阁"。参见 Покровский И. Н. Жалоба уральских заводских крестьян 1790 г. В кн.：Сибирская археография и источниковедение. Новосибирск：Наука，1979. с. 181。1790年呈文的作者之所以没有签名，因为1780年呈文的作者的命运是前车之鉴，他们被判处鞭刑并被流放到涅尔琴斯克的工厂服劳役。顺便说，拒绝在致叶卡捷琳娜二世的呈文上签名，这是工匠们"信任"女皇的一个例证。

括"公正的救世主沙皇"的传言及相伴而生的冒名顶替现象、伪造"陛下诏书",以及将沙皇诏书分别解释为公正的、"仁慈的"以及"非法的"。①

但是,在乌拉尔的工匠和工人的呈文中,也反映了新的、职业性的要求。工匠指责工厂的管理方式降低了劳动价值,② 强迫他们在节假日和星期日工作。③ 抗议形式也出现了新特征:拒绝工作本身是附属农奴的传统抗议方式,但在矿业生产的条件下具有了罢工的特征。涅维扬斯克工厂的工匠和工人在 1748 年夏天停工,要求政府取消人丁税,并试图关停宾戈夫工厂。涅维扬斯克工厂的工匠们向宾戈夫工厂写信,敦促宾戈夫工厂的工人兄弟效法自己:"如果我们不关停工厂,那么我们的问题就一直存在,因为工厂主们认为无须解决。无论谁来工作,都将受到他们的折磨。"④

因此,在 18 世纪乌拉尔工匠和工人的政治意识形成过程中,俄国封建时代农民积累的历史经验(特别是希望利用世俗机构将工厂居民组织起来的愿望)与工匠在大型采矿和冶炼生产条件下获得的经验融为一体。А. С. 切尔卡索娃得出结论:"无产阶级在斗争初期使用了农民典型的传统组织形式,两者之间存在着直接的继承关系。因此,在反封建斗争的过程中,历史性地产生了无产阶级的第一种斗争形式。它们是农民和新生无产阶级的社会历史经验自然融合的结果。"⑤

---

① Покровский И. Н. Жалоба уральских заводских крестьян 1790 г. В кн.: Сибирская археография и источниковедение. Новосибирск: Наука, 1979. с. 160.

② Орлов А. С. Волнения на Урале в середине XVIII в. (К вопросу о формировании пролетариата в России). М.: Изд-во МГУ, 1979. с. 168.

③ Орлов А. С. Волнения на Урале в середине XVIII в. (К вопросу о формировании пролетариата в России). М.: Изд-во МГУ, 1979. с. 237.

④ Черкасова А. С. Социальная борьба на заводах Урала в первой половине XVIII в. Учебн. пособие по спецкурсу. Пермь: Пермск. ун-т, 1980. с. 102.

⑤ Черкасова А. С. Социальная борьба на заводах Урала в первой половине XVIII в. Учебн. пособие по спецкурсу. Пермь: Пермск. ун-т, 1980. с. 34.

众所周知，每个人都会竭尽所能地提高自己的社会地位。П. А. 瓦金娜首次从科学意义上研究了尼亚泽彼得罗夫斯克工厂的农奴彼得·米哈伊洛夫跌宕起伏的命运。[①] 为使自己和家人摆脱工厂奴役，他长期不懈地顽强斗争，全面体现了该地区矿工文化史上的新现象。彼得·米哈伊洛夫对俄罗斯帝国现行法律了如指掌，多年来试图寻找立法中的矛盾之处，自己进行解释，并且通常与官方的解释截然相反。

彼得·米哈伊洛夫的经历生动曲折，简直不是出自史学家之笔，而是作家的创作。与此同时，18 世纪在乌拉尔地区类似的经历似乎屡见不鲜。彼得·米哈伊洛夫的母亲乌莉安娜是谢尔盖圣三一修道院世袭领地的一位农妇。1730 年，她和乡亲们一起逃往 П. 奥索金的乌拉尔工厂。这次逃亡可能是由 П. 奥索金的文书罗季翁·纳巴托夫组织的，罗季翁·纳巴托夫曾是拉瓦拉的一位农民，也是一位逃亡者。[②]

在伊尔金斯克工厂，乌莉安娜于 1734 年生了一个儿子，名叫彼得·米哈伊洛夫。[③] 这个男孩在工厂成为"炼铜"学徒。1747 年，工厂主开始在奥伦堡省新建一家铜冶炼厂——尼亚泽彼得罗夫斯克工厂。他从自己的其他工厂调拨了 131 位"纳税农奴"，包括彼得·米哈伊洛夫。[④] 在这里，"1748 年，П. 奥索金的文书罗季翁·纳巴托夫根据某个将军的话，

① Вагина П. А. Из истории предпринимательства среди крепостных крестьян Урала второй половины XVIII в. （На примере крепостного крестьянина Нязепетровского завода Петра Михайлова）. В кн.: Вопросы истории Урала. Сб. статей. Свердловск: Уральск. ун-т, 1965. вып. 6. с. 5-32.

② Павленко Н. И. История металлургии в России XVIII в. Заводы и заводовладельцы. М.: Изд-во АН СССР, 1962. с. 496-497; Покровский Н. Н. Антифеодальный протест урало-сибирских крестьян-старообрядцев. Новосибирск: Наука, 1974. с. 73.

③ 1750 年，彼得·米哈伊洛夫年满 16 岁，由此推断，他出生于 1734 年。参见 ЦГАДА, ф. 2. 71, оп. 1, д. 1355, л. 33。

④ Вагина П. А. Из истории предпринимательства среди крепостных крестьян Урала второй половины XVIII в. （На примере крепостного крестьянина Нязепетровского завода Петра Михайлова）. В кн.: Вопросы истории Урала. Сб. статей. Свердловск: Уральск. ун-т, 1965. вып. 6. с. 5-6.

将彼得·米哈伊洛夫称作私生子,同时故意将尼亚泽彼得罗夫斯克工厂登记为他(彼得·米哈伊洛夫)的住址"。[①]

后来,彼得·米哈伊洛夫本人、矿务总局、参政院和工厂主以及更多参与调查彼得·米哈伊洛夫履历的人士,反复研究了他的出身问题。同时,彼得·米哈伊洛夫是一位有文化的人,他拥有两本早期印刷的书籍,它们深受旧礼仪派信徒的推崇,其中《基里尔之书》描述了"反基督者降临的迹象",另一本是埃弗里姆·西林和阿巴·季莫费的文集。他在工厂的工作很出色,从学徒成为工厂负责"资金出纳"的办事员。彼得·米哈伊洛夫精力充沛、足智多谋,"根据自愿达成的协议,他自备马匹向工厂运送矿石和煤炭"。这位初出茅庐的"承包商"成功地攒下了"多达1000卢布的现金,此外还有马、牛、房屋和衣服"。

但是,彼得·米哈伊洛夫后来遇到了麻烦。由于在1756年与"外国人"斗殴,这位22岁的工厂办事员面临着审判和鞭刑。他没有束手就擒,而是成功地出逃波兰。[②] 逃亡的方向及其可能的"组织保障",显然是由乌拉尔工厂旧礼仪派信徒的联系人提前计划好的,这些联系人是分裂派的一个分支——教堂派的支持者,与国外的教堂派中心(波兰的韦特卡)长期保持着密切的关系。[③]

1762年12月4日叶卡捷琳娜二世颁布法令、赦免逃亡者的先前罪行

---

① ЦГАДА,ф.271,оп.1,д.1355,л.69об. 不久奥索金家族将工厂卖给莫索洛夫家族(1751年),而后者将其卖给马特维·米亚尼斯科夫和雅科夫·彼得罗夫。参见 Вагина П. А. Из истории предпринимательства среди крепостных крестьян Урала второй половины XVIII в.(На примере крепостного крестьянина Нязепетровского завода Петра Михайлова). В кн.: Вопросы истории Урала. Сб. статей. Свердловск: Уральск. ун-т, 1965. вып. 6. с. 5—6.

② ЦГАДА,ф.271,оп.1,д.1355,л.54.

③ П. А. 瓦金娜认为彼得·米哈伊洛夫并不是旧礼仪派信徒,因为他的藏书中包含反分裂派的著作,我们认为这种观点值得商榷。首先,此类作品在其他受过教育的旧礼仪派信徒藏书中比较常见,并可以用来进行论战。除了逃跑的事实之外,可以证明彼得·米哈伊洛夫信仰旧礼仪派的事实还包括他居住在伊尔金斯克工厂,其中旧礼仪派信徒占绝大多数。他在伊尔金斯克工厂收藏的书籍在很大程度上是旧信徒的典型藏书。

之后，彼得·米哈伊洛夫于 1763 年 5 月返回俄国，并向西伯利亚矿务总局报到，请求允许他在尼亚泽彼得罗夫斯克工厂居住。

该工厂的新厂主雅科夫·彼得罗夫决定任命老成的彼得·米哈伊洛夫作为他的商业代理人来销售金属。后来雅科夫·彼得罗夫给矿务总局的呈文中写道，他本人"几乎将所有资本都托付给他（彼得·米哈伊洛夫），并始终把他、他的妻子和子女视为最为重要的人"。① 虽然最为重要，但他们仍是农奴！

同时，彼得·米哈伊洛夫对自己的农奴身份极为不满。他认为自己先后在莫斯科和彼得堡历经磨炼，是一位经验丰富的经纪人，曾经向国外销售乌拉尔生产的金属，可以支配"相当多的国库资金，这些钱经常不低于工厂主的……10 万卢布"②，并且他拥有多达 1514 卢布 36 戈比的个人财产。但是他经常受到工厂主的女婿、审计长 П. К. 赫列布尼科夫的侮辱。彼得·米哈伊洛夫的妻子被迫清洗赫列布尼科夫庄园的地板。商人们在进行交易时请彼得·米哈伊洛夫作为中介，"佣金随意"，而雅科夫·彼得罗夫禁止他这么做："不要接受任何外人的业务，但是要完成他的女婿赫列布尼科夫的所有委托。"

此外，应该指出的是，彼得·米哈伊洛夫在当时是一个非常有教养的人。从他的手写藏书清单来看，其藏书有 90 册（不包括"成捆的"、多达 1500 份政府法令）。它们涵盖如下主题：法律（24 册）；神学、教化和道德（21 册）；礼仪（10 册）；历史（8 册）；经济（7 册）；日历、占卜（7 册）；教育（6 册）；小说（6 册）；家庭医疗（1 册）。③

---

① ЦГАДА，ф. 271，оп. 1，д. 1355，л. 85.

② ЦГАДА，ф. 271，оп. 1，д. 1355，л. 24об.

③ 根据 П. А. 瓦金娜之前的统计，彼得·米哈伊洛夫有 81 册藏书，我们修正了这一数据。参见 Пихоя Р. Г. Книжно - рукописная традиция Урала XVIII - начала XX в.（К постановке проблемы）. В кн. : Источники по культуре и классовой борьбе феодального периода. Новосибирск：Наука，1982. с. 112-113。

彼得·米哈伊洛夫是一位股票经纪人，这本身就意味着他精通法律。毫不奇怪，他几乎收藏了俄国现行所有的法律法规，从 1649 年的《法律大全》到 1719 年的《矿业特权法案》、首席行政官条例和议院委员会条例、叶卡捷琳娜二世的《圣谕》①、许多"诏书"以及成捆的各种法令等。此外，还有《政治商业的经验》、1766 年出版的《论俄罗斯帝国与英国皇室之间的友谊和经贸》以及自由经济协会的著作等。他绝不仅仅满足于通晓法律及其实际应用。他出身于"炼铜学徒"，自己声称参与完善了俄罗斯帝国立法。彼得·米哈伊洛夫在 1776 年提交给西伯利亚矿务总局的呈文中写道："我微不足道，提交了一份通过自己的劳动和努力而制订的为社会谋利的草案，它被重新誊写并提交给委员会②，以供委员会制定新法律。它是根据……许多宗教法则和管理委员会颁布的法令和条例而编纂的。"③

叶卡捷琳娜二世组织建立的法典编纂委员会轰动了整个欧洲，该委员会应该在叶卡捷琳娜二世的《圣谕》的指导下为俄国制定新法律。但是，乌拉尔工匠敢于向它下达自己的"指令"。A. C. 普希金恰如其分地将法典编纂委员会称作"一场闹剧"，法典编纂委员会仅仅拟定了一项立法草案——宣布叶卡捷琳娜二世为"大帝"和"国母"，然后工作告终。

法典编纂委员会被迫停止工作的真正原因是害怕讨论农民问题，④ 因此彼得·米哈伊洛夫的"草案"注定将被束之高阁。彼得·米哈伊洛夫

---

① 叶卡捷琳娜二世的《圣谕》亦译《指导书》《指南》。叶卡捷琳娜二世编纂的哲学法律文章，经多次删改，1767 年用俄、法、德和拉丁文出版。分 22 章 655 款，包括刑法、民法、诉讼法、引言、结语和两篇附录，是各种文献资料的大杂烩。其中 400 多款是从孟德斯鸠的《论法的精神》和贝卡里亚的《论犯罪和惩罚》等著作中剽窃而来。在叙述启蒙哲学家自由、平等理论的同时，又鼓吹俄国需要专制制度，反对立即取消农奴制（第 11 章），甚至推崇劳役制。曾作为 1767 年"法典编纂委员会"代表们的指南而在该委员会会议上被宣读，但没有被分发到各地的办公机构，未被实际采用。——译者注
② "委员会"指"法典编纂委员会"。
③ ЦГАДА，ф. 271，оп. 1，д. 1355，л. 13об.
④ Белявский М. Т. Крестьянский вопрос в России накануне восстания Е. И. Пугачева. (Формирование антикрепостнической мысли). М.: Изд-во МГУ, 1965. с. 176–254.

具有非凡的律师才能，坚信法律的作用是"造福社会"，努力使自己和家人摆脱农奴制的束缚，摆脱工厂主在莫斯科和圣彼得堡的亲戚无休止的侮辱。同时，单独来看，彼得·米哈伊洛夫使用的每种斗争方法都具有该地区矿工请愿书和呈文的特征，最终被工厂主和俄罗斯帝国的官方机构驳回。

1776 年 5 月，自称"来自工厂主雅科夫·彼得罗夫的尼亚泽彼得罗夫斯克钢铁厂的附属农民①彼得·米哈伊洛夫"向叶卡捷琳娜二世提交了一份呈文。在法律上，附属农民（与农奴不同！）可以向沙皇提出请愿。呈文的作者指责该工厂主严重违反了法律。首先，该工厂主违反了沙皇的一些法令，包括 1721 年制造业委员会条例、1740 年 8 月 19 日和 1752 年 3 月 17 日的参政院法令等，这些文件禁止在工厂之外使用附属农民，而该工厂主"将我的名字从工厂中删除有 10 多年之久，并迫使我为他提供普通的……商人服务"。他是一个附属农民（相应地，是国家农民！），而工厂主却把他交给了自己的女婿、审计长赫列布尼科夫，为他个人服务。

彼得·米哈伊洛夫在呈文中提到了 1755 年的海关章程的规定，其中禁止那些纯粹为了得到附属农民的"假工厂主"开设工厂。根据他的说法，雅科夫·彼得罗夫就是其中之一。彼得·米哈伊洛夫援引了 1739 年颁布的矿务条例、1776 年矿务总局关于 M. 波霍德辛工厂的法令，以及所有的相关文件，旁征博引地证明了将他这位附属农民用作农奴并不合法。彼得·米哈伊洛夫提醒说，作为附属农民，他只需挣足人丁税即可，而其他所有的工作全凭自愿。此外，他对工厂主提出了财产诉求。

彼得·米哈伊洛夫要求被分配到国有奥洛涅茨工厂，或者被允许"根据我的职业技能，把我分配到莫斯科或圣彼得堡商人的商店"。

在最坏的情况下，彼得·米哈伊洛夫同意被登记到奥索金工厂，哪

---

① 本人强调。——原作者注

怕是雅科夫·彼得罗夫的工厂。但唯一的前提是,工厂主"依法……不能强迫彼得·米哈伊洛夫赚取超过 1 卢布 70 戈比"①。

这份呈文论证严密,表明了附属农民的人格尊严受到侮辱,他们渴望从农奴制的监护中"解放双手"的愿望。彼得·米哈伊洛夫的最高目标是完全摆脱工厂主,而他的最低目标是实现工厂附属农民的身份合法化。应该指出,根据第二次人口登记,彼得·米哈伊洛夫被登记为"私生子",因此,他的法律地位是工厂的领有工人,地位等同于农奴。但是,彼得·米哈伊洛夫在呈文中丝毫没有提及这一点。

"彼得·米哈伊洛夫是私生子"这一事实不可能被长期掩盖,无论是工厂主还是西伯利亚矿务总局肯定都会查明真相。因此,彼得·米哈伊洛夫精心构建的论证体系就会崩溃。显然,在了解自己的困境之后,彼得·米哈伊洛夫在 1776 年 8 月提出了新的申诉:"现在我是来自波兰的附属农民。"第二份呈文的核心依据是:"根据参政院 1762 年 12 月 14 日、1763 年 5 月 13 日颁布的陛下法令,不得以任何方式压迫来自波兰的人。"尤为重要的是,"根据 1763 年 5 月 13 日颁布的法令,他们这些外来人应当缴纳人丁税,这不同于宫廷农民和国家农民"②。

这是致命的一击。在彼得·米哈伊洛夫看来,从此,工厂主再也无法将他登记为农奴或"不记得血缘关系者"。

1776 年 8 月 18 日,矿务总局审查了彼得·米哈伊洛夫的第二份呈文,认为他的论点很合理,因此决定"给他颁发一份矿务总局的身份证明,证明他和家人在圣彼得堡拥有一处住所,并且未经矿务总局许可,不得离开"。矿务总局责令工厂主必须"充分照顾"彼得·米哈伊洛夫,命令审计长赫列布尼科夫(彼得·米哈伊洛夫一家寄居在他家)释放他们。

矿务总局的决议对彼得·米哈伊洛夫极为有利,但是最后一句话令

---

① ЦГАДА, ф. 271, оп. 1, д. 1355, л. 13об.

② ЦГАДА, ф. 271, оп. 1, д. 1355, л. 24—26.

人担心："根据他提交的第一份呈文，我们收集了必要的信息，根据先前的决议和公允的法律，提请委员会进行听证。"[1]

然而，该问题并未得到彻底解决。彼得·米哈伊洛夫一时占了上风，但是此后事态急剧恶化，他一蹶不振。

工厂主雅科夫·彼得罗夫猝不及防，显然被彼得·米哈伊洛夫的攻势所震慑。后来雅科夫·彼得罗夫于 1776 年 9 月 23 日向矿务总局递交了呈文，其中提到他购买工厂时，那里并没有附属农民。而根据第二次人口登记的数据，彼得·米哈伊洛夫本人和其他人一起被卖掉，因为他"不记得血缘关系和原来的地主"。

工厂主提出的申诉，在法律论证的严密性和技巧性方面逊色于彼得·米哈伊洛夫的呈文。但是，对于俄罗斯帝国的农奴制来说，其中的论点绝对无可争辩。最重要的是，第二次人口登记确认彼得·米哈伊洛夫为"领有工人"。这种情况与涅维扬斯克和下塔吉尔工厂领有工人的命运完全相似，第二次人口登记将他们的这种身份一直维持到整个 18 世纪下半叶至 19 世纪上半叶，此间他们的地位等同于农奴。

1777 年 1 月 13 日，矿务总局再次审议了雅科夫·彼得罗夫和彼得·米哈伊洛夫的申诉，在所有主要问题上都支持工厂主雅科夫·彼得罗夫。西伯利亚矿务总局的决议值得一提。彼得·米哈伊洛夫的主要论点很难被反驳，即他从波兰回来后，已经获得了国家农民的权利。如果彼得·米哈伊洛夫被视为一位领有工人，他就必须受到惩罚，因为他对自己的工厂主（相当于地主）提出了申诉——"但他已经受到了陛下的赦免，所以 763 年[2]彼得·米哈伊洛夫从波兰回来后，去西伯利亚矿务总局报到"。彼得·米哈伊洛夫自愿回国，从而获得的这一重要的个人权利，可是这一事实并不妨碍矿务总局申诉称，彼得·米哈伊洛夫在 1763 年初回

---

① ЦГАДА，ф. 271，оп. 1，д. 1355，л. 27об.

② 原文如此，疑有误，应为 1763 年。——译者注

到俄国（时间早于 1763 年 5 月 13 日颁布的陛下法令，该法令允许招募国外回来的逃亡者作为宫廷农民），他"并不符合……陛下的这一法令所批准的条件，他仍然是尼亚泽彼得罗夫斯克工厂的农奴和被购买的人"。但此处自相矛盾的是，矿务总局的官员开始否定他们自己"不可能惩罚彼得·米哈伊洛夫"的说法，因为他从波兰回国是为了提交控诉领主的呈文——领主应当"根据陛下通过的、1762 年 7 月 3 日和 10 月 2 日管理参政院的决议而受到惩罚"，但是这里有一个特殊的原因，即工厂主让他完成工厂外的工作是违法的。①

不过，这一决议的逻辑性毋庸置疑。农奴制原则是为了保持工人队伍的稳定，该原则被严格贯彻执行。彼得·米哈伊洛夫天衣无缝的法律推理遭到了专制主义国家机器的反击，为了维护神圣不可侵犯的农奴制，政府能够绕过自己制定的法律。

政府命令没收彼得·米哈伊洛夫的身份证件并将他送往乌拉尔，"必须让他完全听从主人的安排……如果他有任何不轨行为，请严格依法将他作为一个危险分子来处理"。

西伯利亚矿务总局的书记员指出，向彼得·米哈伊洛夫宣布这一判决时，他"接受了该判决的副本，并在上面签字，但是他对该委员会的裁决并不满意（！），并计划向枢密院负责农民事务的第二院提出申诉，进一步咨询该问题"。

彼得·米哈伊洛夫被认定为领有工人、"不记得血缘关系者"。他是农奴吗？从农奴的身份出发，他产生了一个新的梦想：如果不把自己从农奴制的桎梏中解放出来，那么至少也要把自己从工厂主雅科夫·彼得罗夫那里解放出来。当西伯利亚矿务总局尚未做出判决时，彼得·米哈伊洛夫游历了莫斯科郊区、他母亲的故乡。旅行结束后，他提交了新的

---

① 根据上述法令，涅维扬斯克工厂"领有工人"呈文作者们于 1780 年受到严惩。

呈文。① 彼得·米哈伊洛夫研究了自己的家谱，他和女地主、上校夫人安娜·米哈伊洛夫娜·巴巴里金娜高兴地发现，他的父亲曾是这位女地主的农奴。当然，女地主并不拒绝一位新农奴，而彼得·米哈伊洛夫可以成为一名佃农，同时他本人对这一方案也非常满意。

虽然农奴制的原则不可逾越，彼得·米哈伊洛夫却把两名农奴主联系到了一起，并引发了他们的争执。上校夫人趾高气扬地指责工厂主窝藏了"我离家出走的、无人照顾的农奴之子"。工厂主被指控犯有可怕的罪行——窝藏罪。她要求归还"离家出走的农民彼得·米哈伊洛夫"，这令人回想起1649年著名的《法律大全》以及18世纪关于追捕逃亡者的诸多法令。②

虽然呈文只提到彼得·米哈伊洛夫一人，但它触及了乌拉尔工业一个极其敏感的逃亡者问题。如上所述，许多外来者都是逃亡农奴。简单而言，逃亡者遍布所有工厂。如果在这里让步，就会为各级地主的申诉打开闸门，他们将要求遣返在塔吉尔、叶卡捷琳堡和尼兹涅尔金斯克等地工作的逃亡者。因此，女地主的诉求被驳回，彼得·米哈伊洛夫获知，他"错综复杂的呈文根本无法恐吓矿务总局"，他对工厂主提出的所有财产诉求一概遭到拒绝，彼得·米哈伊洛夫本人被拘留，并被送往乌拉尔，"指示矿厂……对他严加看管"，因为"如果他煽动怂恿的话，工厂领班和工人之间很容易爆发冲突"。③ 矿业公司的一名士兵受命押送彼得·米哈伊洛夫到尼亚泽彼得罗夫斯克工厂。

彼得·米哈伊洛夫竭尽所能地试图"合法地"解放自己，但最终徒劳无功，他的天赋和足智多谋也无济于事。虽然专制主义国家声称法律面前人人平等，但实际上该口号一文不值。彼得·米哈伊洛夫被捕后，

---

① ЦГАДА, ф. 271, оп. 1, д. 1355, л. 47об. -48об.

② ЦГАДА, ф. 271, оп. 1, д. 1355, л. 56-56об.; 68-69об.

③ ЦГАДА, ф. 271, оп. 1, д. 1355, л. 87-87об.

他走上了其他数以万计的俄国农奴走过的道路。趁着押送人员的疏忽，彼得·米哈伊洛夫顺利逃脱（后来，矿务总局的文官 A. 纳尔托夫自己发现，不仅在晚上彼得·米哈伊洛夫逃跑时，而且"在他①抵达的上午九点多钟……根本没有人站岗"）。②

彼得·米哈伊洛夫逃亡了一年半，直到 1780 年在莫斯科被捕，针对他采取了一切可能的预防措施。他和家人一起被送到尼亚泽彼得罗夫斯克工厂，警卫人员收到指示，防止他"腐蚀并反抗主人"。

彼得·米哈伊洛夫摆脱农奴制的企图彻底失败。身为"领有工人"和工厂办事员，他的经历体现了封建时代乌拉尔采矿业的普遍原则。列宁就此写道："农奴制很早就是乌拉尔'劳动组织'的基础。"③ 对统治阶级和保护其利益的专制主义国家而言，这种"劳动组织"极为稳固，所以附属农奴、受奴役的工匠和工人根本无法获得解放。

但是，乌拉尔劳动者的"合法自卫"也发挥了积极的作用，这一点不可否认。附属自由村居民的请愿书、工匠和工人的呈文等充分利用了俄罗斯帝国省级自治机构与矿业当局之间在立法方面的矛盾，根据当时的法律原则进行了严密的论证，鲜明地体现了乌拉尔工人阶级的斗争状况。1766 年托博尔斯克省省长 Д. 奇切林被迫承认请愿农民的活动卓有成效。省长对呈文怀有敌意，他写道："农民前来提交呈文，向统治者行贿，尽管统治者做出了恰当的解释并做出承诺，但请愿者还是众口一词，固执己见，论述接受或制定什么是合法的，应该如何控告统治者，应该如何开除和罚款。被分配到工作岗位的农民同样担心，他们师心自用，

---

① A. 纳尔托夫。——原作者注

② ЦГАДА，ф. 271，оп. 1，д. 1374，л. 462–467.

③ Ленин В. И. Развитие капитализма в России. Процесс образования внутреннего рынка для крупной промышленности. Поли. собр. соч.，т. 3. с. 485. 照录《列宁全集》第 3 卷，人民出版社，2013，第 443 页。——译者注

自行其是。"① 省长认真分析了请愿书对西伯利亚当局的危害，最后警告农民们，代表他们提交呈文的农民参加了不久前（1762年）乌亚特斯克和库尔干斯克自由村的附属农奴暴动。"幼稚的君主主义"，即相信可以通过请愿来寻找公平正义的思想，丝毫没有妨碍农民"携枪带棒"反对封建压迫。

呈文的效力绝不仅仅在于它们给政府带来的"不便"。暴乱规模庞大，近乌拉尔和乌拉尔的附属农奴不失时机地提交了几十份呈文，其中的诉求直接影响了帝国的立法。公允而言，专制主义国家的意识形态对工人社会思想影响甚巨，但在阶级斗争日益尖锐、民众暴动愈演愈烈的情况下，专制主义意识形态至少要部分地考虑到劳动者的诉求。

可兹佐证的是 A. A. 维亚泽姆斯基大公（后来担任枢密院总检察长）出版的《伊热夫斯克和沃特金斯克工厂的条例》（以下简称《条例》）。② 该文件发布于附属农奴大规模暴动如火如荼之时，在军事命令和火炮等镇压手段之外，它提供了平息动乱新的强力工具。该文件考虑到了农民呈文的要求，对农民做出了一些让步。例如，规定了必须为农民支付一定的上班交通费，承诺规范向附属农奴支付工资的程序。最根本的是，《条例》使附属村庄的米尔自治机构合法化，但是米尔自治机构需要承担"分配给它们的各种工作"，而百夫长和长老，即米尔自治机构的代表，有义务"勤勉地监督并强制工人工作"。

实权派发表一篇宣传文章《制度》，对农民诉求做出回应。文中宣称："如果管家不当地惩罚农民或克扣农民工资，那么农民必须在法庭上申诉，从米尔派出一个专门的申诉者……"还有一个听起来完全像是蛊

---

① ЦГАДА, ф. 248, оп. 113, д. 512, л. 1-2.
② ЦГАДА, ф. 271, оп. 1, кн. 84, л. 39-41об.；ПСЗ, т. XVI, №11790. 关于该文件详见 Орлов А. С. Волнения на Урале в середине XVIII в.（К вопросу о формировании пролетариата в России）. М.：Изд-во МГУ, 1979. с. 152-153。

惑人心的保证："如果有人被派去报送呈文,在任何情况下他都不会被任何人以任何理由压制。"①

一方面,在乌拉尔地区所有附属村庄暴动此起彼伏的背景下,农民呈文直接影响到了上述条款以及俄罗斯帝国的立法。

另一方面,政府所做的所有让步的主旨是恢复农民对君主的仁慈和正义的信任,并要求农民"忠实地服从工厂主"。

在矿区居民的公共意识中,《条例》被理所当然地认为是阶段性胜利。因此,针对附属村庄的《条例》不断被工匠和工人用作请愿或申诉的法律依据。

工人呈文是基于"幼稚的君主主义"公开地反对专制主义国家的形式。呈文表达了特定阶级群体的利益,体现了他们特有的正义观念,谴责不同等级"统治者"的贪婪行为。在工人的内心深处,呈文体现了采用"反证法"建立国家秩序的积极理想,并坚信国家(从矿务总局、省级自治机构、参政院直至女皇本人)会必然满足他们的要求。

第二节 对王权的态度及社会乌托邦传说

在俄国封建后期的社会政治思想史上,各种流言、传闻、对"仁慈的"法令和诏书的期待、对"真正沙皇"的渴望占据了重要地位。②18世纪,无数关于伪沙皇、真正诏书、免除各种赋役、摆脱地主和修道院压迫等的流言蜚语传遍俄国各地。它们因地而异,在不同地区表现出一定的特殊性。乌拉尔地区的特殊之处在于该地区有大量矿业工人。

---

① ЦГАДА, ф. 271, оп. 1, кн. 84, л. 41–41об.

② Сивков К. В. Самозванчество в России в последней трети XVIII в. Исторические записки. М. : Изд-во АН СССР, 1950. т. 31. с. 80–135, 281–341.

　　自然，流言蜚语与呈文对社会矛盾的理解层次并不不同。如果说呈文表明了农民尝试在意识形态层面寻找生活中的位置，那么谣言、期望则是在社会心理层面寻找生活中的位置。保加利亚学者 B. 维切夫指出，通常情况下，无论是散布还是听信流言的人都无法"明确提出"自己的目标，但流言如同一个排气孔，给农民提供了表达意愿的渠道，令人产生解决问题的希望。流言蜚语扭曲而虚假地表达了农民的不满，是一种在背地与敌人战斗的欲望。①

　　俄罗斯帝国政府特别密切地追查"反对圣徒和神圣的陛下②、反对当今倍享尊荣的女皇及皇室"的谣言。③

　　如上所述，18世纪20年代，沙皇政权具有"反基督性"的思想在乌拉尔地区广为传播且影响深远。甚至后来工厂管理总局的《秘密案件簿》也记录了许多案例，表明这些传闻经久不息。

　　然而，这些案例有别于18世纪20年代初记录的案例。之前的批评直接针对皇帝本人以及"皇室成员"，而后来的批评对象则是皇权的一些属性——金钱、宣誓和身份证明。④ 在研究这些案例时可以发现，告密者和被举报者一样，都知道一些关于沙皇权力的谣言。在某些情况下，这些告密者同样散布政权"被诅咒"的谣言，其造谣水平甚至比他们听到的谣言水平更高。例如，费奥多尔·科洛索夫是库什瓦工厂的盐商，1745年他控告该工厂的居民伊凡·乌戈尔尼科夫，因为后者在听到他的话"我曾经宣誓过"之后回应道："你宣过誓，这罪该万死。"这个案例事实上更为复杂。原来，盐商费奥多尔·科洛索夫偷奸耍滑，骗

---

① Вичев В. Мораль и социальная психика. М.：Прогресс，1978. c. 87.

② 彼得一世。——原作者注

③ 叶卡捷琳娜一世 1727 年 1 月 30 日法令。ГАПО，ф. 297，оп. 1，д. 1121，л. 39-39об.

④ Гурьянова Н. С. Царь и государственный герб в оценке старообрядческого автора XVIII в. В кн.：Источники по культуре и классовой борьбе феодального периода. Новосибирск：Наука，1982. c. 80-86.

了伊凡·乌戈尔尼科夫 1.5 卢布，买主骂费奥多尔·科洛索夫时说：
"一个宣过誓的人不应缺斤短两。"

矿务当局发现费奥多尔·科洛索夫是诬告，于是处以杖刑，伊凡·
乌戈尔尼科夫也受到了鞭刑（可能是因为他试图了解"宣过誓的人"是
否应该做什么事）。①

塔拉暴动的参与者早已谴责过这种"罪该万死的宣誓"，后来宣誓常
常遭到政治指控。例如在佩斯科尔铜冶炼厂，1747 年 6 月 27 日，分裂派
教徒的训诫者之一、叶卡捷琳堡军队的上士在前往教堂的路上遇见了矿
石商阿瓦库姆·克鲁奇宁，并问他一个问题："你为什么不去教堂？今天
我们将为波尔塔瓦的胜利而祈祷。"这位上士说："他回答我说，他不去。
于是我告诉他，难道你是旧礼仪派教徒吗？如果你是旧礼仪派教徒，依
法而言也就是分裂派教徒，国家命令诅咒你们。"矿石商阿瓦库姆·克鲁
奇宁确实是一名登记在册的分裂派教徒，他被激怒了，大声向上士喊道：
"你才是魔鬼的喽啰。"②

士兵们也感到深恶痛绝。1752 年，瑟尔瓦工厂办公室的调查员潘克
拉特·布塔科夫告诉退役士兵、工厂办公室的警卫涅克拉索夫，从 1722
年到 1748 年，涅克拉索夫"为魔鬼服役"长达 26 年。③

17 世纪末，旧礼仪派老年信徒呼吁拒绝向阿列克谢·米哈伊洛维奇
的继承人宣誓。在声势浩大的塔拉暴动中，拒绝向"未指定的继承人"
宣誓效忠的呼声得到了回应，此后人们对"宣誓"仪式产生了持久的
偏见。

① НБ ППИ, «Книга секретных дел» （далее—КСД）. 1746 г., л. 114-115.
② ГАПО, ф. 297, оп. 1, д. 1117, л. 382. 工厂管理总局还认为，卡缅斯克同一居民点的
另一名农民尼基福尔·波波夫对卡缅斯克农民西多尔·苏沃尔科夫的指控是错误的，
"西多尔·苏沃尔科夫，你怎么了，难道为了魔鬼而宣誓了吗？"（ГАПО，ф. 297,
оп. 1, д. 115, л. 208）
③ ГАПО, ф. 297, оп. 1, д. 1117, л. 363-363об.

　　货币上的国徽和图像是皇权的象征，它们同样受到了反思和重新解释。1756年，卡斯林工厂的一名职员费奇谢夫因犯罪而遭受鞭刑，他编造了一条谣言"新版货币即将在世上流通；……一名消息灵通的寡妇（卡斯林工厂的居民）说，新版卢布将要在世上流通，据说卢布上面印的不是双头鹰，而是蛇"。① 这些传闻证明人们相信沙皇政权具有"反基督性"，在俄国最为激进的分裂派（云游派②）文献中广为传播。③ 由此可以肯定，这些传闻早在云游派出现之前已经流传甚广，后来被收入叶夫菲米的《箴言集》。

　　在日常生活中，权利体现在身份证件上，它是人口调查的直接产物。如上所述，第一次人口调查已经被视为违反了人类发展的基本规律。19世纪中叶，乌拉尔地区旧礼仪派信徒之间流传的《箴言集》已经做出上述论断，但是这一观点无疑可以上溯到18世纪。当时书中记载，"虔诚的沙皇并不支持他们的这一举措，因为它逾越了东正教教规，离经叛道……严重限制了每个人的生活"。④

　　逃亡者引用上述论点在内心为自己辩护。他们坚信有权寻求庇护，免遭迫害并拒绝办理任何身份证件，逃避人口登记。18世纪50年代初，托博尔斯克都主教西尔维斯特·格洛瓦茨基对乌拉尔地区分裂派进行了大规模调查，⑤ 在此期间，居住在叶卡捷琳堡的莫斯科三级商人伊凡·科

---

① ГАПО，ф.297，оп.1，д.1121，л.73об.-75.

② 旧礼仪派反教堂派中的一个小教派，又称逃亡教派。18世纪后半期俄国正教旧礼仪派的反教堂派的一个教派，号召逃避国家义务和赋税，迁往荒凉之地，或者藏匿起来。现今在乌拉尔和东西伯利亚还有少数逃亡教派教徒。——译者注

③ 关于旧礼仪派（分裂派）信徒对俄罗斯帝国徽章的详细解释，参见 Гурьянова Н. С. Царь и государственный герб в оценке старооб рядческого автора XVIII в. В кн.：Источники по культуре и классовой борьбе феодального периода. Новосибирск：Наука，1982. с. 82.

④ 关于该书在乌拉尔的传播情况，参见 НБ ППИ，"<Цветник>-душе-пагубник"，без. №，л. 66об.-67。

⑤ 关于这次调查的详细情况，参见 Покровский Н. Н. Антифеодальный протест урало-сибирских крестьян-старообрядцев. Новосибирск：Наука，1974. с. 164-251.

索夫被捕。当他受到官方和教会当局审讯时，他供出了令人震惊的一些信息，所以乌拉尔和西伯利亚的教会、省政府和工厂之间被迫频繁通信讨论。伊凡·科索夫说："1750 年叶卡捷琳堡和杰米多夫工厂中的许多分裂派教徒逃往布哈拉和康泰什，一些人逃到了波兰，男女共有 900 名。"①伊凡·科索夫从他的朋友（下塔吉尔工厂的居民伊凡·安德烈耶夫）那里获知上述信息。当时伊凡·科索夫在叶卡捷琳堡市场的一家商店买面包，他们开始攀谈。伊凡·科索夫平淡无奇地问道："你们在工厂里生活怎么样？"伊凡·安德烈耶夫回答道："我们现在的生活糟糕透顶，人们都感到恐惧和不安，非常害怕被派往外地。伊凡·安德烈耶夫本人离开后，杰米多夫工厂和叶卡捷琳堡的各个村庄逃出多达 500 名分裂派教徒。"②

　　于是伊凡·科索夫向伊凡·安德烈耶夫提出了一个新的问题："没有身份证件，没有书面的通行证，他们能去哪里？"伊凡·安德烈耶夫不容置疑地回答："难道需要什么证件吗？他们中的一些人将去波兰，另一些人将去西伯利亚、布哈拉和康泰什。无论上帝引导我们在哪里生活，我们都绝不放弃古书规定的东正教，坚持用双指做圣事。"③

　　"难道需要什么证件吗？"这种说法与锤工斯捷潘·普罗维里亚科夫的结论相差无几，即身份证件就是用来"擦屁股"的（由此他被处

---

① 关于该书在乌拉尔的传播情况，参见 Покровский Н. Н. Антифеодальный протест урало-сибирских крестьян-старообрядцев. Новосибирск: Наука，1974. с. 164-251。

② ГАПО，ф. 297，оп. 1，д. 1130，л. 195-195об.

③ ГАПО，ф. 297，оп. 1，д. 1130，л. 290. 一项调查专门研究分裂派信徒逃往境外的问题，确认了叶卡捷琳堡和下塔吉尔工厂居民逃亡的一些案例。然而，从这些信息来看，逃亡者的人数——500 人——似乎被大大夸大了（ГАПО，ф. 297，оп. 1，д. 1130，л. 195-205об）。1751 年，秋明省办公室调查了维伊斯基、维西莫·沙伊坦斯基工厂和下塔吉尔工厂的 66 名旧礼仪派信徒涉嫌逃往布哈拉的事例。参见 Черкасова А. С. Социальная борьба на заводах Урала в первой половине XVIII в. Учебн. пособие по спецкурсу. Пермь: Пермск. ун-т，1980. с. 52。

以鞭刑）。①

彼得大帝继续引起乌拉尔地区劳动人民的特别关注。然而，如果人们以前针锋相对地强烈反对沙皇及其举措，现在已经不再这么做。更重要的是，由于权倾一时的宠臣在乌拉尔地区和全俄多年的专制统治，人们有时甚至怀念彼得大帝时代。1750年1月，在亚戈希欣斯克工厂的一家酒馆里，斯特罗加诺夫家族的商人安德烈·齐维列夫抱怨说，"之前的国君在位时一切都很好，但现在却并非如此"。② 听到这些话后，中士矿长伊凡·波格丹诺夫大声喊出"犯上作乱言行"。

在审讯中，安德烈·齐维列夫辩称他没说这些话，而是说"彼得大帝是第一位值得永恒纪念的荣耀的君主，他战胜了群雄，功勋卓著。他本人从未说过指控中的那些话，即'之前的国君在位时一切都很好，但现在却并非如此'"。证人亚历山大·马利因是亚戈希欣斯克工厂的农民，他证实安德烈·齐维列夫确实说过彼得大帝"是一位荣耀的君主，他战胜了群雄"，但他听到安德烈·齐维列夫补充说"之前的国君在位时一切都很好，但现在却并非如此"。③

18世纪头30年，农民控诉彼得一世的亲信阿金菲·杰米多夫"毁灭一切"，但是20多年后，这一评价也开始改变。在此值得注意的是国有丘索沃伊码头的特廖卡村的农民与杰米多夫家族乌特金斯克工厂居民之间关于草地的争论。特廖卡村的农民引用了"当代女皇"的法令捍卫自己的权利。在争论中，乌特金斯克工厂的农民雅科夫·格里高利耶夫·齐根不容置疑地声称："你们霸占了许多国家土地，现在割了很多干草，

---

① ГАПО, ф. 297, оп. 1, д. 1125, л. 141.

② 只有彼得一世才能被称为"前君主"，彼得二世在位时间不长，德不配位，对人们影响甚微。因此，关于彼得二世的传说寥寥无几。参见 Чистов К. В. Русские народные социально-утопические легенды XVII-XIX вв. М. : Наука, 1976. c. 124-135。

③ ГАПО, ф. 297, оп. 1, д. 1115, л. 67-68об.

但你们不应该运这些干草,你们的国君也将因此而死。"①

　　后来,齐根在法庭上辩解称,"我们的主人阿金菲·杰米多夫在世时,沙皇非常垂恩我们。当斯莫连佐夫②用棍子击打我的头部,把我打昏时,我可能暗自说了一些脏话……并被别人听到了"③。重要的不是乌特金斯克工厂的工人在关于草地的争执中说了什么或没有说什么;重要的是,在审判中,齐根把阿金菲·杰米多夫、彼得大帝的时代与他自己的时代(事件发生在 1750 年)进行对比,认为昨是今非。

　　工人对彼得大帝和俄国政府的态度发生了变化,这体现了 18 世纪劳动者"幼稚的君主主义"的特征。从历史的角度而言,寻求理想国体的想法非常有限,并未超出君主主义的范围。然而,历史上从来没有、也不可能存在这种理想国家的真正原型。所以,这种理想的政府形象仅仅存在于大众意识中。劳动者思想中一种根深蒂固的想法是:旧的是合法的,而新的则是违法的。因此,17 世纪上半叶政府划分了什一税耕地,这一举措当时深受农民谴责,后来该耕地却被视为 17 世纪下半叶唯一的合法土地。彼得大帝时代充斥着痛苦与毁灭,而沙皇阿列克谢·米哈伊洛维奇统治时期"安宁而平静",两者形成鲜明对比。但是,即使彼得大帝空前地改变了乌拉尔劳动者的生活方式,后来他也成为理想化的对象。

　　在这种情况下,人们更加渴望从历史中为现实生活寻找支持。这种支持越虚无缥缈,相对并不久远的彼得大帝时代就越强烈地吸引着附属农奴、工匠和工人出身的律师。在他们看来,彼得大帝时代将农民登记到工厂、任意地将附属农奴与工厂捆绑到一起,开始将他们变更为"领有工人"、"不记得血缘关系者"以及"等同于农奴者"等,这是极其不

---

① ГАПО, ф. 297, оп. 1, д. 1116, л. 60-60об.

② 特列基村农民。——原作者注

③ ГАПО, ф. 297, оп. 1, д. 1116, л. 61. 但是这些证词于事无补,齐根被无情地处以鞭刑。

合理的举措。即使如此，在普罗大众的历史意识中，人们越来越认为彼得大帝是一位严酷但公正的沙皇。

这种理想化的倾向很容易与旧礼仪派信徒（不仅如此！）的思想结合到一起。旧礼仪派信徒认为"俄国皇室是疯狂的"，并一直宣称从阿列克谢·米哈伊洛维奇开始的沙皇是"反基督的先驱"或"反基督的化身"。

劳动者社会意识中的矛盾并不意味着他们软弱无能或逆来顺受。恰恰相反，不应该将意识领域的矛盾绝对化。这些矛盾恰恰说明了工人可能采用的各种社会反抗的手段：向沙皇请愿、散布"伪沙皇"的谣言、抵制人口登记、拒不办理身份证件和逃避兵役等。此外，上述矛盾丝毫不妨碍人们期待着从"疯狂的"王室中产生一位"真沙皇"。

在社会心理层面上流传的谣言为更高级别的反抗活动提供了温床。沙德林斯克农民 A. H. 济里亚诺夫在19世纪中叶记录并发表了一个故事《农民和陌生人》。① 故事的情节和描写的现实表明，它出现的时间可能更早。故事描写了乌拉尔和外乌拉尔地区附属村庄与工厂的斗争，其中的一些细节表明，故事起源可以上溯到18世纪50~60年代。② 故事情节如下。

一位陌生人走近打柴的农民，问他："上帝保佑你，善良的人！请如实告诉我，你每天砍多少木柴，能赚多少钱？"

农民生气地回应这位多管闲事的人："你想知道什么？你是什么检查员，到森林里来找我？你从哪里来就回到哪里去！"③

但是，陌生人的好奇心绝非无中生有。他透露自己是沙皇（！）。

众所周知，18世纪60年代在乌拉尔地区，被划拨到工厂的农民和奥

---

① Пермский сборник. Повременное издание. кн. 1. М., 1859. с. 121-124.
② 只需将18世纪60年代初大动乱期间附属农奴、工匠和工人提交的呈文与其对比就足以说明问题。参见 Орлов А. С. Волнения на Урале в середине XVIII в.（К вопросу о формировании пролетариата в России）. М.: Изд-во МГУ, 1979. с. 192-262。
③ Пермский сборник. Повременное издание. кн. 1. М., 1859. с. 122-124.

伦堡的哥萨克人之间流传着这样的传闻：彼得三世"多次和奥伦堡前省长沃尔科夫一起亲自来到圣三一要塞，在夜间查访民间冤情"。①

与此相呼应，故事中的沙皇接着说："至少我是你的沙皇，虽然德不配位，但是坦荡无私。作为你们的沙皇，我需要知道这一点。"

砍柴农民解释说，他能挣 1.5 卢布。他还谈到如何花这笔钱："半卢布给我的债主，②半卢布用来放贷，③半卢布——就这么没了。"

"……怎么，你是白白地扔掉了吗？"

"沙皇陛下，是这样的：我把剩下的半卢布交给书记员和地主们……"

"他们拿你们的钱做什么？"

"谁？那些书记员和地主们吗？唉，谁知道他们要钱买什么，谁知道他们怎么生活？他们的生活和我们不一样，也和您不一样，陛下。"④

在沙皇看来，农夫的逻辑顺理成章。后来，在沙皇的帮助下，农民羞辱了大公、贵族和杜马书记员，从他们那里要回了钱。⑤

根据马克思的说法，上述情形"已经通过人民的幻想用一种不自觉的艺术方式加工过的自然和社会形式本身"。⑥ 在上述故事中，附属农奴的信念固定不变，即"书记员和地主们"不仅仇视农民，也仇视沙皇。故事也契合于传闻，即沙皇保护人民免遭剥削者的欺凌。

传言助长了社会反抗，而封建时期社会反抗的最高形式是农民战争。昆古尔地区农民给"彼得三世"普加乔夫写信说："我们仍然非常渴望陛

---

① Сивков К. В. Самозванчество в России в последней трети XVIII в. Исторические записки. М.: Изд-во АН СССР, 1950. т. 31. с. 111-112.

② 指他的父母。——原作者注

③ 指他的孩子们。——原作者注

④ 此处为原作者强调。——译者注

⑤ Пермский сборник. Повременное издание. кн. 1. ч. 1. М., 1859. с. 123-124.

⑥ Маркс К. Экономические рукописи 1857 – 1859 годов. (Первоначальный вариант «Капитала».) Часть первая. Маркс К., Энгельс Ф. Соч. 2-е изд., т. 46. ч. 1. с. 47-48. 照录《马克思恩格斯选集》第 2 卷，人民出版社，2012，第 711 页。——译者注

下怜悯地把我们从凶猛而粗暴的野兽魔爪之下拯救出来。请您折断它们锋利的爪子，惩罚贵族和官员，例如我们这里国营工厂的米哈伊尔·伊凡诺维奇·巴什马科夫和伊凡·西多洛维奇·尼科诺夫，以及昆古尔市的阿列克谢·谢苗诺维奇·埃尔查尼诺夫等。"这不再是在故事中，而是在生活中，农民期望沙皇惩罚"凶猛而粗暴的野兽""贵族和官员"等。①

18 世纪农民战争导致的主要社会现象之一是附属农奴离开工厂，其原因恰恰隐藏在各种传言中。当局害怕附属农奴返回原籍，担心他们传播农民战争思想，这一担忧不无理由。1774 年 5 月 21 日，奥伦堡枢密衙门向叶卡捷琳娜二世报告称："……由于伪沙皇承诺解放工厂农民并摧毁所有工厂，工厂农民比其他农民更加忠诚于伪沙皇，因为工厂农民讨厌所有的工厂，并认为工作和长途上班十分艰辛。所以，他们积极地执行由罪恶的冒名委员会发布给他们工厂的法令。"

附属村庄不同寻常的评价包含一个特征：附属农奴"积极地执行由罪恶的冒名委员会发布给他们工厂的法令"。而农民自己也证明，他们是根据这些法令离开工厂的。在 1773 年 10 月 23 日针对阿夫齐亚诺彼得罗夫工厂的农民的决议中，他们写道："今年 1773 年 10 月 22 日，我们收到了彼得三世的法令，根据上述法令，受命离开工厂。同时我们附属农奴都同意返回故乡。"② 这里的动机又是"彼得三世"（普加乔夫）的法令。然而，А. И. 安德鲁先科深入研究乌拉尔地区农民战争后发现，在已知的

---

① Документы ставки Б. И. Пугачева, повстанческих властей и учреждений. 1773－1774 гг. Сборник / Сост. А. И. Аксенов, Р. В. Овчинников, М. В. Прохоров. М.: Наука, 1975. с. 202－203.

② Документы ставки Б. И. Пугачева, повстанческих властей и учреждений. 1773－1774 гг. Сборник / Сост. А. И. Аксенов, Р. В. Овчинников, М. В. Прохоров. М.: Наука, 1975. с. 111.

叛军法令中，没有任何直接证据支持"从工厂遣返附属农奴"的说法。[①]
众所周知，至少在农民战争的第一个月没有这样的法令。普加乔夫颁布
法令仅仅免除附属农奴从事工厂工作，这并不是农民行动的直接原因。
普加乔夫甚至有意维持矿厂的运转，希望它们生产武器和弹药，而这些
工作只有工厂的附属农民才能完成。

普加乔夫法令的命运与叶卡捷琳娜二世的"抚民诏书"如出一辙。
附属农奴中的律师发现，在这些文件中，没有任何迹象表明"现在应将
农民从工厂中解放出来"。[②] 之所以流传着这种"伪诏书"，是因为人们
深信附属村庄的制度本身是非法的，而且有许多谣言说"真沙皇"将取
消农民的工厂奴役。

尤其引人注意的是，"真沙皇"并非具体的个人。"彼得三世"与此
类似，但即使是叶卡捷琳娜二世，甚至是她为镇压农民战争而设立的惩
罚性机构，在谣言中也可以成为体现帝国意志、将农民从工厂中解放出
来的工具。农民战争失败后，人们并未放弃对沙皇救世主的幻想，"必然
从工厂中解放出来"的谣言不断蔓延。

1776 年 1 月，西伯利亚矿务总局收到工厂主埃夫多基姆·杰米多夫
的一份密报，其中提及哥萨克人伊凡·米哈伊洛夫·唐金向"附属农民
宣称并且保证说，我们的塔宾斯克书记员次日就要到你们这里来……他
带着一份命令，安排大家入列"[③]（这意味着，农民的夙愿即将实现——
他们不仅将要从工厂中被解放出来，还将变成自由的哥萨克人）。

① Андрущенко А. И. Крестьянская война. 1773-1775 гг. на Яике, в Приуралье, на Урале
и в Сибири. М.: Наука, 1969. с. 237.
② Орлов А. С. Волнения на Урале в середине XVIII в.（К вопросу о формировании
пролетариата в России）. М.: Изд - во МГУ, 1979. с. 70, 74, 78, 81 - 82; Сивков
К. В. Самозванчество в России в последней трети XVIII в. Исторические записки. М.:
Изд-во АН СССР, 1950. т. 31. с. 111.
③ ЦГАДА, ф. 271, оп. 1, д. 1352, л. 586.

　　受西伯利亚矿务总局委托，奥伦堡省省长赖因斯多普和乌法事务衙门前往调查。他们发现，哥萨克人伊凡·米哈伊洛夫·唐金并未和其他哥萨克人一起去布尔江乡投奔巴什基尔工头，而是去了阿夫齐亚诺彼得罗夫工厂。伊凡·米哈伊洛夫·唐金告诉自己的朋友们，即工厂的附属农民彼得·拉乌托夫及其同事们，要求他们向上帝祈祷，认为他们不应该受工厂压制。工厂主杰米多夫已经被捕，由警卫用铁链锁住并被押送到彼得·伊凡诺维奇·帕宁男爵处受审。然后伊凡·米哈伊洛夫·唐金躲过工厂办公室人员的监控，避开警卫，潜入卡斯利工厂并借住在附属农民伊利亚·马林家中，在此期间两人参加了附属农民费奥多尔·塔拉宾的婚礼。伊凡·米哈伊洛夫·唐金向参加婚礼的人们宣称，他在塔宾斯克的集市上看到了一条法令，其中规定工厂不得压迫附属农民，唐金将携带该法令去找长老们申诉。唐金还声称，塔宾斯克的书记员次日将带领两名哥萨克人一起来解救附属农民，将把附属农民登记为哥萨克人。唐金告诉附属农民，哥萨克军官已经抓捕了他们的主人杰米多夫，并用铁链将他锁住，押往喀山。①

　　在"彼得三世"旗帜的指引下，农民战争如火如荼，战争席卷的地方如今谣言四起。普加乔夫被处决，但农民仍渴望获得解放。有传言称，附属农民将从工厂中被解放出来，但是不再指望"彼得三世"，而是寄希望于叶卡捷琳娜二世；实现梦想的人不再是普加乔夫的各位军官，而是女皇设立的、用于消除农民战争后续影响的调查委员会。

　　尽管当时的情况错综复杂，附属农民的立场始终不变——俄国政府必须将他们从工厂的奴役中拯救出来，这是农民顽强斗争的道德基础。这种斗争从未停止，最终迫使政府在18、19世纪之交废除了附属农民的制度，取而代之的是"常设工人"。

---

　　① ЦГАДА, ф. 271, оп. 1, д. 1352, л. 586–589об.

第三节　社会乌托邦传说的类型

社会乌托邦传说在社会上广为流行，K. B. 奇斯托夫卓有成效地研究了它们的形成"机制"。他区分了三种主要的社会乌托邦传说：关于"黄金时代"（将民间关于公平社会秩序的观念上溯到古代）；关于封建国家之外的"远方土地"，它体现了大众渴望社会公正的理想；关于"救世主"，它象征着实现具体的社会乌托邦。据传，"救世主"已经在世。①

K. B. 奇斯托夫指出，关于"黄金时代"的历史传说在俄国民间几乎没变，但他同时发现，虽然社会正义"黄金时代"的思想相对较新，但早在17～19 世纪的政治和法律文件中，在俄国社会的不同阶层中，经常能够发现这一思想的痕迹。关于"黄金时代"，民间文学（更确切地说，是学术性的民俗学）与文献资料之间存在矛盾。K. B. 奇斯托夫对此解释道："大部分民俗记录出现于 19 世纪下半叶及以后，当时的'历史'不是古罗斯，而是农奴时代，它既没有事实依据、也没有理由将社会进行诗意化和理想化。"② K. B. 斯托夫还表示，俄国社会各阶层赋予过去的理想化社会以宗教形式或色彩，③ 理想化倾向实际上与分裂派的思想有关。

基于上述事实，奇斯托夫深入研究了封建晚期俄国流传的两类社会乌托邦传奇故事，即关于"救世主"和"远方土地"的传说，其中每一类都或多或少地与历史上理想化的"黄金时代"有关。

"救世主"通常是沙皇，他混迹于民众之中，但是必将登上王位，并

---

① Чистов К. В. Русские народные социально - утопические легенды XVII - XIX вв. М. : Наука，1976. с. 15－16.

② Чистов К. В. Русские народные социально - утопические легенды XVII - XIX вв. М. : Наука，1976. с. 16.

③ Чистов К. В. Русские народные социально - утопические легенды XVII - XIX вв. М. : Наука，1976. с. 17.

在国内伸张正义。毫无疑问，这些传说具有反封建、反政府的性质。

在当时的乌拉尔地区，关于沙皇是"救世主"的传闻比比皆是，① 但是在该地区还有一个传说，其中对"黄金时代"的回忆、"高贵的受难者"（"沙皇秘书"伊格纳季·谢苗诺维奇·沃龙佐夫）的传闻以及18世纪乌拉尔地区旧礼仪信仰的故事等，浑然天成般地融为一体。这个传说的特殊性既表现在有可能追溯该传说形成和发展的各个阶段，也表现在传说中旧礼仪主题逐渐凸显。事实上，这是传说中的人物形象与真实原型可以联系起来的一个典型实例。1978年，在对斯维尔德洛夫斯克地区的塔瓦图伊村进行考古勘察时，C.索博列娃首次记录了该传说的民间版本。她咨询后得知，这本《荣耀者》（登记在册的时间是1676年）② 的前主人是"为了信仰"而被流放到西伯利亚的伊格纳季·谢苗诺维奇·沃龙佐夫，他曾担任阿列克谢·米哈伊洛维奇的"沙皇秘书"，原来住在托博尔斯克，后来被流放到叶卡捷琳堡建设城市和工厂。

伊格纳季·沃龙佐夫弥留之际才透露他的贵族出身。他在塔瓦图伊去世，哥萨克人安娜·尼基京什娜为他送终。

毫无疑问，塔瓦图伊地区流传的这一故事类似于民间传说。这里出现了民间传说中罕见的情节，即主人公偶然地透露了自己的身份，这是传说的一个亮点。传说中人物、活动的时间和地点都非常明确。主人公伊格纳季·沃龙佐夫是一位高尚的禁欲主义者，为了内心的信仰而蒙受苦难，他出身高贵，所以殉道行为更加震撼人心。③ 塔瓦图伊地区的一些

① Пихоя Р. Г. Книжно - рукописная традиция Урала XVIII - начала XX в. (К постановке проблемы). В кн.: Источники по культуре и классовой борьбе феодального периода. Новосибирск: Наука, 1982. c. 50–51, 62–74.

② УрГУ, Невьянское собр., 1p/17.

③ Соболева Л. С., . Пихоя Р. Г. Царский секретарь Игнатий Воронцов и донской казак Игнатий Воронков. (К истории новонайденной повести «Родословие поморской веры на Урале и в Сибири»). В кн.: Новые источники по истории классовой борьбы трудящихся Урала. Свердловск: Ин-т экономики УНЦ АН СССР» 1985. c. 71–91.

证据表明，该传说被记录时间并不久远。

在寻找伊格纳季·沃龙佐夫故事的过程中，研究人员发现了以前不为人知的三卷本《乌拉尔和西伯利亚的北部沿海居民信仰谱系》。① 伊格纳季·沃龙佐夫故事的重要来源是口述史。故事的编撰者写道："我亲自反复阅读并听到……这个故事，它至今仍完整地保留在我们的记忆中，难以忘却……"他偶然地从故事的主人公之一斯特凡·库兹米奇·特尔米诺夫那里听到了关于伊格纳季·沃龙佐夫的故事，据《乌拉尔和西伯利亚的北部沿海居民信仰谱系》记载，"我们在本世纪② 30 年代从斯特凡·库兹米奇·特尔米诺夫那里听到了这个口耳相传的故事"。

作者首先讲述了"大迫害时期，在我们俄国，剑与火吞噬了旧礼仪派信徒，因为他们忠诚于旧礼仪派信仰和圣父的训诫"；其次，讲述了库什图地区的加里家族和旧礼仪派农民信徒特尔米诺夫的家族；最后，叙述了被流放到西伯利亚的"因其家庭出身和苦难遭遇而闻名的伊格纳季·谢苗诺维奇·沃龙佐夫"。他原来居住在托博尔斯克，然后"皇帝圣谕传到西伯利亚，命令地方当局将所有的流放者迁往建设中的叶卡捷琳堡从事劳动"，伊格纳季·沃龙佐夫就是其中的一员。

然而，这位被流放者隐瞒了自己显赫的身世。他已是老态龙钟，体弱多病，在斋戒日他向女主人安娜·尼基京什娜索要一些牛奶。当有人提醒他当天是斋戒日时，这位旧礼仪派信徒放声痛哭，自言自语道："'是啊，沙皇秘书，你曾经管理过沙皇的事务，但现在却不知道今天是什么日子。'"在伊格纳季·谢苗诺维奇·沃龙佐夫去世前，安娜·尼基京什娜泪流满面地问道："伊格纳季·谢苗诺维奇·沃龙佐夫，您将不久于人世，为什么不告诉我您的身世？我服侍您这么多年，而我却不知道这些。"听到这些话，伊格纳季·谢苗诺维奇·沃龙佐夫含泪告诉她：

---

① УрГУ，Курганское собр.，31p/651，л. 141–165；35p/647；30p/689.
② 指 19 世纪。——原作者注

"安娜·尼基京什娜，童年时我与阿列克谢大帝一起长大，一起玩耍和学习。"

作者接着说，维格地区的领袖人物谢苗·杰尼索夫听到著名流亡者的事迹之后，派人与他会面，这些人包括北部沿海地区旧礼仪派著名活动家特里丰·彼得罗夫、加夫里拉·谢苗诺夫和尼基福尔·谢苗诺夫兄弟。[①] 他们在寻找这位长者的过程中，得到了外乌拉尔农民库兹马·泰尔米诺夫的帮助，他的儿子后来成为当地北部沿海地区协和会的领袖。库兹马用自己的马，带着十岁的儿子斯特凡，将使徒们送到了塔瓦图伊。在那里，加夫里拉·谢苗诺夫为斯特凡施洗。这种对宗教古老而虔诚的信仰在尼康改革之前广为流传，被完整地保留在北部沿海地区和维格地区，并以这种方式由"沙皇秘书"伊格纳季·谢苗诺维奇·沃龙佐夫传给了农民的儿子斯特凡。

这一情节是该故事的作者、旧礼仪派信徒的浓墨重彩之处。毫无疑问，在该故事最终成形的 19 世纪 70 年代，作者认为，北部沿海地区农民在乌拉尔和西伯利亚地区的延续性问题是重中之重。但是需要指出的是，故事中的伊格纳季·谢苗诺维奇·沃龙佐夫仍然象征着新的"大压迫时代"与旧时代的对立：之前他是"沙皇秘书"，"曾经管理过沙皇的事务"，而如今却被流放。不同时代、沙皇的不同事务、主人公的过去和当下状况等，在此形成了鲜明的对比。

上述历史传说中包含着许多事实，意味着有可能找到伊格纳季·谢苗诺维奇·沃龙佐夫的原型。曾有学者试图在 18 世纪俄罗斯帝国的外交官和政治家沃龙佐夫伯爵家族中寻找，但劳而无功。西伯利亚和喀山工

---

① 关于谢苗·杰尼索夫的详细信息，参见 Дергачева-Скоп Е. И. «Сердца болезно сестры убодающь остен» – выголексинское произведение середины XVIII в. В кн. Научные библиотеки Сибири и Дальнего Востока. Новосибирск：Гос. публ. научн. техн. б-ка СО АН СССР, 1973. вып. 14. с. 44-51；Покровский Н. Н. Антифеодальный протест урало-сибирских крестьян-старообрядцев. Новосибирск：Наука, 1974. с. 191-193。

厂管理总局的《1746 年秘密案件簿》收录了 1745 年主教公会的法令文书，其中意外地记录了相关信息。发布该法令的诱因是叶卡捷琳堡居民"瑞典波洛尼亚人费奥多尔·伊凡诺夫之子杰尼索夫向主教公会告发"，声称在叶卡捷琳堡、沙尔塔什村和斯坦诺维村居住着许多分裂派教徒，他们的首领是"牧师伊格纳季·谢苗诺夫"。①

主教公会要求展开调查，结果表明，伊格纳季·谢苗诺夫牧师是被流放的顿河哥萨克人伊格纳季·谢苗诺维奇·沃龙科夫。由于和 1707~1709 年农民战争的参与者有牵连，1728 年，他携家带口和其他哥萨克人一起来到了西伯利亚。首领 И. 涅克拉索夫和 C. A. 科贝尔斯基的特使米特卡·米涅耶夫去找他以及其他服役的哥萨克人。② 米特卡·米涅耶夫设法劝说这些哥萨克人逃往库班，那里是布拉温人的避难地。1727 年，米特卡·米涅耶夫被政府逮捕，在审问时，他供认不讳，并被处以鞭刑。1728 年，受他说服的哥萨克人被流放到托博尔斯克，不久所有流放者被送到"叶卡捷琳堡永远做苦工"。然而，伊格纳季·沃龙科夫却侥幸逃脱，然后"在叶卡捷琳堡的根宁将军和 A. Ф. 赫鲁晓夫家当管家"。③

西伯利亚矿务总局局长、中将根宁是乌拉尔地区权倾一时的人物，他极为信任伊格纳季·沃龙科夫。根宁于 1734 年离任后，伊格纳季·沃龙科夫在海军部委员会顾问 A. Ф. 赫鲁晓夫手下工作，在叶卡捷琳堡地区，A. Ф. 赫鲁晓夫的地位仅次于西伯利亚和喀山工厂管理总局局长

---

① КСД，1746 г.，л. 15.

② 关于 И. 涅克拉索夫的详细信息，参见 Голикова Н. Б. Политические процессы при Петре Ⅰ（По материалам Преображенского приказа）. М.：Изд-во МГУ，1957. с. 233-234；Байдин В. И. Старообрядчество Урала и самодержавие.（Конец ⅩⅧ-середина ⅩⅨ в.）. Дисс... канд. ист. наук. Свердловск，1983. л. 318. 关于 С. А. 科贝尔斯基的详细信息，参见 Подъяпольская Е. П. Восстание Булавина. 1707-1709. М.：Изд-во АН СССР，1962. с. 185. 在将亚速转让给顿河流域的土耳其人之后修建了新的内部防御墙，它是土制防御工事，位于切尔卡瑟哥萨克镇下游。参见 Кирилов И. К. Цветущее состояние Всероссийского государства. М.：Наука，1977. с. 186-187.

③ ГАПО，ф. 297，оп. 1，д. 1130，л. 141.

B. H. 塔季谢夫。雇主地位显赫，所以这位被流放至此的顿河哥萨克人并未因分裂派信徒的身份而遭受迫害，何况 1735~1737 年，这种迫害在乌拉尔尤为残酷。

需要特别指出的是：B. H. 塔季谢夫组织搜捕分裂派教徒，但是伊格纳季·沃龙科夫并未受牵连，尽管他公然在工厂管理总局的眼皮下行事，为信徒们施洗、传经布道并布置圣餐等。

所以，这位"瑞典波洛尼亚人"杰尼索夫既不能向位于叶卡捷琳堡的西伯利亚矿务总局，也不能向西伯利亚都主教安东尼告发伊格纳季·沃龙科夫，而是必须直接向主教公会告发，这并非偶然。伊格纳季·沃龙科夫在叶卡捷琳堡拥有强大的保护伞，只有主教公会的直接干预才能奏效。

当伊格纳季·沃龙科夫在叶卡捷琳堡的家中被捕时，叶卡捷琳堡警方发现了他的几本书——《圣历》、一本破旧的诗篇、《日课经》和一些工具——一个装有钉子和锥子的小皮包、几把刀子、凿子和画布等，以及大约 12 卢布。和伊格纳季·沃龙科夫一起被叶卡捷琳堡警方逮捕、审问并驱逐到托博尔斯克的是"伊格纳季·沃龙科夫的狱友 Я. 尼基京的女儿"（即伊格纳季·谢苗诺维奇·沃龙佐夫传说中的安娜·尼基京什娜）。

1745 年 10 月 15 日，伊格纳季·谢苗诺维奇·沃龙科夫被押往托博尔斯克，受到都主教安东尼的训诫。最后伊格纳季·沃龙科夫被指控"对上帝本人及其神圣教会犯下了最严重的宗教分裂罪行"①。

伊格纳季·谢苗诺维奇·沃龙科夫的遭遇并未就此结束。1749 年 3 月，他因一项极其危险的"首要"指控（即有关"君主的健康和荣誉、暴动和叛国"的案件）被传唤到秘密调查事务局莫斯科办事处。新调查起因于"逃亡者和小偷"阿金菲·巴拉宁的控告。② 我们不知道指控的确

---

① ГАПО, ф. 297, оп. 1, д. 1130, л. 137об.
② ГАПО, ф. 297, оп. 1, д. 1130, л. 137об.

切细节，因为对此类指控的调查高度保密，地方机构的档案中不可能保存相关文件。可以肯定的是，伊格纳季·沃龙科夫成功逃离了秘密调查事务局，1750年返回托博尔斯克。

在逃出秘密调查事务局的魔掌后，伊格纳季·沃龙科夫又被关进了修道院的监狱。大主教们再次对他进行训诫，但即使是西尔维斯特·格洛瓦茨基都主教也未能使伊格纳季·沃龙科夫"放弃邪恶的分裂派异端邪说"。此外，宗教当局发现伊格纳季·沃龙科夫甚至在狱中继续传经布道，他"劝说并说服了一些僧侣加入邪教分裂派"①。

即使在主教的监狱中，伊格纳季·谢苗诺维奇·沃龙科夫仍然与叶卡捷琳堡和外乌拉尔的信徒保持密切的联系。人们多次尝试营救他。1750年春，卡塔拉奇村的农民基里尔·茹拉夫廖夫试图贿赂看守伊格纳季·谢苗诺维奇·沃龙科夫的士兵，以期与伊格纳季·谢苗诺维奇·沃龙科夫会面。后来官方发现，人们正在谋划劫狱，计划解救安娜·尼基京什娜（在本案件中，她被称作分裂派教徒伊格纳季·沃龙佐夫牧师的妻子多基娅·帕夫洛娃）。劫狱因为一件偶然的突发事件而失败：一个"小男孩"告诉路上的卫士，有人要将这位分裂派女教徒"劫往一个未知的地方。"

基里尔·茹拉夫廖夫后来遭受酷刑，他这位登记在册的分裂派教徒被迫改宗"真正的信仰"，曾企图自杀。②

虽然基里尔·茹拉夫廖夫失败了，但是伊格纳季·谢苗诺维奇·沃龙科夫的其他追随者并未偃旗息鼓。Н. 杰米多夫和伊谢季地区的居

---

① ГАПО, ф. 297, оп. 1, д. 1130, л. 146.
② ТФ ГАТО, ф. 156, оп. 1, 1750г., д. 17, л. 10-55. 对基里尔·茹拉夫廖夫及其家人的报复行为极其残忍，甚至西尔维斯特·格洛瓦茨基都感到震惊。这种报复引发了西伯利亚省政府的抗议，并在1750年夏秋两季引发了外乌拉尔农民的大规模自焚。详情参见 Покровский Н. Н. Антифеодальный протест урало-сибирских крестьян-старообрядцев. Новосибирск: Наука, 1974. с. 230-236。

民（即叶卡捷琳堡和上伊谢季工厂的工人）前往托博尔斯克与他会面。叶卡捷琳堡分裂派几乎每天都派出使徒拜见伊格纳季·谢苗诺维奇·沃龙科夫，这引起了警卫的怀疑："他们是否图谋劫持被关押的分裂派信徒。"

在拘留制度收紧之后，伊格纳季·谢苗诺维奇·沃龙科夫仍保持相对独立。西尔维斯特·格洛瓦茨基都主教向西伯利亚省衙门报告说，伊格纳季·谢苗诺维奇·沃龙科夫拒绝接受监狱提供的食物，"由于高傲和愤怒，他鄙视当地的食物"①。因此，这位都主教要求安保人员在托博尔斯克集市上"为这位分裂派教徒、伪导师沃龙科夫购买和运送食物及饮品"并"为他配备私人警卫"。伊格纳季·谢苗诺维奇·沃龙科夫死亡时间和地点无人知晓。

因此，"沙皇秘书伊格纳季·谢苗诺维奇·沃龙佐夫"的真正原型是来自布拉温的顿河哥萨克人伊格纳季·谢苗诺维奇·沃龙科夫。这一事例极为罕见。18世纪中叶，这位在乌拉尔和西西伯利亚赫赫有名的人物成为传说中的主人公，然后被编入旧礼仪派信徒的《乌拉尔和西伯利亚的北部沿海居民信仰谱系》中。

必须回答一个问题：为什么伊格纳季·谢苗诺维奇·沃龙科夫能成为故事的主人公？要知道在乌拉尔分裂派教徒中，文员罗季翁·纳巴托夫、费奥多尔·马霍廷和伊凡·奥谢尼耶夫等都是相当杰出的分裂派活动家，但是他们却没有被编入传说。

显然，伊格纳季·谢苗诺维奇·沃龙科夫成乌拉尔地区声名远播的传奇英雄，原因有多种。虽然他出现在乌拉尔的过程平淡无奇（当地有相当多的流亡者），但他出类拔萃，在叶卡捷琳堡颇有影响力（托博尔斯克都主教审讯他时，其中一个来找伊格纳季·谢苗诺维奇·沃龙科夫

---

① ГАПО, ф. 297, оп. 1, д. 1130, л, 146.

的人说，根宁将军的管家"平易近人，乐善好施"）。沃龙科夫与叶卡捷琳堡当局的关系良好，所以在长达 20 年的时间内从未被起诉。很可能早在 18 世纪 30~40 年代，这名流亡者身边有保护伞的传闻就已经出现。由此，他出身于贵族的传闻就呼之欲出。

伊格纳季·谢苗诺维奇·沃龙科夫被"贵族血统"的哥萨克人沃龙佐夫所取代，这并非偶然。一方面两人姓氏发音相近。沃龙佐夫男爵家族在乌拉尔地区闻名遐迩，1758 年，沃龙佐夫男爵获得了政府转让的上伊谢季工厂以及工厂附属的斯坦诺维村、萨拉普尔卡村和沙尔塔什村。伊格纳季·谢苗诺维奇·沃龙佐夫在上伊谢季工厂的基础上，增建了叶戈希欣工厂、莫托维利欣工厂、维斯姆工厂和佩斯科尔工厂等。[①] 和乌拉尔地区早期的工厂主杰米多夫一样，伊格纳季·谢苗诺维奇·沃龙佐夫无微不至地庇护着当地的旧礼仪派信徒。1761 年都主教帕维尔·科尤斯克维奇发起毁灭性搜捕，目标是沙尔塔什村、斯坦诺维村和萨拉普尔卡村的分裂派教徒。作为回应，沃龙佐夫男爵向枢密院和主教公会提出申诉，由此可见他实际上支持农民请愿，捍卫西伯利亚的宗教自由。[②]

18 世纪下半叶，乌拉尔地区开始流传叶卡捷琳堡流放者沃龙科夫的故事，后来它与旧礼仪派教徒的支持者、贵族出身的沃龙佐夫的故事融为一体。沃龙科夫这位顿河哥萨克人成为传说中的主人公，摇身一变成为"贵族者出身的受难者"。

关于伊格纳季·谢苗诺维奇·沃龙佐夫的这一传说之所以经久不

---

① Павленко Н. И. История металлургии в России XVIII в. Заводы и заводовладельцы. М. : Изд-во АН СССР, 1962. c. 348–349.

② Чупин Н. К. Географический и статистический словарь Пермской губернии: В 8 – ми вып. Т. 1. вып. 3. А – И. Пермь: Губ. земство, 1873. c. 284 – 286; Покровский Н. Н. Антифеодальный протест урало – сибирских крестьян – старообрядцев. Новосибирск: Наука, 1974. c. 278.

衰，是因为他的形象符合俄国（这里指乌拉尔）农民历史意识的规律。沃龙佐夫的传说反映了当时社会中广为流传的"幼稚的君主主义"。"曾经管理过沙皇事务"的人与俄国的"反基督"当局截然不同。他屡遭迫害，代表着真正的、传统的虔诚信仰，代表着公正的、合法的和古老的国家秩序。

正是由此，传说强调了伊格纳季·谢苗诺维奇·沃龙佐夫的"旧时代"特征，这可以追溯到民间传说。在青年时期，即17世纪中叶的教会改革之前，沃龙佐夫与沙皇阿列克谢·米哈伊洛维奇关系特别密切。俄国官方和民间公认，教会改革是俄国世俗政权和教会当局由盛而衰的转折点。在建设叶卡捷琳堡期间，关于"出身显赫的旧礼仪派信徒"的传说历久弥新，他与农民分担流亡生活的艰辛。这种传说结构和内容越稳定，人物原型的真实细节就越少，反之亦然。

与传说中的伊格纳季·谢苗诺维奇·沃龙科夫不同，旧礼仪派信徒伊格纳季·谢苗诺维奇·沃龙佐夫的晚年生活平静如水，波澜不惊。只有偶尔想起自己贵族出身时，他才感到激动不安。伊格纳季·谢苗诺维奇·沃龙佐夫遭受迫害以及他为捍卫"旧礼仪派"而与两位都主教发生争执的故事，对人们来说并不重要。传说中根本没有提到"沙皇秘书"的原型施洗、传经布道和布置圣餐等事实。

这些细节对当时的人们来说极为重要，但当逃亡者的传说开始承载意识形态和并具有艺术色彩时，细节就"消失不见"。传说中重要的是历史（K. B. 奇斯托夫所谓的"黄金时代"的故事）与当代的对立。伊格纳季·沃龙科夫在传说中具备"救世主"的一些特征，它们是农民意识影响的产物。还应指出另一特点：被流放的哥萨克人变身为贵族出身的受难者和"沙皇秘书"。这一情节也意义重大，它确保了该人物形象在乌拉尔地区民间传说中的稳定性。仅仅作为"旧礼仪派的受难者"显然不够，必须通过"沙皇秘书"积极参与年轻沙皇阿列克谢·米哈伊洛维奇的公共事务来强化这一主题。因此，传说的主题不仅是新旧信仰的对比，同时还有旧的（人们心中公平的）秩序和新的、不公正的秩序的对比，年轻沙皇阿列克谢·米哈伊洛维奇所代表的过去的皇权与当代君主们的施政的对比等。这一传说本质上体现了旧礼仪派信仰，并且渗透着该地区居民对"幼稚的君主主义"的理解。

本章小结

"幼稚的君主主义"概括了18世纪乌拉尔地区矿工的政治和法律观点。"幼稚的君主主义"在封建后期社会思想史上具有重要意义，因为它代表着另外一种政治体系，可以取代俄罗斯帝国当时的政治体制。通过"蓄意曲解陛下诏书"的方式，人们以自己的方式重新诠释专制国家法律，希望将附属村庄从工厂的强迫劳动中解放出来，将国家农民的权利赋予"领有工人"和工匠，保护当地工人免遭官员的颐指气使和职权滥用等。正是由此，"幼稚的君主主义"是一种积极有力的维权手段，俄罗斯帝国官方也不能不承认它卓有成效。[①]

君主主义的"幼稚性"在历史上受社会意识发展水平的制约，即封建晚期工人为自己设定了虚幻的最终目标。该目标体现为18世纪已经寿终正寝的哥萨克体制、对以前"正义的"秩序的回忆、希望出现"救世主沙皇"以及逃避"反基督王国"的愿望等。

[①] Покровский Н. Н. Жалоба уральских заводских крестьян 1790 г. В кн.: Сибирская археография и источниковедение. Новосибирск: Наука, 1979. с. 162; Пихоя Р. Г. Книжно-рукописная традиция Урала XVIII-начала XX в. (К постановке проблемы). В кн.: Источники по культуре и классовой борьбе феодального периода. Новосибирск: Наука, 1982. с. 114.

第三章
乌拉尔劳动者思想的变迁

第一节　书籍与社会思想

彼得一世时代，大众文化和社会思想发生了许多新的变化：公众意识、国家不同阶层日常生活方式逐渐世俗化；自然科学开始产生和发展等。然而，新的文化并没有与彼得一世之前的旧俄国截然割裂。

18 世纪俄罗斯文化史研究者 B. И. 克拉斯诺巴耶夫指出了彼得一世时代文化的一个特点："虽然新旧文化原则上相反，但它们实际上共存于一个社会，甚至常常共存于同一人身上。"①

俄罗斯文化发展的普遍规律、俄罗斯文化在乌拉尔地区矿业生产条件下的特殊性，具体表现为该地区劳动者阅读的图书。18 世纪乌拉尔地区流传的书籍成为当时意识形态斗争的标志之一，以物质形式体现了当时不同的社会思潮。书籍既反映了社会思想，也影响了意识形态和政治观点的形成。

古罗斯文献是 18 世纪工人图书文化的一个特殊的、基础性部分。18

① Краснобае в Б. И. Русская культура второй половины XVII - начала XIX в. : Учеб, пособие для студентов ист. спец, вузов. М. : Изд-во МГУ, 1983. с. 43.

世纪 30 年代 В. Н. 塔季谢夫已经注意到了这一现象。他指出，在乌拉尔的私营工厂里，"即便是书籍，分裂派的导师也要使用旧的"①。

与此同时，由于大规模采矿生产的需要，工厂居民阅读了主题相对广泛的世俗书籍和知识类书籍。为了培养合格的专家，乌拉尔建立了多所矿厂附属学校。

学校的学习并不轻松，大量学生辍学的事实就证明了这一点。他们之所以辍学，是因为"缺少食物"，并且工作辛苦，"……夏天的学习时间很短，学徒们更多地忙于工厂工作……年幼的他们，常常不堪重负"。学生辍学的原因还包括"没有补贴，也没有吃的"，他们从叶卡捷琳堡逃回察雷沃·戈罗季谢、萨克玛尔以及外乌拉尔地区的自由村。他们想念父母，"由于不理解教学内容以及老师的不耐烦……受到老师的殴打"而逃学。②

尽管如此，学校已成为该地区国营工厂居民日常生活和文化活动的重要组成部分。1728 年 В. Н. 塔季谢夫强调说，许多学生"学习算术和几何，成为熟练的工匠，为工厂带来可观的收益"③，充分肯定了学校教育对乌拉尔工业发展的推动作用。受益方不仅是工厂。并非偶然的是，该地区的许多居民向矿务当局请愿，申请接纳其子女入学。А. М. 萨弗罗诺夫娃深入研究了乌拉尔学校 18 世纪上半叶的历史，发现了工厂居民的四份集体请愿书，要求在利亚林、苏珊斯基、塞维尔斯克和瑟谢尔季工厂开设新学校。④ 这充分证明该地区的矿工认识到了教育的重要性。

---

① ЦГАДА, ф. 271, оп. 1, кн. 12, л. 575.

② Сафронова А. М. Документы о побегах трудящихся горнозаводских школ Урала первой половины XVIII в. В кн.: Источниковедение истории классовой борьбы рабочих Урала. Свердловск: Уральск. ун-т, 1981. с. 147–159.

③ Пензин Э. А. Школы при горных заводах Урала в первой трети XVIII в. (По документам местных органов горнозаводского управления). В кн.: Общественно-политическая мысль дореволюционного Урала. Свердловск: Уральск. ун-т, 1983. с. 74–75.

④ 作者感谢 А. М. 萨弗罗诺夫娃提供以上事实。

学校的教学科目繁多，学生需要阅读初级识字课本、日课经和赞美诗，同时还要学习算数、《土地几何学》①、三角学以及外语版（主要是德语）的机械类和采矿类书籍。

早在18世纪20年代，叶卡捷琳堡就出现了第一批学校图书馆，它们的图书于1735年被集中到西伯利亚和喀山工厂管理总局办公室下属的"国家矿业图书馆"。1735～1737年，根据工厂管理总局局长 B. H. 塔季谢夫的指示，多次购买了 B. H. 塔季谢夫在莫斯科和圣彼得堡专门编纂的德语、拉丁语和俄语书籍，"为学校服务"。后来，B. H. 塔季谢夫转任奥伦堡远征队②队长，离任时他将个人藏书捐赠给了叶卡捷琳堡的学校。③

由最大的私营工厂开设的下塔吉尔学校是乌拉尔地区另一个专家培训中心，该学校很可能成立于18世纪60年代。④ 这里的教育具有阶层性，主要招收工厂上层管理机构官员的子弟。学习科目包括算术、几何、绘图、绘画和写作等。他们的教科书通常是文学书、识字书、日课经，

---

① 尤其是可以参见彼尔姆方志博物馆藏书中的矿山学校几何书（ПОКМ，16925/11）和斯维尔德洛夫斯克历史革命博物馆的藏书（C/M 17824/IПИ4171；д. 363；ГАСО，Ф. 101，оп. 1，д. 307）。

② 奥伦堡远征队（1734～1744年；自1737年起称为奥伦堡委员会）是俄国的一个国家机构，负责组织与中亚的贸易以及进一步吞并中亚。但由于爆发起义，它与巴什基尔委员会一起致力于镇压起义，并在巴什基里亚东南边界建立防御工事体系。——译者注

③ Книги В. Н. Татищева в фондах Свердловского краеведческого музея. （Предварите льная информация）. Свердловск: Свердловск. обл. краев. музей, 1962. c. 7; Голендухин А. Д. Новые материалы к биографии В. Н. Татищева. Докл. на секциях Ученого совета Свердловского краеведческого музея. Свердловск: Свердловск, обл. краев. музей, 1964. c. 11 - 38; Гузнер И. А. В. Н. Татищев и просветительская деятел ьность урало - сибирских библиотек. В кн.: Революционные. и прогрессивные традиции книжного дела в Сибири и на Дальнем Востоке. （Сб. научных трудов）. Новосибирск: Гос. публ. научн. техн. б-ка СО АН СССР, 1979. вып. 43. c. 5-16.

④ Лысова О. А. , Осипова Л. А. К вопросу о развитии горнотех нического образования на Урале в XVII в. В кн.: Из истории духовной культуры дореволюционного Урала. Свердловск: Уральск. ун-т, 1979. c. 98-100.

但是也有《青春宝鉴》①、特奥潘·普罗科波维奇的《青少年的初步训练》以及算术、几何和绘画方面的辅导书等。学校的图书馆还收藏了 А. Т. 勃洛托夫、И. И. 贝茨基、Ф. 德·费尼隆等人的教学著作。②

18 世纪中叶，矿工图书馆开始出现专门的科学图书。西伯利亚矿务总局还出版采矿业务书籍。例如，筹划出版了矿务总局局长 И. А. 施拉特尔的 10 卷本著作，但是这套书的销售不畅。西伯利亚矿务总局表示，"矿务总局了解到，私人不愿意购买这套书，关厢居民也无意购买"③。为了确保销售，建议如下：将这些书免费分发给"私人"，费用从私营工厂的什一税中扣除。后来，矿务总局向私营工厂主、工厂办公室和矿业官员强行摊派这套图书。还有一部分出售给了个人。④

工厂中信奉旧礼仪派的工人和工匠直接参与采矿，因此他们也收藏了这类图书。原下伊尔金工厂炼铜工学徒彼得·米哈伊洛夫最初收藏的图书就包括《关于铜厂建设的方案和说明以及如何修建工厂炼炉》。⑤ 格里高利·马霍京⑥是涅维扬斯克工厂的办事员，是当地分裂运动领导人之一（于 1777 年主持召开了乌拉尔分裂派会议）的兄弟，⑦ 曾于 1770 ~ 1776 年编写了《涅维扬斯克工厂纪念册》。该书基于涅维扬斯克工厂的经验，是一本原创性的工程技术著作。⑧

---

① 《青春宝鉴》（全名为《青春宝鉴——多人合著的日常行为指南》）是 18 世纪早期根据彼得一世的法令而编纂的、用于贵族子弟教育的文学和教育文献。——译者注

② Лысова О. А., Осипова Л. А. К вопросу о развитии горнотех нического образования на Урале в XVII в. В кн.: Из истории духовной культуры дореволюционного Урала. Свердловск: Уральск. ун-т, 1979. с. 103-106.

③ ЦГАДА, ф. 271, оп. 1, кн. 43, л. 23-25 об.

④ ЦГАДА, ф. 271, оп. 1, д. 431, л. 381-381 об.; 401-401 об.

⑤ Пихоя Р. Г. Книжно-рукописная традиция Урала XVIII-начала XX в. (К постановке проблемы). В кн.: Источники по культуре и классовой борьбе феодального периода. Новосибирск: Наука, 1982. с. 112-113.

⑥ 生卒年月不详。——译者注

⑦ 参见 УрГУ, Невьянское собр., 54р/386, собр. ИИФиФ СО АН СССР, № 9/72, л. 23-32。

⑧ 20 世纪初的手稿副本收藏于 ГАСО, ф. 101, оп. 1, д. 391。

　　识文断字是当时文化水平的一个标志，在工厂的居民中绝不罕见。18 世纪，在相当长的时期内，无论是国营工厂还是私营工厂都开设学校，这表明一些居民本身就识字。我们认为，私营工厂主所说的"没有会写字的居民""虽然他们能够写字，但只会写自己的名字"等，并不意味着工厂的所有人都是文盲。当然，擅长"写作"并"可以完成文员工作"的人，即不仅识字，而且有办公室工作知识的人，的确为数不多。此外，私营工厂非常不愿意把有用的人派到下塔吉尔工厂总办公室。①

　　显然，即使在私营工厂中，具有实际的识字、读写能力的人也并不罕见。1745~1746 年，当叶卡捷琳堡地方自治事务办公室调查当时非常猖獗的伪造护照活动时，他们发现切尔诺斯托钦斯克工厂是一个制假中心。后来该办公室的调查遇到了严重困难。叶卡捷琳堡地方自治办公室的少尉被派往切尔诺斯托钦斯克，希望在有文化的居民中"搜捕偷印护照的人"，但是他马上就发现一个事实："这里有文化的外来者相当多。"②

　　矿务当局声势浩大的"启蒙教育"在乌拉尔国有工业发展的前几十年中尤其引人注目，它不仅开办学校和发行图书。矿业的发展需要探矿者，需要勘探新工厂的厂址。所以，当地矿务当局的法令不仅鼓励探矿者的活动（"以引起人们对探矿的兴趣"）③，还完整地说明了如何探矿，如何描述找到矿床的信息。此外，政府法令还要求探矿工"标注并签

①　Лысова О. А., Осипова Л. А. К вопросу о развитии горнотех нического образования на Урале в XVII в. В кн.: Из истории духовной культуры дореволюционного Урала. Свердловск: Уральск. ун-т, 1979. c. 180.

②　КСД 1746 г., л. 67-67 об.

③　ГАСО, ф. 24, оп. 1, д. 6, л. 5 об. - 6. 关于乌拉尔地区探矿者的详细信息，参见 Кузин А. А. История открытия рудных месторождений в России до середины XIX в. М.: Изд-во АН СССР, 1961. c. 164-171, 181-192; Козлов А. Г. Творцы науки и техники на Урале XVII-начало XX в. Биогр. справочник. Свердловск: Сред. -Уральск. кн. изд-во, 1981. 222 c.

字",表明"矿床在山上或平地的什么地方:如果在山上,那么在多高的地方;如果是平地,那么是沼泽还是旱地,矿脉呈条状还是层状,矿层厚度多少"。^① 因此,有一份表彰矿工塔塔尔·博利亚克·鲁萨耶夫的通告,公布了他探矿成功的信息,并附有"一小块矿石"的样本,以期为未来的矿工提供"直观的帮助"。

上述通告不仅激励着探矿者,还是勘探和评估自然资源的指南。由于通告应当在人口密集的公共场合伴随着鼓声宣读,所以大可不必抱怨很少有人掌握这种技术资料。法令无疑汲取了 17 世纪农民积累的实用知识和技能。但是,号召大众评估河边发现的地方是否适合建设大坝和工厂,这是 18 世纪新技术文化的一个特征。

没有理由指责矿务当局未对乌拉尔农民进行"预测性评价",18 世纪乌拉尔冶金业的全部经验就是一个例子。农民伊凡·瓦西里耶维奇·佐提耶夫向工厂管理总局办公室汇报称,他"在……买卖牲畜时,在森林中距离雷奇科夫村(属于塔吉尔自由村)大约 25 俄里的地方,穆加河上游右岸的山上发现了铁矿",他只需提供这一信息就已足够。工厂管理总局命令阿拉帕耶夫斯克工厂办公室与佐提耶夫一起前往该地,考察是否适合建厂。该地的优势在于:矿床附近有一条河,"以及相当多的松树等树木"^②。

乌拉尔冶金业的历史发展表明,当地许多居民已经掌握了相应的技术知识,并拥有相关经验。

文化的新特点也体现在该地区群众阅读的图书以及"草根"民主文学的广泛传播。^③ 18 世纪俄国杰出的教育家 H. И. 诺维科夫不无嘲讽地区分了当时"受过教育的"贵族圈和"第三阶层"("我们的小市民")。

---

① ГАСО, ф. 24, оп. 1, д. 6, л. 191об. –192.

② ГАТО, ф. 47, оп. 1, д. 3566, л. 1.

③ Бегунов Ю. К. Русская литература XVIII в. и демократический читатель. (Проблемы и задачи изучения). Русская литература, 1877. № 1. с. 121–139.

"贵族以法语知识启迪心智，将书籍和头饰相提并论，他们倾心于所有来自法国的饰物，如香粉、润肤油和图书等。可以证实我的观点的是这样的书籍：受过教育的人弃之若敝屣，并且仅有小市民才阅读。它们主要包括《特洛伊史》《提要》《青春宝鉴》《完美的儿童教育》《亚速史》等书。"①

　　Н. И. 诺维科夫同时代的一位老者 А. П. 苏马罗科夫在文章中补充了这一"小市民"的书目清单。和 Н. И. 诺维科夫不同，А. П. 苏马罗科夫仅仅嘲笑这些书"音律不整"，就像是阅读文员的流水账一样：

　　　　能指望我们写出一个好的音节吗？

　　　　通向它的学习之路已经封闭。

　　　　你只需学会一点即可：

　　　　会写"鲍瓦"、"彼得"和"金钥匙"。

　　　　文员说：这些字很漂亮，

　　　　只要勤奋学习，你将成人。

　　　　我也认为你将成人，

　　　　但你永远不会读写。②

　　А. П. 苏马罗科夫和 Н. И. 诺维科夫所嘲笑的那些图书，也是乌拉尔广大阶层的阅读对象。历史著作、儿童教育书籍、17～18 世纪的冒险小说和讽刺故事等，是 18 世纪商人、关厢居民和地方乡绅的读物。这些读物反映了新的、世俗的元素在俄国广大阶层文化中的渗透，它们都是 18 世纪乌拉尔地区图书馆的必备书籍。

---

① Н. И. Новиков и его современники. Изб. соч. / Под ред. И. В. Малышева. М. : Изд-во АН СССР，1961. с. 328.

② Н. И. Новиков и его современники. Изб. соч. / Под ред. И. В. Малышева. М. : Изд-во АН СССР，1961. с. 369.

根据南乌拉尔地区奥索金的下特罗夫工厂的居民瓦西里·切诺科夫的财产清单，1773 年，他的藏书包括：

《颂歌》大字印刷本　　　5 卢布

《提要》印刷版　　　　　40 戈比

《喀山圣母显灵记》　　　60 戈比

《攻占亚速城史》　　　　20 戈比

《国王鲍瓦的故事》　　　30 戈比

《君士坦丁堡史或土耳其国王穆罕默德·阿布莫拉托夫攻城记》

50 戈比

《弗朗西斯和文森特的故事》　　　50 戈比

《十三册硬装书语录》　5 卢布。①

在乌拉尔南部建于 18 世纪 60 年代的一家偏远工厂中还发现了另外一些史书，如《亚速史》和《攻占君士坦丁堡的故事》，以大量的手抄本和多次出版而闻名的骑士小说《弗朗西斯和文森特的故事》，还有在罗斯被广为阅读的、极受欢迎的小说之一《国王鲍瓦的故事》，它在 18、19 世纪被多次出版，以及手抄版的、典型的旧礼仪派文集《文集》。

在同一时期，乌拉尔山脉另一端卡马河附近的斯鲁德卡村，斯特罗加诺夫家族的农奴瓦西里·伊凡诺维奇·杰米多夫通过从熟人那里借书抄写、交换等，建立了一个独特的小型手抄本图书馆，里面的图书包括

---

① Вагина П. А. Материалы к спецсеминару по истории горнозаводской промышленности и классовой борьбы на Урале второй половины XVIII в. Для студентов ист. фак. Вып. 1. Материальнобытовое положение мастеровых и работных людей второй половины XVIII в. Свердловск: Уральск. ун-т, 1962. с. 30-31; Пихоя Р. Г. Книжно-рукописная традиция Урала XVIII-начала XX в. (К постановке проблемы). В кн.: Источники по культуре и классовой борьбе феодального периода. Новосибирск: Наука, 1982. с. 110.

《帅小伙鲍瓦·科罗列维奇和漂亮的未婚妻公主及其冒险的故事》①、文集《耶路撒冷之旅》（作者是特里丰·科罗贝尼科夫？）、《彼尔姆斯捷潘的生活》、《圣乔治的奇迹》和《僧侣埃米利安的生平》等，② 还有《启示录》③、上文提及的《国王鲍瓦的故事》④、《戴克里先王子向父亲讲述骑士亚历山大的故事》⑤、重新抄写的伪书《耶路撒冷羊皮书》⑥、《土耳其苏丹的来信以及扎波罗热哥萨克人的回信》⑦ 以及《戴克里先王子向父亲讲述骑士亚历山大的故事》的另一个版本⑧等。

一些故事的页面上有许多标注，例如《土耳其国王布拉吉姆在亚速围困哥萨克》等，表明它深受读者欢迎。该书是由斯鲁德卡村的农民格里高利·费奥多洛维奇·博格达诺夫于1778年1月29日抄写的。然后，"这一手抄本被交给了瓦西里·普罗特尼科夫完整地抄写，我知道它非常完好。如果他弄脏了这本书，那么他需要赔偿7戈比。订购这份手抄本的人是斯捷潘·科哲夫尼科夫，不是瓦西里·普罗特尼科夫"。在手抄本的页边还有一条记录："瓦西里·普罗特尼科夫和格里高利·费奥多洛维

---

① ПОКМ，11907/14. 书中记载，1777年，该书的主人是索利卡姆斯克商人达尼尔·科列林，同年，该书被转让给斯鲁德卡村的斯特罗加诺夫农民格里高利·费多罗维奇·博格达诺夫。

② ПОКМ，11907/12.

③ ПОКМ，11907/7. 书页中有一条记录，说明这本书是1783年8月20日特维尔商人 Н. А. 科罗夫尼岑根据印刷的硬皮书抄写的。

④ ПОКМ，11907/15. 书中记载："枢密院议员阁下、国务委员会和外交部部长、各种骑士勋章的获得者、亚历山大·谢尔盖耶维奇·斯特罗加诺夫伯爵、斯卢茨克村的农民格里高利·费多罗维奇·博格达诺夫于1777年12月16日亲手签名"。

⑤ ПОКМ，11907/17.

⑥ ПОКМ，11907/1. 包含该书的主人瓦西里·杰米多夫于1777年4月1日做出的许多说明。

⑦ ПОКМ，11907/2. 书中记载："这本书的主人为农奴瓦西里·伊万诺夫之子杰米多夫，是他自己当年抄写的。除了我，杰米多夫，没有人与这本书有任何关系。1778年2月17日。"

⑧ ПОКМ，11907/2. ПОКМ，11907/16. 瓦西里·杰米多夫于1777年4月1日在书中标注："我亲手书写……旁人不可干涉。"

奇·博格达诺夫之书。1799 年。"① 在同一批书中有两本谚语集。其中一本收录了拉丁语谚语和对应的俄语翻译②，第二本是《速写字母表》。③还有瓦西里·伊凡诺维奇·杰米多夫于 1788 年亲手抄写的一本医学书。④

然而，其中特别有趣的是一个手抄本，共 24 页，收录有《商人德米特里及其儿子博尔佐米斯尔的故事》《耶路撒冷羊皮卷》《酒鬼的故事——飘飘欲仙》《贪赃枉法的审判》《福马和耶列木的故事》《母鸡与狐狸》等，该文集的最后一篇是《衣不蔽体的穷人》。⑤

斯特罗加诺夫农民瓦西里·伊凡诺维奇·杰米多夫的藏书的主题可以划分为四类。前三类是充满活力、积极乐观的故事：骑士和王子的故事、哥萨克骑兵勇敢地从土耳其人手中夺取并保卫亚速城的故事、辱骂土耳其苏丹本人的故事等；第四类是悲观的末世论预言以及《耶路撒冷手抄本》的许多副本。实际上，这代表了当时农民心态的两极。王公贵族、骑士和士兵在远方边境英勇作战，建功立业，与之相对的是耶稣的再次降临以及随之而来的惩罚和折磨，以及所有人（无论贫富强弱）的责任。上述矛盾似乎在 17 世纪的民主讽刺文献中、在日常生活的层面得以解决。卡马河附近斯鲁德卡村的农民们乐此不疲地阅读并抄写这些图书。作品的主人公包括：酒鬼，他进入天堂，圣徒和使徒们羞辱他，阻挡他前行，却反遭他的嘲讽；可怜的农民，由于贫穷而屡遭厄运，最后受到不公正的审判，但是幸运地欺骗并震慑了贪赃枉法的舍米亚金法官。此外还有《衣不蔽体的穷人》中的主人公，他对富人满怀怨恨，但是已经颓废堕落，对自己的前途深感绝望，因此向生活屈服："唉，的确，那些富人骑着骏马，在富丽堂皇的房子里宴请宾客，山吃海喝，而我们穷

---

① ПОКМ，11907/19.
② ПОКМ，11907/22.
③ ПОКМ，11907/24.
④ ПОКМ，11907/20.
⑤ ПОКМ，11907/18.

人却举步维艰。"①

但是，《衣不蔽体的穷人》之后是"乘法表"，书中还有《医疗手册》和拉丁语—俄语对照的谚语，这并非巧合。卡马河附近斯鲁德卡村紧邻着一条重要的水上航道，诞生了许多领航员和木材流送工，因此，该村融入了俄国整个文化历史进程。正是在这里，18世纪俄国常见的大众读物被保存得特别完整，并被反复传阅和抄写。瓦西里·伊凡诺维奇·杰米多夫的藏书有一个特殊的细节。18、19世纪之交，斯特罗加诺夫庄园的商人继承了这些藏书。保存和占有17~18世纪的文化遗产，是新生的俄国资产阶级社会思想的重要组成部分。

彼尔姆方志博物馆藏有一批18世纪乌拉尔社会思想史的手稿，它们数量不多，但弥足珍贵。其中包括一批18世纪的手写教案，这些手稿显然来自卡马河流域以前的一所算术学校（叶戈希欣斯基学校或者皮斯科尔斯基学校）。它们是18世纪杰出的文献，因为这意味着该地区其他阶层文化水平的提高，表明了工人在技术学校接受培训。手稿包括著名的《青春宝鉴》，而《伊索的生平》则是一部具有鲜明民主思想的作品，书中将聪明的奴隶伊索与愚蠢的主人桑特进行对比。《人类生活的愿景》旨在提高人们的道德修养。此外，还有附带大量表格和与图片的星象书《论七大行星》、图文并茂的放血疗法教科书《针刺血管》及《试金分析》（又名《论矿石冶炼》）等。为探矿者和矿石化验员编纂的文集包含一份图纸，可以建造用于分析金属成分的生铁炉。18世纪乌拉尔矿工智慧的集大成者是《异域言论翻译——1735年12月9日记》（书中写道："历史是一个故事，即被描写的活动"，而"经济学是监督和建设房屋"）以及《7090年（1582年）至今的大彼尔姆总督名录》。②

---

① ПОКМ，11907/18，л. 24об.
② ПОКМ，16925/40.

　　农奴瓦西里·杰米多夫的藏书①反映了整个乌拉尔地区民主读者文化发展的总体水平，同时也体现了农民阶层特殊的阅读范围以及矿工的最高文化水平。

　　大众图书文化具有"开放性"，但并非来者不拒，因为这意味着读者吸收 18 世纪的一切主流文化。乌拉尔有文化的人出身于农奴、工匠和工人，他们无疑认识到同一作者的图书可能表达不同的意识形态。

　　罗斯托夫都主教德米特里·罗斯托夫斯基的《修道士编年史》的手抄本在乌拉尔地区流传甚广，其中《圣经》故事表现出史诗般的宁静和厚重，引起了萨达姆人格里高利·斯米尔诺夫的兴趣，他在 18 世纪下半叶重新抄写了《修道士编年史》。② 对此感兴趣的还有伊万·帕特鲁舍夫，③ 他是上图里耶的车夫、彼得·恩塔尔采夫的探矿员④和学徒，后来成为著名的宝石加工专家。在塔吉尔旧礼仪派隐修地的藏书中，同样收藏有罗斯托夫都主教德米特里·罗斯托夫斯基的《修道士编年史》。⑤ 德米特里·罗斯托夫斯基编纂的另一本反对旧礼仪派的书《分裂派教义调查》的命运则截然不同，它被旧礼仪派信徒断然拒绝。并且，对这本书的态度不仅体现了不同的阅读兴趣，还体现了不同的政治观点。

　　1761 年 12 月 13 日，叶卡捷琳堡市副市长伊万·诺沃谢洛夫向工厂管理总局办公室提交报告。他在报告中讲述了他亲眼所见的、矿长伊万·别兹鲁科夫和叶夫罗西尼娅（叶卡捷琳堡市贫民费奥多尔·巴

---

① 这里的"藏书"有实无名。所有这些抄写在笔记本上的文学作品，如果主人愿意的话，可以很容易地装订成一本相对较小的书。

② Соликамский краеведческий музей, №3308/3.

③ УрГУ, Свердловское собр., 90р/1210. 学徒伊万·帕特鲁舍夫的记录日期是 1776 年，但书上也有一位同姓矿工帕特鲁舍夫的笔迹，但是没有标注日期。

④ ГАСО, ф. 156, оп. 1, д. 52. Запись П. Ентальцева датирована 1759 годом.

⑤ БАН, собр. Тагильского скита, №13. 作者感谢 А. Т. 沙什科夫提供该信息。

利亚斯尼科夫的妻子）之间的争吵。他们的争吵源于该书。矿长援引德米特里·罗斯托夫斯基编纂的《分裂派教义调查》一书，谴责分裂派教徒叶夫罗西尼娅："这本书是都主教德米特里·罗斯托夫斯基编纂的，他是罗斯托夫的显灵者。"而这个女人居然开始咒骂别兹鲁科夫……她同样咒骂显灵者德米特里·罗斯托夫斯基和《分裂派教义调查》这本书。她多次恶语伤人，并说他们并不崇拜这位显灵者，也不向他祈祷。①

　　工人们能够阅读图书并认识到它们在时代文化中的地位，进而利用它们与敌人展开意识形态斗争，这沉重打击了当地宗教分裂运动的最顽固的一个敌人——西尔维斯特·格洛瓦茨基。当西尔维斯特·格洛瓦茨基成为西伯利亚都主教之后，他变本加厉地打击工厂旧礼仪派信徒，甚至表现在：杰米多夫工厂订货人以前是大司祭科兹马·尼基福罗夫，现在取而代之的是年轻牧师德米特里·拉宾。当地的分裂派教徒和科兹马·尼基福罗夫并无任何龃龉。这里有一个有意思的细节：科兹马·尼基福罗夫的亲兄弟派西·佩雷贝林②是奥伦堡军团一个逃跑的龙骑兵，后来成为乌拉尔—西伯利亚教堂派牧师团的领导人之一，藏身于尼基福罗夫附近的下塔吉尔工厂。在与分裂派的斗争中，年仅 28 岁的德米特里·拉宾无疑已经崭露头角。他逮捕旧礼仪派信徒、没收书籍、违背父母的意愿为儿童施洗等。他在下塔吉尔和涅维扬斯克工厂积极地活动，这些地方的旧礼仪派信徒将其视为令人讨厌和危险的人。H. H. 波克罗夫斯基详细研究了 18 世纪德米特里·拉宾及其帮凶与旧礼仪派工人之间爆发

---

①　ГАПО，ф. 297，оп. 1，д. 1125.

②　ТФ ГАТО，ф. 156，оп. 1750，д. 34，л. 6，1а. См. также：Покровский Н. Н. Антифеод альный протест урало‐сибирских крестьян‐старообрядцев. Новосибирск：Наука，1974. с. 203‐204. 然而，亲属关系并不妨碍德米特里·库兹明牧师（即科兹马·尼基福罗夫之子，派西·佩雷贝林之侄）成为德米特里·拉宾的可靠助手，并坚决地而疯狂地打压涅维扬斯克工厂的旧礼仪派信徒。参见 ТФ ГАТО，ф. 156，оп. 1，1753 г.，д. 193，т. 1，л. 24‐58.

的、轰动一时的斗争。① 双方都无所不用其极：从军事支持（托博尔斯克派出赫列布尼科夫队长率领的军队支援德米特里·拉宾，而叶卡捷琳堡的矿务当局则派出二级矿务官员 C. 克列皮科夫和 И. 克尼亚吉金率领自己的队伍支持工人）直至向俄罗斯帝国的世俗政权机关以及教会上诉。

这场斗争胜负难分，没有真正的赢家。西伯利亚矿务总局为工厂方面辩护，认为自己的行为符合国家利益："保护无辜的工匠和工人，尤其是保证生产迫切需要的产品。"② 而都主教西尔维斯特支持德米特里·拉宾和 C. 克列皮科夫，他要求稳步实施彼得大帝关于分裂派活动的立法。在 18 世纪中期俄国社会经济和政治发展的现实条件下，任何一方都无法完胜。

然而，这种僵持的平衡后来被打破，影响了冲突各方的命运。工厂的旧礼仪派信徒们没有原谅德米特里·拉宾，他们利用德米特里·拉宾的一个弱点来对付他。德米特里·拉宾有两个孩子，父子都非常喜欢读书。即使在没收图书期间，德米特里·拉宾也试图扣留被捕的旧礼仪派信徒的有趣书籍。因此，1753 年 2 月在涅维扬斯克抓捕了年迈的拉里昂·耶夫多基莫夫（丘德年科）之后，在搜查地下室时，他发现了四份文件：第一份是普通的手稿；第二份是序言的摘抄；"第三份是《识字读本》，是对外文的解释；第四份也是手稿，描写了寺院的日常生活等，然后是异端对神圣的高级神职人员会议和圣徒会议的谴责和咒骂，并在一定程度上亵渎了大主教和神圣的宗教仪式"。德米特里·拉宾将其中三份手稿交给拉里昂·耶夫多基莫夫，派他去托博尔斯克交给都主教西尔维斯特，而对于《识字读本》，根据他给都主教西尔维斯特的信，"未经您

---

① Покровский Н. Н. Антифеодальный протест урало‐сибирских крестьян‐старообрядцев. Новосибирск: Наука, 1974. с. 196－209, 228－229.

② 矿业当局的这一立场是基于 В. Н. 塔季谢夫制订的《矿业章程》，叶卡捷琳堡的矿业当局遵循这一章程。参见 ГАСО，ф. 24，оп. 12，д. 3123，л. 7об. －8。

的允许，我擅自扣留"①。

如果我们不纠结于拉宾的图书来源，他的阅读品味相当普通（例如该地区广泛流传的《识字读本》），但是阅读的图书与他的官员身份不符。由此旧礼仪派信徒设置了一个陷阱，结束了拉宾这位调查者的职业生涯。1756 年，大司祭彼得·弗洛洛夫斯基向托博尔斯克的都主教告发拉宾。彼得·弗洛洛夫斯基称，下塔吉尔工厂的书记员米隆·波波夫是最有影响力的旧礼仪派信徒之一，他来找彼得·弗洛洛夫斯基，并给了彼得·弗洛洛夫斯基一本从拉宾那里得到的书。据书记员说，拉宾自己抄写这本书，并把它交给其他人抄写。彼得·弗洛洛夫斯基拥有丰富的专业知识，他证明说，虽然这本书类似于小晚祷的祷词，但实际上是"小酒馆的颂词"。此书中"神圣的经文被亵渎，在颂歌中提到了酒神 …… 第六首颂歌和其他赞美歌等都涉及纪念魔鬼……"②。

在反对分裂派运动斗争中，彼得·弗洛洛夫斯基是拉宾的对手。彼得·弗洛洛夫斯基极其详细地逐页分析了这本书，并援引分裂派教徒米隆·波波夫、二级矿务官员 C. 克列皮科夫（此时已晋升为铸造主管）、И. 克尼亚吉金、图林斯克工厂经理瓦西里·布尔采夫和秋明贵族费奥多尔·鲍里索夫等人的证词，显得掷地有声，毋庸置疑。

拉宾被传唤到托博尔斯克，并被带到总督察员办公室。他收藏并抄写亵渎神明的书籍，这一事实无可否认。拉宾千方百计为自己辩护。他说，在 1751 年 11 月 21 日的圣母进殿节（正值拉宾与二级矿务官员和工厂的旧礼仪派信徒斗争期间），米隆·波波夫和矿务官员来到他家，此间

---

① ТФ ГАТО，ф. 156，оп. 1. 1753 г.，д. 193，т. 1，л. 19. См. также：Покровский Н. Н. Антифеодальный протест урало－сибирских крестьян－старообрядцев. Новосибирск：Наука，1974. с. 220.

② ТФ ГАТО，ф. 156，оп. 1，1756 г.，д. 93，л. 1-2 об.

受到指控的那本书"莫名其妙地被偷走了"。然后拉宾说，他从没有把书给过米隆·波波夫，也不打算给他，是米隆·波波夫强行把书抢走。简单地说，他从图林斯克工厂前专员那里抄写这本书只是"为了嘲笑酒鬼"。此外，拉宾当时"在《分裂派教义调查》一书（上文提及的罗斯托夫都主教德米特里·罗斯托夫斯基的反旧礼仪派作品）上签名"，这一行为应当被谅解。但拉宾的命运已经注定。无论是他的辩解还是他以前作为调查者的功绩，都未能将功抵过。他之所以未被剥夺牧师职务，纯粹是因为西伯利亚严重缺少牧师。①

工厂旧礼仪派领袖人物米隆·波波夫的预言被完全证实。在西伯利亚都主教西尔维斯特的帮助下，拉宾被指控阅读和抄写"背叛圣父"的图书，这一罪名足以令他无立足之地。但是，拉宾的命运不仅仅是工厂中旧礼仪派信徒与忠于职守的调查者之间的冲突。这里有一个重要的细节：拉宾从旧礼仪派信徒手中没收图书时，他私自扣留一些图书。他向旧礼仪派信徒书记员米隆·波波夫提供"小酒馆的颂词"的材料（尽管调查期间这本书的流转情况并不清楚），而米隆·波波夫从1751年到1756年一直保留着这本书，最后将它作物证。

同时，这种特殊情况证明，需要谨慎地使用"旧礼仪派信徒的阅读嗜好""旧礼仪派信徒的图书传统"等概念。旧礼仪派的农民、工匠、工人和关厢居民等在18世纪的真实的历史资料可以证明，他们的阅读范围远不局限于纯粹的旧礼仪派文献（实际上是论辩性的）和祈祷书。

---

① 拉宾后来的命运是这样的：他被流放到塔拉县，到了没有牧师的塔特米奇教堂（拉宾的前任被雷击死）。这位不屈不挠的反对分裂派的斗士被流放到那里之后，设法转到图林斯克的十字升天教堂，但他酗酒，于1783年因"饮酒过量"被监禁。1783年，他被关押在秋明市拉法洛夫修道院"从事修道院劳动"，这通常是关押分裂派信徒的地方。参见 ТФ. ГАТО，ф. 156，оп. 1，1756г.，д. 93，л. 13－18；ГАТО，ф. 85，оп. 1，д. 48，л. 15об。

旧礼仪派信仰影响了书籍阅读的范围，但旧礼仪派信徒仍然符合全俄文化发展的整体趋势。[1] 生活条件、教育水平和矿业生产对精神需求产生了决定性的影响，尤其是读书活动。

因此，尽管正统的旧礼仪派尝试保护信徒不受"外部智慧"的影响，但这种做法徒劳无功。其中一个例子就是《正道指南》，它是 19 世纪 40 年代涅维扬斯克和下塔吉尔工厂中的旧礼仪派信徒根据早期作品特别是 18 世纪下半叶马克西姆的作品汇编而成的文集。书中要求："如果你发现异端书籍，不要阅读它们，当心你被致命的毒药毒死，如果它召唤你，务请自重，不要接触它们。"[2]

实践证明，这种禁令收效甚微。不仅在一些大规模的藏书中，甚至旧礼仪派信徒之间广为流传的文集《每日必读》中，"新文化"的作品经常与传统的旧俄国文学作品和谐共处。旧礼仪派信徒普遍保存有关末世论的作品。在这方面，具有代表性的是 18 世纪"叶戈希欣斯克工厂[3]化验员亚历山大·拉布金"，新乌索里居民伊凡·基尔科夫（有时他自称新乌索里农民）、书记员彼得·基钦等人阅读的文集。在文集中摘录了 1734 年俄国军队攻占格但斯克时的官方出版物。编年史家改编了罗斯托夫都主教德米特里·罗斯托夫斯基的《修道院编年史》、《亚当、米哈伊尔王国和反基督者诞生的故事》、《乔治和蛇的故事》[4] 以及当时在乌拉尔极受欢迎的《亚速之战的故事》等。

乌拉尔地区收藏的手稿，工匠、劳动者、附属农民和农奴的藏书更真实地展示了 18 世纪乌拉尔地区的精神兴趣，因为他们几乎能读尽读。

---

① АмосовА. А. ， Бударагин В. П. ， Морозов В. В. ， Пихоя Р. Г. О некоторых проблемах полевой археографии. （В порядке обсуждения）. В кн. ：Общественно-политическая мысль дореволюционного Урала. Свердловск：Уральск. ун-т，1983. с. 13-14.

② УрГУ，Невьянское собр.，117р/859，л. 26.

③ 即原来的亚戈希欣斯克工厂。——译者注

④ УрГУ，Свердловское собр.，1р/4.

而贵族阶层的藏书未必可行，因为他们经常藏而不读。[1]

乌拉尔地区矿业的发展、大规模兴建公立学校和私营工厂学校，是扩大图书收藏范围的另一因素。该地收藏了大量的矿业文献以及和矿业相关的算术、几何、教学法出版物等，还有数量繁多的、规定了该地区各个阶层社会地位的法律文件等。

除了俄国和乌拉尔文化共有的新趋势之外，这里还存在着一些陈旧的、传统的社会思潮，它们既反映在公众思想上，也反映在乌拉尔广大阶层阅读的图书中。虽然它们根植于彼得大帝改革之前的俄国，但同样举足轻重。

B. H. 塔季谢夫抵达乌拉尔之后，担任西伯利亚和喀山工厂管理总局局长，1735 年 10 月，他总结了自己上任第一年的工作成果。他特别指出，他已经在该地区的国营工厂创办了许多学校，并提供配套图书。同时他坦承，阿金菲·杰米多夫和 Π. 奥索金两家私营工厂并没有实现他制定的计划。B. H. 塔季谢夫认为失败的原因之一是，"在私营工厂中，即使是书，分裂派信徒的导师也要使用旧的。连东正教信徒都因循守旧，这非常危险"[2]。

在此，旧书成为一种条件，促使东正教教徒改宗分裂派。这一评价似乎有些言过其实，但它是参与迫害旧礼仪派信徒的世俗官员和教会官员的经验总结。正统东正教信徒经常援引旧书作为证据解释为何改宗分裂派。[3]"旧书所言"这一理由尤为方便，因为旧礼仪派信徒不用再去寻

---

①　Мартынов И. Ф. В библиотеке екатерининского вельможи. (Каталог книг тобольского и пермского генерал-губернатора Е. П. Кашкина). В кн. : Общественно-политическая мысль дореволюционного Урала. Свердловск : Уральск. ун-т, 1983. с. 76-77.

②　ЦГАДА, ф. 271, оп. 1, кн. 12, л. 575.

③　Покровский Н. Н. О роли древних рукописных и старопечатных книг в складывании системы авторитетов старообрядчества. В кн. : Научные библиотеки Сибири и Дальнего Востока. Новосибирск : Гос. публ. научн. техн. б-ка СО АН СССР, 1973. вып. 14. с. 19-40.

找"诱使"他们改宗分裂派的导师。

在宣传旧礼仪派的过程中，发挥主要作用的不是捍卫旧礼仪信仰的专门论证作品，而是普通的旧版教会书籍。基里尔·茹拉夫廖夫是卡塔拉奇村的农民，1750 年叶卡捷琳堡旧礼仪派的一位领导人组织逃跑，在此过程中他被拘捕。基里尔·茹拉夫廖夫向宗教事务所的调查员解释说，他受到一部旧诗篇的影响而改宗旧礼仪派，目的是"并起双指做圣事"。该诗篇是"从他曾祖父、农民拉里奥·瓦西里耶夫那里得到的，该诗篇在他家里，但六年前被烧毁"①。马特琳娜·涅克柳多娃是叶卡捷琳堡工厂第一任厂长专员费奥多尔·涅克柳多夫（即 1726 年与逃亡附属农奴斗争的官员）的女儿。她的爷爷是建坝工匠、卡缅斯克工厂的建设者 E. 涅克柳多夫，1754 年被指控参与分裂派活动。马特琳娜·涅克柳多娃同样表示，她是在阅读了《文集》和《启示录》等旧版印刷书并受到自己公公和公婆的劝说之后才皈依旧礼仪派的，后者居住于伊谢季村，信仰旧礼仪派。② 马特琳娜·涅克柳多娃的丈夫拉夫伦蒂·斯维诺博夫也是一位旧礼仪派信徒，他从下诺夫哥罗德省来到乌拉尔，在宗教事务所的审讯中，他同样谈到了书籍。他不去教堂，因为"现在教堂用新版而不是旧版书来做礼拜，用三指而不是两指来画十字"③。

世俗政权机关以及教会在搜查和迫害旧礼仪派信徒时，经常在旧礼仪派信徒的家中和自由村发现小规模的藏书。④ 自然，"充斥着分裂派的反抗精神"的旧礼仪派作品，如 1723 年春天在秋明市和秋明县搜查的塔

---

① ТФ ГАТО, ф. 156, оп, 1, 1752 г., д. 17, л. 11.

② ГАПО, ф. 297, оп. 1, д. 1130, л. 206–206об.

③ ГАПО, ф. 297, оп. 1, д. 1130, л. 287.

④ 例如，参见 Покровский Н. Н. Антифеодальный протест урало – сибирских крестьян – старообрядцев. Новосибирск: Наука, 1974. с. 159。

拉暴动领导人之一谢尔盖的"无耻信件"①或者《别尔久金手抄书》等,②令当局颇为不安。然而,即使是相当普通的旧印刷诗篇、礼仪和教规书等,在当局看来也非常危险,因为它们是传统的,所以被旧礼仪派信徒奉为圭臬。彼得一世本人在 1723 年 6 月 3 日听取了塔拉暴动搜捕的报告后,下令搜查并焚毁手抄书,而印刷书籍和信件被送到主教公会进行鉴定。

"国父"的指示开始执行。1725 年 2 月 24 日,塔拉调查办公室向托博尔斯克和伊尔库茨克省的所有城镇、萨克玛尔和叶卡捷琳堡等地的教徒、西伯利亚矿务总局发出告知函,其中不仅要对塔拉暴动的参与者"登记造册",还指示没收他们的"手抄本、笔记本和书信",并把"这些书和信件寄给位于托博尔斯克的事务衙门"③。

整个 18 世纪和 19 世纪大部分时期,没收旧礼仪派图书和手稿的方针从未动摇,但 B. H. 塔季谢夫对该方针做出了一定的个性化改变。B. H. 塔季谢夫是西伯利亚矿务总局局长,他对历史的爱好众所周知,再加上他深刻理解教育的重要性,并坚决捍卫国家利益,令当地分裂派信徒付出了沉重的代价。

早在 1720~1723 年,B. H. 塔季谢夫第一次在乌拉尔地区就职时已经发现,除了普通书籍,当地的旧礼仪派信徒还收藏了具有重要历史意义的年谱。1720~1721 年,他从一位分裂派信徒那里得到了一份"非常古老的、

---

① ГАТО, ф. 47, оп. 1, д. 4697, л. 12. 为了逮捕老年分裂派信徒、著名的阿夫拉米隐修地的继承人和领导人塔拉西, 以及和他一起来自卡尔马基村的叶夫列姆·戈卢比亚特尼科夫以及村民卢克·阿诺索夫, 并找到老信徒谢尔盖的信件, 当局派出了一支 119 人的军事小组 (ГАТО, ф. 47, оп. 1, д. 4697, л. 4-7)。

② Покровский Н. Н. К изучению памятников протеста крестьян-старообрядцев Западной Сибири середины XVIII в. В кн.: Бахрушинские чтения 1971 г. Новосибирск: Наука, 1972. с. 56-57.

③ ГАТО, ф. 47, оп. 1, д. 4698, л. 2. 1725 年前当局多次从西伯利亚反对者那里没收图书, 之后列出图书清单。图书清单同样证明了上述没收活动的真实性。参见 ТФ ГАТО, ф. 156, оп. 1723 г., д. 1, л. 44-64。

写在羊皮纸上的"大事年表，其中的信息在其他任何年表中"闻所未闻"。① 他命令当地政府搜查书籍。现存的、工厂警察季莫费·布尔佐夫致 B. H. 塔季谢夫的信中写道："高贵的、备受尊敬的炮兵上尉 B. H. 塔季谢夫先生，我慈爱的阁下！

11 月 3 日我收到了您于 10 月 25 日发自托博尔斯克的信函，谨答复如下：在下派遣龙骑兵柳比姆·马卡洛夫荣登贵府，奉上一本只剩下四分之一的关于穆罗姆镇等问题的俄文书，它的封面是灰色皮革。还有一本新近在圣彼得堡印刷的初级识字书……乌克图斯，1721 年 11 月 4 日。您蒙恩的、卑微的仆人季莫费·布尔佐夫。"②

B. H. 塔季谢夫第二次到达乌拉尔时，他已升任四等文官顾问（后来为枢密顾问），手眼通天。他采取的行动之一是，根据西伯利亚和喀山工厂管理总局的要求，搜捕分裂派教徒。这一行动令人感到震惊，因为乌拉尔的矿务当局在 18 世纪从未主动追捕过分裂派教徒。H. H. 波克罗夫斯基详细分析了为何采取这种前所未有的措施。③

B. H. 塔季谢夫的"出格"行为还有一个新的特点值得注意：B. H. 塔季谢夫向西伯利亚教会当局提出预警，声称即将对分裂派教徒采取行动，但是教会方面对此态度冷淡。1735 年 1 月 20 日，B. H. 塔季谢夫宣称，"苏廖姆河的杰米多夫工厂附近有一片分裂派的隐修地，这是异端的巢穴"，西伯利亚都主教安东尼拒绝派出自己的"人马"，史料记载，"因

---

① Татищев В. Н. История Российская. 2-е изд. / Под ред. А. И. Андреева, с. Н. Валка и М. Н. Тихомирова. М.; Л.: Изд-во АН СССР, 1962. т. 1. с. 123. 同时，他还调查了乌拉尔地区最大修道院的藏书。在贝斯科尔他发现了"与采矿相关"的书籍（参见 ЦГАДА, ф. 271, оп. 1, кн. 4, л. 84—85），在达尔马提亚修道院发现了骑兵大尉斯坦凯维奇的编年史（参见 Шашков А. Т. Летопись ротмистра Станкевича. Уральский следопыт, 1982. № 5. с. 62—63）。

② ГАСО, ф. 24, оп. 12, д. 30, л. 191.

③ Покровский Н. Н. Антифеодальный протест урало-сибирских крестьян-старообрядцев. Новосибирск: Наука, 1974. с. 68—71.

为人手严重不足，大主教并未派出任何人"。①

由于未能得到西伯利亚主教的支持，B. H. 塔季谢夫只能求助于圣彼得堡，恳请颁布一项法令，授权他在杰米多夫和奥索金的私营工厂搜捕分裂派信徒，查抄私藏图书。

B. H. 塔季谢夫的努力没有白费。1735 年 11 月 12 日，他收到沙皇办公厅的一项法令，获准"将杰米多夫的切尔诺伊斯托钦斯克工厂附近森林中的僧侣和修女三三两两地分置到西伯利亚的各修道院"。被捕的逃亡者可以在国营工厂定居并从事采矿工作，但是不能传播分裂派教义。②

1735 年 12 月初，该法令被传达到叶卡捷琳堡后，B. H. 塔季谢夫按照军事条例的要求，着手逮捕旧礼仪派信徒。《秘密案件簿》逐日记载了该行动的准备和执行过程。1735 年 12 月 12 日，B. H. 塔季谢夫要求都主教安东尼为逮捕分裂派信徒提供场所，根据"在森林中进行的调查"计算，③"计划抓捕"467 人，包括 78 名修士和 389 名修女。④ 12 月 13 日，阿列菲耶夫中尉奉命逮捕楚索伏亚河、切尔诺伊斯托钦斯克工厂附近以及其他地方的分裂派信徒。12 月 14 日，乌克图斯工厂受命紧急锻造镣铐，"要求次日晚上备妥"。第二天，100 套镣铐准备就绪。

12 月 15 日，B. H. 塔季谢夫指示龙骑兵连中尉 П. 科斯特金紧急迎接阿列菲耶夫，与他会合，立即召集所有年长的旧礼仪派信徒，"人口登记表上面有多少人，就把多少人一起押送到这里，尽快"。B. H. 塔季谢夫向他详细解释了安全措施，防止被捕者逃跑；他要求给那些可能逃跑的人戴上镣铐，"为此，铁匠和枷锁匠被派往你处"⑤。他计算了运送老年

---

① НБ ПГПИ. «Книга секретных дел» 1738 г. Главного правления Сибирских и Казанских заводов（далее — КСД），л. 1-2.

② КСД，л. 7-8.

③ КСД，л. 8.

④ КСД，л. 20-21.

⑤ Там же，л. 14-17.

分裂派信徒所需马车的数量，规划了他们的返程路线，"这样就无人知晓被带往何处，也不会有人被带错地方"①。12月16日，阿列菲耶夫到达苏廖姆河河畔，前往伊利亚·格里高利耶夫所在的村子。他将所有的老人集中到一起，"中尉帕维尔·科斯特金与他的队伍"次日将抵达此地。

然而，В. Н. 塔季谢夫精心策划的方案一开始就出现纰漏。"召集到一起的分裂派老年信徒以及乡绅为数甚少，向他们宣读了陛下的法令。他们听说自己可能被处死，并表示许多人并未前来接受检查，因为前来搜捕的军人为数甚多，他们受到惊吓，四散而逃。"②

阿列菲耶夫称，旧礼仪派信徒原定于12月22日抵达叶夫列姆的寓所，它位于切尔诺伊斯托钦斯克工厂附近、博布罗夫卡河畔。最终仅有7名老翁和26名老妇被科斯特金押往叶卡捷琳堡。12月23日，科斯特金和被捕者抵达叶卡捷琳堡。12月24日，В. Н. 塔季谢夫重新派出了一支队伍，由龙骑兵谢苗·西科尔斯基指挥，前往杰米多夫的乌特金斯克工厂和沙坦斯克工厂。

谢苗·西科尔斯基前往目的地的途中，阿列菲耶夫逮捕了叶夫列姆隐修地的所有居民（15名旧礼仪派老翁和53名老妇）。阿列菲耶夫致函В. Н. 塔季谢夫称："老人们告诉他，叶夫列姆没有来过他的自由村，他手持矿长斯塔里发放的证件去了昆古尔县的奥索金工厂。"③

不久，阿列菲耶夫就被迫告知В. Н. 塔季谢夫，承认这一行动实际上已经失败，他再次设法逮捕了3名老翁和8名老妇，"他已经无法调查更多的人，并且也无处搜捕，因为他们四散而逃，自由村空空如也"。此外，阿列菲耶夫的向导们"含泪乞求，说他们自己饥肠辘辘，马匹也没有饲料。④"

---

① Там же, л. 20-21 об.
② КСД, л. 20-21об.
③ Там же, л. 25-29.
④ Там же, л. 33.

在这种情况下，B. H. 塔季谢夫试图迫使阿列菲耶夫再次向"藏匿在森林中的逃亡者"宣读陛下法令，"让他们依法回到原地，不再外逃，这样可以确保安然无恙"，这种做法至少看起来不那么幼稚。此外，在此期间 B. H. 塔季谢夫收到了都主教安东尼寄自托博尔斯克的一封信，都主教实际上在信中宣布，1735 年 11 月 12 日沙皇办公厅命令将被捕的老年信徒分置到西伯利亚修道院，都主教无须为执行该法令的后果负责，因为该教区的修道院很少，里面的修士也屈指可数。比如，在托博尔斯克教区有 15 座修道院，其中 4 座平均只有 2 名修士。女修道院的情况更糟糕，"人数极少，而且非常贫穷，无法从任何地方获得施舍"①。

谢苗·西科尔斯基中尉和 П. 科斯特金与被捕人员一起回来之后，"根据军事条例"，两人立即被移交到法院审判，因为在他们的行动中可能有漏网之鱼。然而，海军部顾问、海军大尉 Д. 赫鲁晓夫马不停蹄地展开调查，宣告两人无罪。②

与此同时，阿列菲耶夫在 1736 年 1 月初继续搜捕旧礼仪派信徒，定期向 B. H. 塔季谢夫通报结果。B. H. 塔季谢夫在审查被捕者名单和被没收财产清单时，特别要求必须查抄书籍。1736 年 1 月 4 日，B. H. 塔季谢夫在指示中训斥了阿列菲耶夫，"令人不解的是，他们没收的图书很少"③。阿列菲耶夫为自己开脱道："财物和书籍藏在树林里的马车上，还有一些被埋在雪地里，我在他们的自由村里没有发现任何东西……可能是在我的人马抵达之前，这些老年信徒们已经分散藏匿了自己的财物和书籍。"他还报告说，在老翁叶夫列姆的自由村里，"我没有找到任何财物和书籍"④。

---

① КСД, л. 35-37.

② Там же, л. 38-54.

③ Там же, л. 73.

④ КСД, л. 85-85 об. 阿列菲耶夫受到特殊调查，被指控同情旧礼仪派信徒，这些辩解于事无补（КСД, л. 141-142）。

B. H. 塔季谢夫对旧礼仪派的财产兴味索然，但对图书则完全不同。[①]
他深信，无论是在叶卡捷琳堡被逮捕时，还是在旧礼仪派的巢穴沙尔塔
什附近，年老的旧礼仪派信徒不会放弃书籍，所以他制订了一个查抄图
书的新计划。他给押送被捕者到拘留所（西伯利亚的修道院）的官员们
下达指示："一旦他们抵达营地，立即检查他们所有的物品，如果有任何
书籍或者手抄本，马上没收……并由士兵送走，此外需附上一份清单，
写明物品的原主人姓名。"[②]

被捕的人包括书商埃弗莱姆·帕诺夫和珠宝商埃菲姆·波利亚科夫
等老者。在他们的自由村里，除了挂钟、圣像画的银饰、水银和"制作
铜器的铁质工具"之外，还查获了一套藏书，根据清单，其中有 38 本印
刷书和 9 本手抄书。印刷品包括《圣经》、《教会法汇编》、叶夫列姆·西
林的作品、《俄语语法》、《三语初级读本》和《希腊语语法》等；手抄
书包括约瑟夫·沃洛茨克、约安·达马斯金的作品、"两本《箴言集》、

---

① 据西伯利亚和喀山工厂管理总局《秘密案件簿》的资料，到 1736 年 1 月底，搜查实际
上已经停止。那时只有 29 名旧礼仪派老翁和 103 名老妇被逮捕。B. H. 塔季谢夫在 1735
年 12 月 28 日寄给矿务总局的信中也提到了被逮捕的人数，称他"正在等待足够多的
人"（ЦГАДА，ф. 271，оп. 1，кн. 12，л. 514 об）。然而他的期望落空了。在被捕的老
年信徒中，有两位老翁在 1736 年 1 月 21 日之前逃脱了，"52 位老翁和 289 位长老没有
到场"。当局称："一共有 341 名长者和老妇人没有找到"（КСД，л. 107–107об）。应该
指出的是，根据 1735 年 12 月下旬 B. H. 塔季谢夫的法令被逮捕的 29 名老年旧礼仪派信
徒中包括 4 名木匠、5 名车工、3 名织工、1 名珠宝商、1 名书商和 3 名能够"速写"的人
（КСД，л. 107–107об）。B. H. 塔季谢夫企图逮捕所有藏匿在森林里的老年旧礼仪派信徒，
但这一计划基本上失败了。据记载，这些信徒的数量为 467 人。B. H. 塔季谢夫试图转而
到杰米多夫和奥索金的工厂开展搜索。1736 年 1 月 4 日，他致函矿务总局，写道："分裂
派信徒在杰米多夫和奥索金工厂藏匿了许多分裂派的书籍，没有法令，我们不敢搜查，谨
请求下令"（ЦГАДА，ф. 271，оп. 1，кн. 12，л. 515），但是他没有收到所需的法令。西伯
利亚和喀山工厂管理总局《秘密案件簿》的资料可以证实，H. H. 波克罗夫斯基专著中首
次发布并研究的这一历史事件是真实的，它揭示了乌拉尔分裂派和矿业当局的关系。参见
Покровский Н. Н. Антифеодальный протест урало - сибирских крестьян - старообрядцев.
Новосибирск: Наука，1974. с. 85。

② КСД，л. 101，119–119 об. 他们真的找到了图书。

赞美诗和颂歌"①。

很快查明，自由村中的银饰、珠宝和挂钟等都是沙坦斯克工厂老板 B. H. 杰米多夫和叶卡捷琳堡商人米哈伊尔·巴尔明的财产。米哈伊尔·巴尔明的儿子谢苗·巴尔明和 B. H. 杰米多夫的书记员 T. 莫索洛夫咨询这些财产的情况，随后，B. H. 塔季谢夫立即决定将钟表和珠宝等物归原主。

在 B. H. 塔季谢夫做出积极的答复之后不久，工厂管理总局办公室收到一份新的请愿书。② 请愿者之一罗季翁·纳巴托是工厂主 Π. 奥索金的书记员，也是乌拉尔和西伯利亚地区的一名旧礼仪派信徒，③ 另一位是上文提及的谢苗·巴尔明。他们报告说，他们把许多书交给老人"装订"，并要求 B. H. 塔季谢夫"以最谦卑的方式送还"这些书，书籍清单附在请愿书之后。④ B. H. 塔季谢夫对这份呈文的反应截然不同。B. H. 塔季谢夫虽然没有断然拒绝归还图书，但是向罗季翁·纳巴托和谢苗·巴尔明提出一个条件。他亲手写下决议，要求他们"描述这些书，即它们是在哪一年印刷的、有多少页、书内或书末有无被撕毁的地方。如果是手抄

---

① Там же，л. 69-70.

② B. H. 塔季谢夫对谢苗·巴尔明的第一份请愿书的答复时间是 1736 年 1 月 5 日，对谢苗·巴尔明和罗季翁·纳巴托的第二份请愿书的答复时间是 1736 年 1 月 8 日。因此，第二份请愿书是 1736 年在 1 月 5 日至 8 日之间写的。

③ 搜集并描写这位杰出人物的活动的详细情况详见 Покровский Н. Н. Антифео дальный протест урало-сибирских крестьян-старообрядцев. Новосибирск：Наука，1974. с. 73-82，86-99。

④ 谢苗·巴尔明声称，其中 19 本书（包括 12 本《日课经文月书》）是自己的，罗季翁·纳巴托认领了 17 本（包括俄语和希腊语语法、《教会法汇编》和约瑟夫·沃洛茨基的《启蒙》以及识字书等）。参见 КСД，л. 81. 如果谢苗·巴尔明和罗季翁·纳巴托的说法是真实的，而且这不仅仅是为了抢救他们缴获的书籍，那么我们就能看到罗季翁·纳巴托首批藏书的一部分。Н. Н. 波克罗夫斯基公布了罗季翁·纳巴托于 1745 年编纂的图书清单，其中列出了 50 本书。参见 Покровский Н. Н. Материалы по истории магических верований сибиряков XVII - XVIII вв. В кн.：Из истории семьи и быта сибирского крестьянства в XVII - начале XX в. Новосибирск：Новосибирск. ун - т，1975. с. 160-183。

书，那么需要标明是谁在哪里抄写的……"①。显然，罗季翁·纳巴托和谢苗·巴尔明无法为书目提供准确的、类似图书编目一样的信息，事实上其图书并未被返还。没有证据可以表明这些书籍被转交托博尔斯克都主教，它们很可能被 B. H. 塔季谢夫私人收藏。

B. H. 塔季谢夫是俄国第一位史料学家，他极其关注分裂派信徒保存的旧书。据此我们可以推测：B. H. 塔季谢夫公开的理由是需要改进工人登记、打击乌拉尔地区的分裂派运动，难道其中没有隐藏着（或者伴随着）他个人对寻找"分裂派信徒手稿"的兴趣？无论如何，1735年末1736年初 B. H. 塔季谢夫倡议搜捕旧礼仪派信徒，很快就变成了搜寻图书（当然是通过没收被捕分裂派信徒的书籍）。

乌拉尔地区的旧礼仪派信徒绝不仅仅止步于书籍收藏。在工厂、工厂的领有村庄、深山老林和隐修地里，人们都在创作、抄写和讨论书籍，作者均为工厂的工人。这些作品涉及他们生活中的重要问题。当警察和教会迫害加剧之时，乌拉尔分裂派信徒顺理成章地编纂了系列图书，旨在从意识形态上证明和捍卫"旧礼仪信仰"。他们主要的论证方法是诉诸历史。作者遵循着农民们清晰易懂的逻辑：过去的一切都更好、更公平，偏离历史则破坏公平，沿袭历史既公允又合法。虽然这些主张表面看来极为朴素，但它们也隐含着一定的社会政治意味。旧礼仪派信徒反对革新，既否定大牧首尼康的教会改革，也反对加强专制制度、不支持建立俄罗斯帝国，它们都被旧礼仪派信徒称为"反基督的"举措。他们同样反对将以前享有人身自由的国家农民划拨到工厂，拒绝征兵和人口调查。

关于18世纪乌拉尔分裂历史的作品中，目前已知最早且时间确定的是季莫费·扎维尔特金所著的《西伯利亚来信》。

1750年，西伯利亚教会当局提到季莫费·扎维尔特金。托博尔斯克

---

① КСД，л. 81 об.

档案馆保存有《托博尔斯克教区受审分裂派教徒名单及分裂派的其他事宜》。乌拉尔地区各工厂最重要的宗教分裂运动导师之一是"下塔吉尔油工（画家）"季莫费·扎维尔特金，据说他无视 1722 年彼得一世的禁令，"按照分裂派的异端邪说和双指形象绘制圣像"，并将它们散发到分裂派教徒所有的村庄和隐修地。[①]

1768 年，季莫费·扎维尔特金致信"某个伊凡·瓦西里耶维奇及其所有朋友"。信中谈到乌拉尔地区出现了来自克尔热涅茨的旧礼仪派信徒，"已经超过 44 年"，也论及乌拉尔地区对那些从官方教会改宗旧礼仪派的牧师的态度。季莫费·扎维尔特金同时期望着未来的读者能够看到这封信，坚信它将会被重新抄写，广为传播。此外，季莫费·扎维尔特金为该信添加了"三条注释"，报道了乌拉尔地区旧礼仪派的新闻。

其中有一条注释颇为引人注目，证明了古书的地位至高无上。针对"是否接受司祭"这一有争议的问题，季莫费·扎维尔特金引用了乌拉尔宗教分裂运动的领导人之一、逃亡农奴马克西姆的话："马克西姆说：'加夫里尔就没有援引编年史家的话，也没有求助于司祭，所以司祭无足轻重。'"古书和编年史在此成为解决争议的决定性依据。[②]

另一位作家，伊谢季地区农民米隆·加兰宁的作品在乌拉尔和外乌拉尔居民中流传甚广。他写了一部关于乌拉尔旧礼仪信仰历史的作品，还有一封因饱含愤懑谴责而备受关注的《1774 年 10 月 2 日致秋明州斯捷潘·伊凡诺维奇之函》。米隆·加兰宁在信中讲述了自己在托博尔斯克的兹纳缅斯克修道院被监禁 20 年的经历，他在那里饱受酷刑折磨，被戴上脚镣，教会强迫他放弃"旧礼仪派"。

上文提及的马克西姆创作了大量的历史题材作品和宗教辩论作品。

---

① ТФ ГАТО，ф. 156，оп. 1，1750 г.，д. 34，л. 81об.

② Покровский Н. Н. Антифеодальный протест урало - сибирских крестьян - старообрядцев. Новосибирск：Наука，1974. с. 24，88，368-369.

他的父亲是诺盖鞑靼人，1724 年左右马克西姆被俄国人俘虏，1729 年以米哈伊尔之名受洗。米哈伊尔去了下塔吉尔工厂，成为一名旧礼仪派修士，改名为马克西姆。18 世纪中叶至下半叶，马克西姆成为乌拉尔地区旧礼仪派信徒的实际领导人。他于 1765 年前往莫斯科，收集有关格鲁吉亚教会的信息，他以为格鲁吉亚教会尚未受大牧首尼康改革影响，保留了"真正的信仰"①。在他的领导下，1777 年在涅维扬斯克工厂附近举行了旧礼仪派信徒大会，讨论了当地分裂派信徒争议的问题，逾 500 名工厂居民参加。② 马克西姆于 1793 年寿终正寝。即使近百年后，马克西姆的著作在乌拉尔地区的旧礼仪派信徒中依然倍受推崇。

该地区创作的许多作品，它们的综合汇编形式是 18 世纪的《古代神父手稿》以及后来在 19 世纪编纂的《教堂协议谱系》。③

在整个 18 世纪，人们继续创作、阅读和抄写"妖术"书籍，里面充斥着治病咒语、爱情魔法指南等。波列伏伊工厂矿工乌里扬·鲁达科夫的经历非常典型。有人指控他拥有这样一本"妖术书"。1753 年 3 月在警方的审讯中，乌里扬·鲁达科夫说，他是根据波列伏伊工厂一名矿工妻子塔季扬娜·伊凡诺娃所言而写的，"但她自己也没有承认这件事"。调查发现，塔季扬娜·伊凡诺娃是从她的公婆那里学会的这些咒语。

世俗政权按照当时的惯例，将案件移交叶卡捷琳堡市教务委员会。对此类问题更有经验的人试图确定乌里扬·鲁达科夫是否与分裂派有关，

---

① Варушкин Н. О единоверии на Нижнетагильском заводе и его округе. Православный собеседник, 1866. ч. 1. № 1. с. 18–19.

② УрГУ, Невьянское собр., 54р/386; собр. ИИФиФ СО АН СССР, 9/73. См. также: Очерки истории русской литературы Сибири. Т. 1. Дореволюционный период. Новосибирск: Наука, 1982. т. 1, с. 165–167.

③ УрГУ, IX. 8р/690, л. 89 об—103 об.; ЦГИА, ф. 834, оп. 2, Д. 1418, л. 1–15 об.; Покровский Н. Н. К изучению памятников протеста крестьян - старообрядцев Западной Сибири середины XVIII в. В кн.: Бахрушинские чтения 1971 г. Новосибирск: Наука, 1972. с. 51–54.

为什么除了"妖法迷惑女孩"的咒语之外，还有"解忧纾难"的咒语？乌里扬·鲁达科夫为自己辩解说，他和他的父亲彼得·鲁达科夫都是虔诚的信徒，经常去忏悔，他写这本书"纯粹是由于自己少不更事"，他"没有任何缓解忧愁的想法"。为了"波列伏伊工厂矿工的妻子帕拉斯科维娅……能够摆脱疾病"，他才写下在波列伏伊工厂听到的治疗牙痛的咒语，"其他的任何巫术……他都一无所知。"

妖术书的案件被加速审理。该书被送给托博尔斯克都主教西尔维斯特，乌里扬·鲁达科夫本人也被逮捕。没有人知道，如果外高加索的工厂方面不进行干预、没有要求释放这位技术（姑且说是有文化的）工人的话，乌里扬·鲁达科夫的这个案件会怎么结束。1754 年 2 月，乌里扬·鲁达科夫被保释，并被送回波列伏伊工厂。①

1707 年，在逮捕费奥多尔·莫罗多伊时，官方发现了《窃贼咒语》和《爱情咒语》，书的主人是昆古尔地区马祖耶夫铁厂倒霉的工厂主。② 1739~1740 年，西伯利亚矿务总局对工人科兹马·特斯托夫的案件进行了长期调查，因为他散播妖术书，这些妖术书可以保证人们无论是在公务中（"当你去找官员时，他将永远对你仁慈"）还是在私人生活中（其中包括"爱情咒语"）都一帆风顺。③

综上所述，在全俄文化的发展及其区域特性的影响下，18 世纪乌拉尔工人的阅读范围得以形成和改变，这种特殊性源于乌拉尔采矿业的"特殊生活"。

这些图书包括俄国古代作品，体现了 18 世纪文化与先前的文化的内在连续性，也有 17 世纪的民主讽刺作品，它们在 18 世纪仍然具有现实意义，以及现代文学中形象生动的冒险小说。乌拉尔地区的特殊

---

① ГАСО, ф. 6, оп. 2, д. 398, л. 1-3; ТФ ГАТО, ф. 156, оп. 1. 1753 г., д. 113, л. 1-5.
② Преображенский А. А. Из истории первых частных заводов на Урале в начале XVIII в. Исторические записки. М.: Изд-во АН СССР, 1958. т. 63. с. 170, 177.
③ ГАПО, ф. 297, оп. 1, д. 1108, л. 3-21об.

性体现在：采矿业的发展要求在国营和私营工厂建立学校，要求在广大居民之间传播相应的技术文献，普及世俗教育。乌拉尔地区的特殊环境形成了该地区特殊的图书文化，例如阅读作品不拘一格，大众可以阅读在其他文化环境中出现的、但是能够满足18世纪矿工精神需求的作品。传统的旧礼仪派图书和手抄书和谐共存，此外，还流传着大量的世俗书籍。最后，鉴于尖锐的社会矛盾、对世俗政权机关以及教会的反抗等，乌拉尔和外乌拉尔矿区和工厂附属村庄的居民创作了新的"草根"文学。

第二节　封建晚期乌拉尔劳动者的社会政治思想

社会政治思想反映了历史性形成的关于权力性质、国家结构、个人及其所属社会群体（从家庭和社区到阶层和阶级）在世界上的地位的观念，它始终涉及人们对更普遍问题的认识：关于人类生命的意义和价值、人类在世界上的位置以及人与自然的关系等。对世界组织形式的理解无疑影响了人类的社会结构，而社会结构则是世界组织形式运作普遍规律的结果。无疑，在人类历史的不同阶段，这些认识具有不同程度的科学性。它们反映在社会斗争、社会心理和思想观念中，始终直接或间接地影响到社会团体和社会阶层的心理。列宁在与弗·德·邦契-布鲁耶维奇的谈话中指出，研究俄国人民大众特别是农民的世界观具有重要意义。弗·德·邦契-布鲁耶维奇记载，列宁认为研究劳动人民的巨大创作遗产尤为重要："许多世纪以来人民的创作反映了各个时代他们的世界观。"①

人民大众的创作遗产数量庞大，内容广泛，涉及具体历史时期社会、

---

① Бонч‐Бруевич В. Д. В. И. Ленин об устном народном творчестве. Сов. этнография, 1954. № 4. с. 118.

经济、文化生活条件和特定社会群体的日常生活。该遗产是研究世界观
的材料。世界观系统地概括了人类对整个世界、对个别现象以及自己在
世界中地位的看法，个人对客观事实的理解和价值取向、理解自己活动
以及人类命运的意义，理解人们关于科学、哲学、政治、法律、道德、
宗教和美学的总体信念和理想。[1]

苏联史学界密切关注封建社会的主要阶层（农民）在不同历史阶段
和不同历史、地理空间内特殊的世界观和社会意识。[2] 封建时代农民世界
观具有一些共同特征——将自己融入自然界，根据农业生产周期生活，
这决定了农民的生活、工作和节日等活动局限于自己村庄。封建时代农
民是一个封闭的阶层，这种封闭性决定了村社主导着社会生活，并且它

---

[1] Спиркин А. Г. Человек, культура, традиция. В кн.: Традиция в истории культуры. М.: Наука, 1978. с. 7.

[2] Мавроди н В. В. Классовая борьба и общественно-политическая мысль в России в XVIII в. (1726-1773) / Курс лекций. Л.: Изд-во Ленингр. ун-та, 1964. 194 с; Мавроди н В. В. Классовая борьба и общественно-политическая мысль в России в XVIII в. (1726-1773) / Курс лекций. Л.: Изд-во Ленингр. ун-та, 1964. 214 с; Чистов К. В. Русские народные социально-утопические легенды XVII–XIX вв. М.: Наука, 1976. с. 341; Громыко М. М. Трудовые традиций русских крестьян Сибири (XVIII–первая половина XIX в.). Новосибирск: Наука, 1975. 351 с; Сказкин С. Д. Из истории социально-политической и духовной жизни Западной Европы в средние века. Материалы научного наследия. М.: Наука, 1981. 295 с; Индова Е. И., Преображенский А. А., Тихонов Ю. А. Лозунги и требования участников крестьянских войн в России XVII–XVIII вв. В кн.: Крестьянские войны в России XVII–XVIII вв.: Проблемы, поиски, решения. (Сб. статей). М.: Наука, 1974. 300с; Культура и общество в средние века: методология и методика зарубежных исследований. Реферативный сборник. М.: АН СССР, ИНИОН, 1982. 263 с; Пушкарев Л. Н. Общественно-политическая мысль России. Вторая половина XVII в. Очерки истории. М.: Наука, 1982. 288 с; Общественно-политическая мысль дореволюционного Урала. (Сб. статей). Свердловск: Уральск. ун-т, 1983. 139 с; Грацианский П. С. Политическая и правовая мысль России второй половины XVIII в. М.: Наука, 1984. 253 с; Гутнова Е. В. Классовая борьба и общественное сознание крестьянства в средневековой западной Европе. М.: Наука, 1984. 351 с; Панченко А. М. Русская культура в канун петровских реформ. Л.: Наука, 1984. 205 с.

与教堂教区有诸多相似之处。①

同时，受生活条件、日常习俗、经济状况和社会地位的影响，各劳动群体的世界观并不相同。封建晚期乌拉尔社会经济发展的特殊性必然反映在其居民独特的世界观层面。

恩格斯写道："中世纪的世界观本质上是神学的世界观。"② 教会具有"在当时封建制度里万流归宗的地位"③，到了 18 世纪，这一认识发生了动摇。专制主义的发展严重削弱了东正教教会的政治吸引力和经济实力。④ 东正教做出了让步，但依然是俄国专制主义官方思想的重要组成部分。此外，17~18 世纪，王权圣化进入了一个新阶段，沙皇及其后继者不仅等同于教会领袖，甚至相当于上帝本身。⑤ 在因循守旧、故步自封的僵化社会环境中，王权圣化的基础发生了质的变化，由此产生了"正义"君主和"非正义"君主的讨论。"这样，所谓的神（彼得一世）出现了，他被推崇得无以复加。这位假基督以圣灵居住于心而自豪，招收门徒，无论男女老少；他凌驾于教徒之上，无人能够逃脱他的魔掌；他向信徒大量索取贡品，不顾对方死活。这就是对门徒们的暴政。他甚至要求死

① Дергачева-Скоп Е. И. «Сердца болезно сестры убодающь остен» - выголексинское произведение середины XVIII в. В кн. г Научные библиотеки Сибири и Дальнего Востока. Новосибирск：Гос. публ. научн. техн. 6-ка СО АН СССР, 1973. вып. 14. с. 274-276.

② Энгельс Ф. Юридический социализм. Маркс К., Энгельс Ф. Соч. 2-е изд., т. 21. с. 495. 照录《马克思恩格斯全集》第 28 卷，人民出版社，2018，第 608 页。——译者注

③ Энгельс Ф. Крестьянская война в Германии. Маркс К., Энгельс Ф. Соч. 2-е изд., т. 7. с. 361. 照录《马克思恩格斯全集》第 7 卷，人民出版社，1959，第 400 页。——译者注

④ Энгельс Ф. Крестьянская война в Германии. Маркс К., Энгельс Ф. Соч. 2-е изд., т. 7. с. 138-183.

⑤ Успенский Б. А. Царь и самозванец: самозванчество в России как культурно-исторический феномен. В кн.：Художественный язык средневековья. М.：Наука, 1982. с. 202-207；Гурьянова Н. С. Старообрядческие сочинения XIX в. «О Петре I - антихристе». В кн.：Сибирское источниковедение и археография. Новосибирск：Наука, 1980. с. 140-143.

者进贡，即使古代暴君都未曾如此。"①

和王权圣化相对的是，早在 17 世纪末就出现了"沙皇是反基督者"的谣言，18 世纪这一谣言甚嚣尘上。乌拉尔地区和俄国其他地方一样，官方东正教对群众的影响力逐渐降低。其原因是旧礼仪信仰的传播，它在农民、工匠、工人、工厂官员和"资产阶级"中拥有众多的信徒。同时，教会组织日益官僚化，主教公会和教区试图断绝村社和神职人员之间的联系，② 把神职人员变成俄国政府和警察的帮凶，耀武扬威地逼迫人们加入东正教。这使得大众相信，官方教会本身也在"为反基督者服务"。《正道指南》（根据逃亡农奴、18 世纪下半叶乌拉尔旧礼仪信仰的领袖、分裂派传教士马克西姆的著作而编纂）的编者写道："善良的读者，请认真阅读并判断一下，这个教会能被称为真正的基督教会吗？它甚至迫害、背叛、杀戮和折磨虔诚的基督徒……这种事情，基督没有做过，也不允许这样做……"③

然而，在 18 世纪的特定情况下，虽然教会权威被削弱，但并未彻底修正"神学观"体系。我们将在下文证明：从神话学和发生学的角度而言，东正教和旧礼仪派是同源共生的，东正教民间版本④在乌拉尔劳

① Гурьянова Н. С. Старообрядческие сочинения XIX в. «О Петре I-антихристе». В кн.: Сибирское источниковедение и археография. Новосибирск: Наука, 1980. с. 142.

② Зольникова Н. Д. Делопроизводственные материалы о церковном строительстве как источник по истории приходской общины Сибири. （Начало XVIII в. - конец 60-х гг. XVIII в.）. В кн.: Рукописная традиция XVI-XIX вв. на востоке России. Новосибирск: Наука, 1983. с. 102-103.

③ УрГУ, Невьянское собр., 117р/858, л. 60 об.

④ Л. В. 奥斯特洛夫斯卡娅成功地研究了革命前西伯利亚条件下东正教的"民间版本"。参见 Островская Л. В. Некоторые замечания о характере крестьянской религиозности（на материалах пореформенной Сибири）. В кн.: Крестьянство Сибири XVIII-начала XX в. Классовая борьба, общественное сознание и культура. Новосибирск: Наука, 1975. с. 172-186; Островская Л. В. Христианство в понимании русских крестьян пореформенной Сибири. （Народный вариант православия）. В кн.: Общественный быт и культура русского населения Сибири（XVIII-начало XX вв.）. Новосибирск: Наука, 1983. с. 135-150. 在这些研究中应用的东正教"民间版本"的区域研究方法也可用于研究封建后期乌拉尔地区的宗教信仰。

动人民中广泛传播以及"神学世界观"的影响持久而强大，在很大程度上塑造了劳动者的整个世界观，也影响到了他们对世界上最普遍规律的看法。

影响乌拉尔大众世界观的因素有很多。首先是大规模的采矿生产造成了多样化、多方面的影响。随着矿厂的出现，流向乌拉尔的人口逐渐增加。新工人的出身极为复杂，既有履行国家公务的人员，也有自由雇用、被发配至此从事苦役或者逃到这里寻求庇护的人员。① 总之，来自俄国各地的人们人生经历各异、社会经验不同，他们出身于不同的阶层，属于不同的民族，在工厂结识并一起工作。基于 1721 年第一次人口调查的数据，A. 切尔卡索娃统计表明，工厂工人来自图拉、莫斯科、托季马、瓦日斯基、乌斯秋斯克、维亚特卡、乌尔茹姆、下诺夫哥罗德、索尔维切戈斯克、卡尔戈波尔、奥洛涅茨和凯戈罗茨科耶等地区，② 他们的身份包括国家农民、修道院农民、关厢居民、工匠、手工业者、农奴、失地贫民和佃农等。③

大型采矿中心影响巨大，也打破了不同阶层通婚的障碍。И. Л. 兹洛宾娜分析了 1761 年至 1820 年叶卡捷琳堡 3 座教堂证婚登记册中的 934 份婚姻记录，发现同一阶层内部婚姻仅占 38%，其中工匠阶层内部婚姻占比为 56.5%，农民阶层内部婚姻占 38.0%，小市民和商人阶层内部婚姻占 34.0%。

---

① Черкасова А. С. Горнозаводское население Урала в XVIII столетии. （Предварительные наблюдения）. В кн.: Вопросы формирования русского населения Сибири в XVII - начале XIX в. Томск: Изд-во Томск. ун-та, 1978. с. 113-120.

② Черкасова А. С. Ревизские сказки как источник по истории формирования горнозаводского населения. В кн.: Уральский археографический ежегодник за 1970 г. Пермь: Пермск. ун-т, 1971. с. 79.

③ Черкасова А. С. Ревизские сказки как источник по истории формирования горнозаводского населения. В кн.: Уральский археографический ежегодник за 1970 г. Пермь: Пермск. ун-т, 1971. с. 81-82.

让我们把这些数据与上图里耶州的婚姻与阶层关系的资料进行比较。1764 年，伊尔比特自由村阶层内部婚姻占 92%，尼察自由村阶层内部婚姻占 90%。①

俄国人与被俘的瑞典人和波兰人一起在工厂工作。乌拉尔山勘探铁和铜矿的过程中，巴什基尔人、鞑靼人和曼西人等功不可没。② 一位逃亡农奴被俘后成为牧师，后改名马克西姆，是 18 世纪中叶和下半叶乌拉尔旧礼仪派的领导人。"瑞典俘虏"费奥多尔·伊凡诺夫在 18 世纪 40 年代专门搜捕"分裂派信徒、他们的牧师和导师"③，俄国历史上，1709 年值得铭记的是被俘虏的"楚赫纳人④彼得·斯特凡诺夫"，根据 1750 年托博尔斯克都主教收到的一份告发信，"他尤其喜欢效仿分裂派信徒"⑤。共同的生活条件将来自不同民族和国家的人更加紧密地联系在一起，使外国人的"乌拉尔"生涯与同时代俄国人的命运惊人地相似。

共同工作、相同的生活条件和日常生活使来自俄国各地的人们产生联系。得益于此，人们相互交流经验、积累知识。工厂聚居区是一种特殊的现象，与乌拉尔的自由村和其他村庄截然不同。

工厂改变了工人的作息规律、生活方式和文化。巨大的水坝倒映在水面，高耸的厂房（高炉、炼铜车间、锤工车间、轧机间和物资供应车间等）装饰新奇，房顶坡度异于寻常。河流隔开了森林和工厂，这是两个不同的世界。人们在上班途中已经听到了工厂传来的噪声，金属的撞击声、锻造车间和锚链车间的敲击声不绝于耳，水流冲击着发动机叶轮，从大坝排水孔迅猛地喷射而出，发出巨大的轰鸣声，水力发动机驱动着

---

① Этнография русского крестьянства Сибири. XVIII – середина XIX в. М. : Наука, 1981. с. 48.

② Кузин А. А. История открытия рудных месторождений в России до середины XIX в. М. : Изд-во АН СССР, 1961. с. 166, 169-170, 183, 186-187.

③ КСД, 1746 г., л. 1-5.

④ 俄国人对芬兰人的蔑称。——译者注

⑤ ТФ ГАТО, ф. 156, оп. 1, 1750 г., д. 31, л. 1-2 об.

工厂中各种复杂的机械设备运转。

乌拉尔的自由村和旧城被堡垒包围，环绕着用来守卫的塔楼和岗哨，而工厂聚居区显得与众不同，卓尔不群。

与乌拉尔的自由村相比，工厂区规模更大，人口更为密集。农民被迫扩大与外界的联系。工厂的附属农奴必须每年数次前往十分遥远的工厂，制备木炭、开采矿石、完成其他辅助工作，并护送货车运输铁器跨越广袤的国土，前往伏尔加河流域、莫斯科和圣彼得堡等地。农民的封闭生活被打破，接触到越来越广阔的外部世界。

相比之下，农村劳动过程中，劳动者的角色似乎是被一劳永逸地分配的，随着年龄的增长，人们只不过在转变角色。比如男孩5岁时骑着马驱赶牲畜前去饮水，8岁时驾驭着马去犁地和耙地，从14岁开始打草、耕地并使用斧头劳动等。① 在此过程中，不同村庄的条件不同，相应的农业劳动经验积累在村社中，因此劳动经验具有集体性。② 工厂工作则截然不同。与传统的农村劳动相比，工厂工作需要特殊培训。没有专门知识，就无法高质量地进行高炉回填，无法评估冶炼过程中铜的炼熟程度，③ 无法从事复杂的生产流程，将粗铜除杂提纯，制造纯铜，也无法生产、调试和使用复杂的机械设备，以操控重锤和线材轧机、铸造铜币和生产火炮等。在任何情况下，工厂工作不仅需要工人的体力、特定的劳动技能，还需要专业知识。因此，工厂主管部门认为"如果没有娴熟的工匠，那么就无法完成任何一项需要推理判断的工作"。因此，人们坚信"矿长需

---

① Пермский сборник. Повременное издание. кн. 1. М. , 1859. с. 19, 33.

② Громыко М. М. Трудовые традиций русских крестьян Сибири（XVIII–первая половина XIX в. ）. Новосибирск：Наука, 1975. с. 351.

③ "……如果铜水稳定地黏附在探针上，呈红色，而且末端尖锐，像针或铁丝一样，它就是炼熟的；但如果它卷曲在探针上，含有黑点，里面没有铜色，它还不干净，里面夹杂有铁；但如果它卷曲地黏在探针上，有气泡孔，它仍然有很多硫黄，还没有炼熟……" Геннин В. И. Описание уральских и сибирских заводов. 1735. М. : История заводов, 1937. с. 413。

要从学校毕业，是算数和绘图方面的学者……这样才能从事冶炼工作"[1]。

矿业学校的主要教学内容旨在传授工厂生产所需的理论知识和实践技能，这与神学无关，纯属世俗，客观上动摇了封建时代农民传统的世界观。工厂想方设法地招募农民劳动力。由于需要对工人进行"技能培训"，18世纪俄国首次在乌拉尔国家工厂建立了一个矿业学校网络，其中80%的学生是生产一线劳动者（工匠、学徒和工人）的子女。[2] 毕业生被送去当学徒、工匠、工厂和办公室文书等。由于乌拉尔矿业发展需要管理人才，教育往往成为改变社会地位、打破了封建阶层壁垒的重要因素。

А. Г. 科兹洛夫追溯的乌拉尔地区许多矿工世家的命运，说明了教育的重要性。例如，格拉马奇科夫家族的开创者为彼得·格拉马奇科夫，他是乌克图斯地区尼古拉耶夫斯克教堂的司务长，曾在 В. Н. 塔季谢夫创办的乌克图斯学校短期任教。他的儿子拉里昂·彼得洛维奇是一名筑坝专家，曾参与建设上依谢特工厂（1726年）、阿拉帕耶夫斯克大坝和克里奇纳亚工厂（1741年）；他的孙子费奥多尔·伊拉里昂诺维奇（1738—1797年）荣任矿长，相当于《官阶表》中的第十二级。费奥多尔·伊拉里昂诺维奇的孩子们均出人头地：彼得·费多洛维奇（1781—1825）任叶卡捷琳堡造币局局长；雅科夫·弗多洛维奇（1756—1808）是一名矿务官员、绘图员和制图员；亚历山大·费多洛维奇（1782—1854）担任卡缅斯克工厂经理、采矿助理和淘金主管。另一个世家的创始人德米特里·弗罗洛夫于1726年至1734年在波列伏伊工厂的熔铜炉当学徒工，最后升至冶炼工；德米特里·费罗洛夫的儿子、杰出的水利工程师科兹马·德米特里耶维奇·弗罗洛夫（1726—1800）毕业于波列伏伊工厂附

---

① Геннин В. И. Описание уральских и сибирских заводов. 1735. М. : История заводов, 1937. с. 389.

② Пензин Э. А. Школы при горных заводах Урала в первой трети XVIII в. （По документам местных органов горнозаводского управления）. В кн. : Общественно - политическая мысль дореволюционного Урала. Свердловск : Уральск. ун-т, 1983. с. 70, 75.

属语文和算术学校，成为阿尔泰工厂的机械师，在奥洛涅茨省工作，担任别列佐夫斯基金矿的采矿总管。德米特里·弗罗洛夫的一个孙子巴维尔·科兹米奇（1770—1815）毕业于圣彼得堡矿业学校，升任图林斯克矿矿长，戈罗布拉戈达茨基矿务总局的成员，兹拉托乌斯特工厂的副厂长；另一个孙子彼得·科兹米奇（1775—1839）也毕业于圣彼得堡矿业学校，成为阿尔泰地区科利瓦诺-沃斯克列森工厂的厂长。①

私营工厂也经历了类似过程。沃莱戈夫家族②和特普洛霍夫家族③由斯特罗加诺夫家族的农奴擢升为国家官员；下塔吉尔的杰米多夫工厂中，贝洛夫、莫基耶夫、里亚博夫和绍林家族等走过同样的发展历程。

如上所述，当时人们已经认识到，知识可以提高自己的社会地位。整个 18 世纪，各个采矿中心的劳动阶层坚信学习有益、世俗知识有用。

工厂劳动改变了人们的时间观念。工厂的生产周期被压缩，生产流程被分解为不同环节，同时，工厂劳动和农业生产的区别不仅在于工作时长。工厂工作实际上是在新的、人工环境中进行的——高炉、锻工车间和其他车间、矿山和矿井等。在某种意义上，工厂工作相当于一个经历了成百上千次的重复的实验，经验的积累保证了生产活动的顺利进行。相较于农业生产，工人更为深刻地理解生产过程的前因后果，因为农业生产在很大程度上取决于不可控的气候条件和生物因素。封建时代乌拉尔地区的矿业和农业的生产规律截然不同。在同样的自然和天气等条件

---

① Козлов А. Г. Творцы науки и техники на Урале XVII-начало XX в. Биогр. справочник. Свердловск：Сред. -Уральск. кн. изд-во，1981. с. 30-32，с. 153-154.

② Дмитриев А. А. Федот Алексеевич Волегов. Очерк его жизни и переписка. С портретом Ф. А. Волегова，родословной таблицей и двумя приложениями-реестрами документов о Строгановых. Пермский край. Сб. сведений о Пермской губернии. Пермь：губ. стат. ком.，1895. вып. 3. с. 122-175.

③ Смышляев Д. Материалы для биографий замечательных деятелей. Е. А. Теплоухов. В кн.：Пермский край. Сб. сведений о Пермской губернии. Пермь：Губ. стат. ком.，1891. вып. 1. с. 285-291.

下，极有可能重复相似的农业生产。农业生产周期一年，而在三区轮作时周期为三年，这就限制了个人经验的积累。因此，村社作为多代农民经验的载体，是至关重要的。所以，和农民劳动不同，工厂劳动并没有被神秘化。① 数百年来，农民根据生产经验编制农业日历，其中掺杂了多神教和基督教的仪式和符号，以保佑提高土地的收成，节日则反映了农业生产的不同阶段。② 与此不同，工厂工作受 1722 年颁布的《海军部管理条例》的制约。年度工作时长取决于工作日和节假日的分配，18 世纪末，将每年分为 261 个工作日、52 个星期日和 52 个非工作的节庆日。③

封建时代的农民切身地感受到了节日和农业劳动之间的联系，但是在工厂生产中，这种联系不复存在。工厂居住区的星期日和节庆日可以被自由支配，与农业活动脱节。自由时间意味着在工厂生产之外可能有多种休息和活动方式。从 18 世纪 60 年代开始，工厂主与工人以及其他劳动者之间开始爆发冲突。1760 年北方工厂的锤工指控瑟尔瓦工厂的工厂主 А. Ф. 图尔恰尼诺夫有"犯上作乱言行"，因为他强迫锤工"在休息日和节假日锻造铁器……"。瑟尔瓦工厂企图强迫劳动者"在宗教节日、假日以及星期日"工作，④ 遭到该厂锤工的强烈反对。瑟谢尔季工厂的锤工同样拒绝在星期日工作。⑤

值得注意的是，工匠们要求限制工作时间，同时往往要求提高报酬。

---

① 被神秘化的主要是在露天进行的工种——勘探天然矿藏，在"山里"工作，以及后来的手工淘金活动。

② Болонев Ф. Ф. Приемы продуцирующей магии в свадебных и календарных обрядах русского населения Восточной Сибири. （Вторая половина XIX – начало XX в.）. В кн.: Общественный быт и культура русского населения Сибири（XVIII – начало XX в.）. Новосибирск: Наука, 1983. с. 31–43.

③ Козлов А. Г. О продолжительности рабочего дня на казенных заводах Урала в XVIII – начале XIX в. В кн.: Вопросы истории Урала. （Сб. статей）. Свердловск: Уральск. ун-т, 1963. вып. 4. с. 23–36.

④ Орлов А. С. Волнения на Урале в середине XVIII в. （К вопросу о формировании пролетариата в России）. М.: Изд-во МГУ, 1979. с. 237.

⑤ ГАПО, ф. 297, оп. 1, д. 1126, л. 46.

据工厂主 A. Ф. 图尔恰尼诺夫本人所言，北方工厂的锤工和学徒中，"有许多人拒绝在假日工作"①，同时指责人为地降低工资行为，"验收时区别对待质量相近的铁器"。A. 奥尔洛夫于 1763 年向 A. A. 维亚泽姆斯基调查委员会提交了一份呈文，表示工人拒绝在星期日和纪念日工作，② 同时要求采用计时工资，而非计件工资，并且反对工厂的日薪标准。瑟尔瓦工厂的工匠和他们的北方工厂兄弟们一样，抗议工厂管理方在验收产品时标准不一。③ 工匠们要求为星期日和节假日加班工作支付报酬。④

因此，在日常意识层面，工人逐渐理解了时间、工作和报酬之间的重要关系。

在这种环境下，人们对待节假日的态度发生了急剧的转变，这在旧时传统世界观中是无法想象的。如今工人要求保障节假日的休息时间，如果工厂愿意支付节假日的加班费用，那么工人可以放弃休息。对工匠而言，节假日本身在某种意义上已经不复存在，它们已经失去了固有的内容，变成了纯粹的休息日，工人们无须在节假日完成某种强制性的宗教仪式。当然，这一过程在 18 世纪才开始出现，即便如此，矿区居民对待时间的态度与当时的农奴迥然不同。

工匠和工人们意识到，不仅在亲属关系方面，而且在技艺、工作和生活经验、社会地位等方面都具有继承性，这体现了人们对时间认识的深化。乌拉尔地区广泛流传的关于工人世家的故事就体现了这种继承性。祖先的姓名通过口耳相传而被记忆。根据 B. A. 布拉泽斯所整理的民俗记录，老人们要求自己的子孙熟记他们的家谱。"我祖父过去一直让我背诵我们的家

---

① ГАПО，ф. 297，оп. 1，д. 1126，л. 46.

② Там же，л. 46-47.

③ Орлов А. С. Волнения на Урале в середине XVIII в.（К вопросу о формировании пролетариата в России）. М.：Изд-во МГУ，1979. c. 236-237.

④ Орлов А. С. Волнения на Урале в середине XVIII в.（К вопросу о формировании пролетариата в России）. М.：Изд-во МГУ，1979. c. 239.

谱。我知道，我祖父是佐泰，他的父亲是格里高利，格里高利是尼基福尔的后代，尼基福尔的父亲是安德烈，安德烈是彼得之子，而彼得是耶菲姆的孩子，耶菲姆的父亲是伊凡。你看，整整七代人。我父亲是祖父佐泰的孩子。所以我是家族的第九代人。"① 可以相信，家谱具有书面形式，通常包含整个家族成员的资料，包括出生、洗礼、婚礼和死亡等信息，它们被记录在教会圣历之上，被妥善保管在家中并世代相传。

家族传统还具有另一个重要功能。人们越来越关注先辈的历史和财产状况，主要是因为工厂当局不断企图改变他们的地位，迫使工人越来越依附于工厂，所以工人非常担心。从这个意义上来说，如果有可靠的信息表明祖先是贡民、修道院农民或国有农民，这应该可以防止工厂将他们的后代登记为领有工人或者是工厂主的奴隶。

第三节 劳动者的"神学世界观"

18 世纪乌拉尔地区劳动人民的生活条件影响了新社会思想的产生，同时应该强调：当时关于世界结构、关于自然界和人类社会最普遍的规律、关于人的外部可能对人有益或有害的力量等传统观念，在大众的意识中依旧根深蒂固。

下文将论述 18 世纪世界观的一些传统方面，即所谓的"神学世界观"。首先明确一个无可争辩的事实：我们在此研究的并非正统神学，而是由东正教"民间版本"所衍生的变体。②

---

① Блажес В. В. Предания о рабочих династиях. В кн. : Рабочий фольклор. Сб. статей. Свердловск : Уральск. ун-т, 1978. с. 39.

② Громыко М. М. Дохристианские верования в быту сибирских крестьян XVIII-XIX вв. В кн. : Из истории семьи и быта сибирского крестьянства XVII - начала XX в. Сб. научных трудов. Новосибирск : Новосибирск. ун-т, 1975. с. 71-109; Покровский Н. Н. Материалы по истории магических верований сибиряков XVII-XVIII вв. В кн. : Из истории семьи и быта сибирского крестьянства в XVII-начале XX в. Новосибирск : Новосибирск. ун-т, 1975. с. 110-130.

对创世的解释是传统世界观中的重要部分。在东正教神学中，上帝独自创世，这是封建时代"神学世界观"的基础。① 然而，东正教"民间版本"认为，上帝并非唯一的创世者，与上帝一起创世的是火。乌拉尔地区以手稿形式广为流传的《关于三圣的对话》中这样回答"太阳由什么创造"的问题。"由上帝的法衣和火创造"；另一伪经则宣称太阳"来自圣灵和火"；而根据伪经《三圣论辩》，太阳是"由天使创造的"。② 在创世之后，火是独立的，有时甚至和上帝分庭抗礼。在诉诸邪恶力量的咒语中，包含如下内容："我将去见火王，向他祈祷并臣服于他，我恨上帝。火王，请帮助我。"③ 民间认为，摩擦起火或"木头之火"自身具有治疗价值，④ 认为它可以祛除传染病。埋在门下的、由"木头之火"制成的炭，可以防止热病的传播。⑤

伪书《哲学家与人民的虔诚对话》中描述了创世之初的结构。我们引用相关内容如下。

问："天与地，孰大孰小？"

答："天大于地。"

问："太阳有多大？"

答："地有多大，太阳就有多大，而月亮只有地球一半大。"

问："星星有多大？"

答："太阳有多大，星星就有多大。因为它们位于极高之处，所

---

① Энгельс Ф. Внешняя политика русского царизма. Маркс К. ，Энгельс Ф. Соч. 2-е изд.，т. 22. с. 495.

② УрГУ，Невьянское собр.，24р/356，л. 7об.

③ ГАСО，ф. 101，оп. 1，д. 287，л. 4об.

④ Мизеров М. И.，Скалозубов Н. Л. К вопросу о народной медицине в Красноуфимском уезде. Пермский край. Пермь: губ. стат. ком.，1893. т. 2. с. 243.

⑤ Токарев С. А. Религиозные верования восточно-славянских народов XIX – начала XX в. М. ；Л. : Изд-во АН СССР，1957. с. 65–70.

以我们看起来觉得它们非常小。"

问："我们能看到的天空有多高?"

答："该问题无人能答。但是可以用三个天体进行类比：从地球到太阳和月亮有多远，那么从太阳到天上和星星就有多远。"

问："地球的基础是什么?"

答："大马士革的圣约翰说，大地之下，无物可依……你看，地球很像鸡蛋——蛋黄悬浮于蛋清中，蛋壳像是天空，里面的一层膜像是云彩，蛋清像是水，而蛋黄像是陆地。好像没有什么在支撑着蛋黄，可以借此想象一下地球……"①

在民间神话传说中，鸡蛋经常被用作祭品，还是祖先灵魂餐食的一部分，② 并且鸡蛋具有繁衍生命的能力，被视为生命之源。在此将地球本身（生命的来源和生存条件）比作鸡蛋，象征着生生不息。

在传统观念中，天堂和地狱就像地球、月亮、太阳、天空以及星星一样，是一种"物理实体"。根据这一理解，地狱和天堂都有确定的"地理"坐标。18 世纪 70~80 年代卡马河附近斯鲁德卡村农民阅读的《卢西多里奥斯之书——金玉良言》③ 中，地狱位于地球的尽头，"位于波斯的地狱非常狭窄，而在山谷中的却又宽又深，没有人知道它的大小"。根据该书，除了这个地下地狱外，还有一个更高的地狱位于一座山上，那里终年燃烧着硫黄。天堂的位置则较为具体，位于印度附近，但是无法抵达，"因为四周环抱着高山和密林"，山林里盘踞着巨龙，栖息着猛兽。

---

① УрГУ, Красноуфимское собр., 63р/302, л. боб. -9.
② Громыко М. М. Дохристианские верования в быту сибирских крестьян XVIII-XIX вв. В кн.: Из истории семьи и быта сибирского крестьянства XVII-начала XX в. Сб. научных трудов. Новосибирск: Новосибирск. ун-т, 1975. с. 76-79.
③ ПОКМ, 11907/6. 手稿记载，这本书在 1780 年由一位斯特罗加诺夫农民 B. 普罗特尼科夫转给另一位农民 B.И. 杰米多夫。

根据"神学世界观"，这就是世界图景的全貌。但是，个人周围的现实似乎更复杂，并不完全符合这一模式，因为除了上帝之外，创世的还有其他的力量，它或者与上帝为敌，或并非总与上帝为敌，有时甚至不无神益。这一力量有多种表现形式。如果我们研究伪经和咒语，那么就能够在其中找到一些象征着上帝之敌的形象。敌对力量的化身是神创造的、从天堂堕落的第一个天使撒旦耶尔。① "全能的创世主让他如此伟大，他被自己的野心所蒙蔽，因为在天堂骄傲自大，他被打入地狱。"②

根据"神学世界观"，一个人的命运取决于这些相互斗争的力量对他的态度。人的灵魂是上帝和魔鬼争夺的对象。这种斗争在本质上是永恒的，因为两种力量都在不断地影响着世界。③ 随机应变地在这两种力量之间取舍，就是在控制世界。

封建时代的神学世界观，在反映和描述世界并勾勒出价值观的同时，也意味着提供了干预世事的能力。在描述"神学世界观"时，马克思主义经典著作指出，"……在宗教中，人们把自己的经验世界变成一种只是在思想中的、想象中的本质，这个本质作为某种异物与人们对立着"④。"一种只是在思想中的、想象中的本质"和人所处的现实世界，构成了日常意识中应该共存的两个假象。咒语、仪式、祈祷都影响了人类生活的某些方面，人们在自己的想象中通过念诵咒语而战胜敌人。

生活中的仪式应该消除虚幻世界与现实世界之间的矛盾，不仅使它

---

① 通常认为，撒旦耶尔是撒旦堕落前的名字。——译者注

② ПОКМ，11097/6；УрГУ，Невьянское собр.，24р/356，л. 7.

③ 根据教会神话和东正教的"民间版本"，这一状况一直持续到世界末日。

④ Маркс К.，Энгельс Ф. Критика новейшей немецкой философии в лице ее представителей Фейербаха，Б. Бауэра и Штирнера и немецкого социализма в лице его различных пророков. Маркс К.，Энгельс Ф. Соч. 2-е изд.，т. 3. с. 146. 照录《马克思恩格斯全集》第3卷，人民出版社，1960，第170页。——译者注

们相互调和，而且还使虚幻世界的力量为人们的日常生活服务。教会垄断了神力的使用权。神职人员是上帝的仆人，教堂是上帝或圣母的家，教堂的礼拜和仪式是神力集中爆发的时刻。十字架、圣像和圣水具有护身能力。然而，教会无法涵盖所有的生活领域（这在一些农业仪式中可以清楚地看到，其中教历与农业日历融为一体）。因此，自古以来，教堂的神职人员就遭到了巫师和江湖艺人的反对，因为他们也具有一些神力。

东正教的"民间变体"认为，在"教会空间"之外存在着另一个空间，其他力量在此发挥作用，生活由其他规则支配。这两个世界之间的界限模糊不定。认识这一界限有助于个人确定自己的位置，获得其中一方的支持并达到自己的目标。家中门槛朝左右延伸，就构成了这一界限。① 在门槛下面可以获得"木头之火"，患热病时用它生灶，然后用烟熏整个村庄，可以治疗热病；把风湿病患者放在门槛上，然后可以在他的背上"剁掉""风湿疼痛"（该仪式的细节见下文）。②

同样，病人可以坐在门槛上，人们把经过"咒语"圣化的水浇在他身上，以祛除其病痛。许多咒语的常见开头是"我将挨家挨户"③，意味着从一个世界进入另一个世界。门槛是家庭的边界，也是许多咒语仪式的必要条件。

窗户隔开了教会控制的现实世界与另一个世界，后者具有自己的法律和秩序。在祛水咒语中，透过浴室冒烟的窗户，可以看见一片沼泽，"沼泽地上有 12 个树妖和水妖，它们挣扎着，相互躲避"。19 世

① УрГУ，Шатровское собр.，44p/90，л. 1 - 1об.；ГАСО，ф. 101，оп. 1，д. 714，л. 56；ф. 101，оп. 1，д. 732.

② Мизеров М. И.，Скалозубов Н. Л. К вопросу о народной медицине в Красноуфимском уезде. Пермский край. Пермь：губ. стат. ком.，1893. т. 2. с. 243、255.

③ ГАСО，ф. 101，оп. 1，д. 756，л. 449об-450. 19、20 世纪之交，И. Я. 斯佳日金在彼尔姆省卡梅什洛夫县记录了该咒语。

纪末在克拉斯诺乌菲姆斯克县，主人可以通过窗户向穷人施舍，这样有助于幼儿尽快学会走路。① 窗户在颂歌中具有浓厚的仪式性意义。通过窗户可以接触到祖先的灵魂，他们在圣诞节节期②来到窗前。③ 在祖先生日前夕，他们穿过窗户，踩着特意铺放的毛巾进入家中，享用为他们准备的盛宴。人们认为，逝者的灵魂会在死后第 20 天和第 40 天回家。④

两个世界之间的另一条界线是河流的两岸。Л. Н. 维诺格拉多娃指出，"'渡河'意味着渡向冥界"⑤，寒热病康复的人（也就是摆脱疾病的人，或者说他们逃离了由希律王的女儿们主宰的世界）不能从桥上过河或乘船过河。

人们相信一些地方是恶灵的聚集之地，例如沼泽地，"两个魔鬼坐在那里，背靠着背，脸侧向一旁，互相撕扯抓挠"，"在小丘和沼泽地上，12 个水鬼在嬉戏"。又如澡堂，即俄国的"蒸汽浴室"。根据乌拉尔地区 19 世纪 80 年代的记录，在纪念死者的节期⑥的星期一，在科帕利纳村应该为祖先烧热水洗澡，村民将浴帚、水瓢和内衣等带到浴室。根据乌拉尔地区旧礼仪派信徒的风俗，在圣诞节期间，浴室成为恶灵

---

① Мизеров М. И., Скалозубов Н. Л. К вопросу о народной медицине в Красноуфимском уезде. Пермский край. Пермь: губ. стат. ком., 1893. т. 2. с. 249.

② 东正教节日，共 12 天，从圣诞节至主显节，俄历 12 月 25 日至 1 月 6 日，即公历 1 月 7 日至 1 月 19 日。——译者注

③ Виноградова Л. Н. Зимняя календарная поэзия западных и восточных славян. Генезис и типология колядования. М.: Наука, 1982. с. 29-31, 33, 231.

④ Громыко М. М. Дохристианские верования в быту сибирских крестьян XVIII-XIX вв. В кн.: Из истории семьи и быта сибирского крестьянства XVII-начала XX в. Сб. научных трудов. Новосибирск: Новосибирск. ун-т, 1975. с. 75; Соколова В. К. Весенне-летние календарные обряды русских, украинцев и белорусов. М.: Наука, 1979. с. 121.

⑤ Виноградова Л. Н. Зимняя календарная поэзия западных и восточных славян. Генезис и типология колядования. М.: Наука, 1982. с. 160.

⑥ 即复活节后的第一个星期。——译者注

出没之地，^① 此时严禁在浴室洗澡，^② 这被认为是危险且罪恶的，^③ 即使主人也不可以。

地窖也被认为是家中的不洁之地。那里（有时在院子里）住着一位家神。^④ 人们念诵咒语，寻求撒旦的支持，咒语应当"于深夜邪气最重之时在地窖前的角落里念九遍"。

人们按照"神学世界观"的规范在头脑中构建"另一个"世界，它的秩序同于教会管理的世界。唯一不同的是，现实世界的法律适用于虚幻世界，反之亦然。人们认为，咒语足以影响现实世界和虚幻世界。只有在虚幻世界，咒语才是诉诸上帝或圣徒的呼吁。此时，咒语本身必须有助于实现一些积极的目标，包括保佑摆脱疾病、风调雨顺等。^⑤

为了使妻子"摆脱"丈夫或者使丈夫"摆脱"妻子、使某人中邪等，应当求助于虚幻世界。因此，这些咒语的结构和细节等与治病咒语相同，它们的区别在于"善恶取向"。

试比较如下两个咒语。第一个是"夜行者咒语"："我将成为上帝的仆

---

① Никитина С. Е. Устная традиция в народной культуре русского населения Верхокамья. В кн. : Русские письменные и устные традиции и духовная культура. （По материалам археографических экспедиций МГУ 1966−1980 гг. ） М. : Изд-во МГУ, 1982. с. 98.

② Громыко М. М. Дохристианские верования в быту сибирских крестьян XVIII−XIX вв. В кн. : Из истории семьи и быта сибирского крестьянства XVII−начала XX в. Сб. научных трудов. Новосибирск: Новосибирск. ун-т, 1975. с. 75.

③ Громыко М. М. Дохристианские верования в быту сибирских крестьян XVIII−XIX вв. В кн. : Из истории семьи и быта сибирского крестьянства XVII−начала XX в. Сб. научных трудов. Новосибирск: Новосибирск. ун-т, 1975. с. 75.

④ Никитина С. Е. Устная традиция в народной культуре русского населения Верхокамья. В кн. : Русские письменные и устные традиции и духовная культура. （По материалам археографических экспедиций МГУ 1966−1980 гг. ） М. : Изд-во МГУ, 1982. с. 103.

⑤ М. М. 葛罗米柯和 Н. Н. 波克罗夫斯基的研究令人信服地证明，18~19 世纪农民日常生活中的这种咒语并没有被视为违反东正教。参见 Громыко М. М. Дохристианские верования в быту сибирских крестьян XVIII−XIX вв. В кн. : Из истории семьи и быта сибирского крестьянства XVII − начала XX в. Сб. научных трудов. Новосибирск: Новосибирск. ун-т, 1975. с. 71−130.

人，请保佑我，我用清水洗净自己，用白色的纱布擦洗自己，我将挨家挨户，到达东方一个洁净的地方，朝着东方，在新月的照耀下，在那里，主耶稣基督和他的大天使们一起守护着夜行人。保护他们的鼻孔，保护他们的心脏，保护他们的骨头，保护他们的脑袋，保护他们的血脉……"① 第二个咒语的主题是"摆脱"："我将在早上成为（某人的）奴隶，我不祈福，不画十字，不洗澡，不穿鞋，不向上帝祈祷，不要父母的祝福，我将去辽阔的野外生活，去无垠的旷野。在这片无际的田野中，有一个空纱帐，后面是一间蒸汽浴室。我是一位奴隶，走向浴室，透过排烟的窗户，看见外面的草丘和沼泽地。在这些草丘和沼泽地上，有12个树妖和水妖，它们挣扎着相互躲避。因此（某人的）奴隶会走来走去，躲避着（某人）。正如河岸永不相逢，奴隶和（某人）永不相见。不会称她为合法妻子，我会喝酒，会吃东西，会安然入睡，会寻欢作乐，但永远不会想起她。"②

在第二个咒语中，出现了念咒语者的化身。这并不是第一个咒语中的"上帝的仆人"，而仅仅是"奴隶"（在这一类咒语中强调说"非上帝的仆人"），③ 咒语的主人公做出的事情完全相反："我不祈福，不画十字，不洗澡，不穿鞋，不向上帝祈祷"等。他求助的对象既不是上帝，也不是圣徒，而是魔鬼和树妖。

19世纪末，Ф. А. 捷普劳霍夫记录了彼尔姆省偏远的切尔登县的一个仪式，生动地描述了农民心目中创世之初的景象，其中有一种与上帝为敌、危害人类的力量。这个仪式与寻找农民走失的牲畜有关，农民认为牲畜是被森林之王树妖偷走的。只有在确定走失的牲畜没有被熊咬伤的情况下，才能向树妖提出归还牲畜的请求，否则森林之王会迁怒于请愿的巫师，把他带到森林里倒吊起来，或者用树枝"劈头盖脸地抽打他"。

---

① УрГУ, Шатровское собр., 44р/90, л. 1–1об.

② ГАСО, ф. 101, оп. 1, д. 756, л. 849об–850.

③ См., например: ГАСО, ф. 101, оп. 1, д. 714, л. 56–56об.

致森林之王的请愿书用木炭写在一块白桦树皮上。上面画有道路示意图，显示牲畜可能出现的地方。要用左手从右到左书写，文本是正常文本的镜像。我们在此引用 Ф. А. 捷普劳霍夫公布的一份请愿书的内容："森林之王米特罗凡·米特罗凡诺维奇，[①] 请求归还这匹马。我们丢失一匹灰色的马，它的价格是 50 卢布，我们已经承受了损失。森林之王米特罗凡·米特罗凡诺维奇，我们请您归还这匹马。我们没想过伤害您，但您偷了我们的马。请还给我们，并且不要越界到我们这里来。如果您不送还，我们将继续打扰您，我们将另写一份请愿书。马应该在我们这边活着。您侵占了我们的财物，我们农民的路是特殊的，这才是马要走的路。如果您主动送还，我们将给您送上一份礼物。所以，请您把它交给我们。"

当债契（就是请愿书的名称）被撰写完毕，主人与巫师一起走进森林，寻找道路交叉口。他们首先选择一棵"在路口"的树，主人面向他们前来的方向，背对着树，巫师站在主人面前。然后，巫师"抡起胳膊"将债契从左肩向后递给主人，主人也"抡起胳膊"向后用钉子将请愿书钉在树上，或者直接挂在树枝上。一切完成之后，主人和巫师跑出树林。根据习俗，他们不能回头看，否则森林之王可能由此让他们撞树或杀死找到的牲畜。[②]

与森林之王的世界进行联系的唯一方法就是做相反的事情。以相反的方式写呈文（债契）；应该背对着"接受请愿"的大树站立，而不是面向它；呈文也是"抡起胳膊"向后递交。[③]

---

① 旧名维霍尔·维霍列维奇，被新的、基督教的名字取代。——Ф. А. 捷普劳霍夫注

② Теплоухов Ф. А. «Кабала» или прошение лесному царю. Из пермяцких суеверий. В кн. : Пермский край. Сб. сведений о Пермской губернии. Пермь: губ. стат. ком. , 1895. т. 3. с. 293-298.

③ С. Е. 尼基京娜对这种查找仪式提出了一个有趣而重要的解释。在保存这一传说的彼尔姆地区，人们认为要穿着内翻的衬衫和毛皮大衣去寻找迷途母牛。她正确地指出，这和其他"颠倒"行动的巫师、耳语者（反向阅读祈祷文、在咒语中倒着数数）体现了 Б. А. 乌斯宾斯基注意到的传统世界观的一个特点，换言之，需要按照与人世间相反的方式与邪恶力量联系，需要把公认的秩序颠倒过来。参见 Никитина С. Е. Устная традиция в народной культуре русского населения Верхокамья. В кн. : Русские письменные и устные традиции и духовная культура. （По материалам археографических экспедиций МГУ （转下页注）

请愿书的实质是，森林之王侵入了农民世界，偷走了农民的马，因此，请愿书附有一幅农民道路示意图，森林之王必须归还马。农民写道："马应该在我们这边活着。您侵占了我们的财物，我们农民的路是特殊的，这才是马要走的路。"所以森林之王必须把走失的马带到农民的路上。

我们再指出一个细节。农民们不仅请求，而且还坚决要求森林之王不要干涉他们的生活，不要侵犯他们的财产。农民向森林之王写道："不要越界到我们这里来。"他说："我们没想过伤害您，但您偷了我们的马……如果您不送还，我们将继续打扰您，我们将另写一份请愿书。"

Ф. А. 捷普劳霍夫认为请愿书包含官僚主义的特征，其中对森林之王的态度就如同对待人世间的官员一样。但是，请愿书体现了一些非常古老的内容。

文件（如果给森林之王的信件可以被视为文件的话）的类型是请愿书，或者用封建时代的法律术语来说，是呈文。对森林之王的呈文有不同的称呼，即债契。俄国法律史学家 М. А. 季亚科诺夫写道："'债契'一词在 14 世纪下半叶的书面资料中出现了'贷款收据'或'债务'的意义。通常情况下，债务人为借款支付息金或利息。但与此相伴而生的是一种习俗，即债务人不向债权人支付息金，而是在其庄园里劳动。"[2] 从为债权人工作开始，封建法律史上出现了"奴役"这种现象。1479 年以

（接上页注 ②）1966 - 1980 гг.） M.：Изд - во МГУ，1982. с. 106。另见 Успенский Б. А. Historia sub spetiae semioticae. В кн.：Культурное наследие Древней Руси：Истоки，становление，традиция. M.：Наука，1976. с. 54-63。颠倒的世界是"邪恶力量"的世界，反穿衣服是与另一个世界交流的标志，然而，这种交流的原因可能并不相同。这种想法可能与 1490 年根纳季在诺夫哥罗德处决异端分子有关，这些异端分子在行刑前反穿着毛皮大衣，倒骑着马，脸朝着马尾巴方向，身上写着"这是撒旦的走狗"。所有这些都是为了证明异端分子是撒旦的喽啰。Д. С. 利哈乔夫写道："在这种情况下，根纳季根本没有添油加醋，他以一种相当具有'古罗斯'风格的方式表明了异教徒的身份。"参见 Лихачев Д. С.，Панченко А. М.，Понырко А. В. Смех в Древней Руси. Л.：Наука，1984. с. 16。

② Дьяконов М. А. Очерки общественного и государственного строя Древней Руси. 3 - е изд. СПб.：кн. склад «Право»，1910. XVI，с. 387。

来的档案文献中多次出现"债务人"一词。① "债契"一词有多种含义，包括普通的债契、可赎回债契、人头债契、贷款债契、抵押债契、利息债契和奴役债契等。② 出现这些债契的原因之一是土地纠纷。③

对俄国法律史的简短论述，有助于解释请愿书的形式（致森林之王的呈文）和它的通常名称"债契"之间的显而易见的区别。如上所述，由于农民被迫争取与森林之王达成协议，所以这种矛盾迎刃而解。对于农民而言，这笔交易是被迫的，因为农民需要找回被森林之王偷走的牲畜。但是，由于他们的牲畜侵入了别人的财产，即进入了森林之王的领地，农民认为必须进行这一交易。此时，农民不仅承诺不侵犯森林之王的领地，而且还必须向森林之王赠送一份礼物。即使第一次请愿失败，农民也需将半瓶伏特加酒和鱼送到他们递交呈文（即债契）所在的地方。④ 此外，如果巫师和受损农民不能满足协议的某些程序性条件（如果牲畜被熊咬伤后他们仍提交呈文，或者向森林之王递交债契之后，走出森林时回头看，或者未严格遵守交易规则），那么交易的成本（更准确地说，是破坏交易的代价）将可能是他们的生命和健康。

人类与恶灵之间达成这种交易的一个特殊法律基础或者意识形态基础在于，人们相信魔鬼在世界上拥有合法位置，当人类入侵一个陌生的空间时，这种交易不可避免。人类历史之初就出现了这种情况，这一点

---

① Зимин А. А. Холопы на Руси. （С древнейших времен до конца XV в.）. М.: Наука, 1973. с. 342-344.

② Судебники XV- XVI в./ Подг. текстов Р. В, Мюллер и Л. В. Черепнина, под ред. Б. Д. Грекова. М.: Изд-во АН СССР, 1952. с. 599.

③ Судебники XV- XVI в./ Подг. текстов Р. В, Мюллер и Л. В. Черепнина, под ред. Б. Д. Грекова. М.: Изд-во АН СССР, 1952. с. 208.

④ Томсинский С. М. Бегство работных людей с заводов Урала в первые десятилетия XVIII в. В кн.: Из истории заводов и фабрик Урала. Свердловск: кн. изд-во, 1963. вып. 2. с. 298.

体现在伪书《哲学家与人民的虔诚对话》①和《亚当与夏娃的故事》中。亚当被赶出天堂，不得不从事农耕，这时"魔鬼来了……说：'不准耕种土地，耕地是我的，而不是上帝的。你要是想耕地的话，就回天堂吧！'"由于刚刚被从天堂赶出来，亚当无法返回，所以他同样指望着上帝能够亲临人间，并且最终驱逐魔鬼。亚当"将契约交给了魔鬼。上面写着：'这是谁的土地？我和我的孩子们的。'"②。

А. И. 克利巴诺夫深入研究了 Ф. А. 捷普劳霍夫的这一文本，高度评价道："这是极为深刻的文本，它用民间概念和形象的语言阐释了封建主义的'政治经济学'。"③

"这是谁的土地？我和我的孩子们的。"这是契约的法律依据，是人与魔鬼之间的约定。彼尔姆农民和森林之王签订的契约印证了这一普遍原则。唯一的差异在于，亚当的后裔寄希望于（并相信）这种契约的暂时性，当土地成为"上帝的"进而也成为农民的土地之时，这种契约将失去效力。无论如何，人们都承认：除了农民之外，他人有权在世界上占有一席之地。

在封建时代的传统世界观的框架内，日常生活中的普通人（不是牧师、僧侣或圣徒）属于"一仆两主"。因此，一个人诞生之初，教会的圣礼也伴随着完全是非教会的、充斥着多神教意义的宗教仪式："洗手仪式"、洗礼晚宴和剃度；婚礼不仅仅有教堂证婚仪式，还有大量的教堂外活动，它们在参与婚礼仪式人的眼中具有更为重要的意义，因为它们同样以自己的方式绑定了未来的家庭，例如解开新娘的辫子和蕴意着多子多福的婚礼仪式；一个人死亡之后，不仅要举行教堂葬礼，

---

① УрГУ, Красноуфимское собр., 63p/302, л. 1об. -29; IV, 76p/31.

② УрГУ, Красноуфимское собр., 63p/302, л. 14-14об.

③ Клибан ов А. И. Народная социальная утопия в России. Период феодализма. М. : Наука, 1977. с. 16.

还要召开追念会，并且人们相信死去的祖先的灵魂会在死后一周的星期一和星期二回到后代的家中。全国大部分人口（农民）的主要活动，也要结合教历和农业生产进行重新解释，这些传统可追溯到遥远的古代。

咒语已成为个人影响周围事物的一种方式。咒语的使用范围极为广泛：咒语用来给自己或他人治病；进行商品交易、求助当局时，咒语可以令上级变得温和；咒语可以驱散蜂群，让牲畜远离疾病，打动心上人或者赶走情敌，在森林里不迷路，粮食长势良好，找到宝藏以及使夫妻生活幸福或拆散婚姻等。①

因此，人们喜欢在家里放置写着咒语的纸条，并通过继承来传递相关知识。П. А. 希尔科夫是叶卡捷琳堡市比利姆巴伊工厂的一位农民，是乌拉尔自然历史爱好者协会的成员，出版了大量关于乌拉尔地区流行咒语的图书。他于1883年写道："几乎在每家每户都能看到一些文理不通的、千奇百怪的咒语纸条，老一辈人把咒语口头传授给年轻人，认为这是一种责任，就此他们解释道，每一位有识之士都必须在生前将其毕生的经验和知识传授给后辈。这些咒语深受信任，不容置疑。"②

从这个意义上说，任何人都可以读懂咒语，因为祈祷和咒语拥有一种特殊的内在力量。③ 但是，专门主持仪式的人可以取得更大的成功。对于封建时代的传统世界观来说，这些人包括牧师、巫师（术士、耳语者和门神等）；从发生学的角度而言，他们的活动并无本质区别。这些活动

① Петров В. П. Заговоры / Публ. А. Н. Мартыновой. В кн. : Из истории русской советской фольклористики. Л. : Наука, 1981 с. 97.

② Липатов В. А. П. А. Шилков и его фольклорно‐этнографические работы. В кн. : Фольклор и историческая действительность. Свердловск: Уральск. ун‐т, 1980. с. 132.

③ Калюжный В. И. Волнения на заводах Урала в 50~60 гг. в. В кн. : Доклады на секциях Ученого совета Свердловского областного краеведческого музея. Свердловск: Свердл. обл. краев. музей, 1960. вып. 3. с. 69.

都基于同样的意识形态，都将魔法和宗教仪式视为达到目的的一种手段。但对教会来说，施展魔法是一种集体义务，其权利已被封建国家合法化了许多世纪。巫师们通过求助于其他世界的力量，绕过教会组织，蔑视教会，成为教会的竞争对手。①

人们认为，巫师（术士、耳语者和门神等）的头衔是可以继承的，而且是由母亲传给儿子，由父亲传给女儿，或通过特殊训练而获得。② 有一种观点认为，和"邪灵"打交道的人需要把他的知识全部传授给继承人，在此之前不会死亡。据传他们从黑纸白字的书中学习。在18世纪有专门抄写妖术书的抄书人。H. H. 波克罗夫斯基记载了大量的世俗政权机关以及教会调查传播"咒语"信件的资料。大多数情况下，这些都是具有"迷惑性"或"治疗性"的咒语。作者指出，抄写咒语并举行相关魔法仪式的人，通常不认为自己与东正教有冲突。③ 然而，对于神职人员中一些受过教育和有思想的人来说，这种矛盾和冲突显而易见。东正教与伪书中的世界图景迥然不同，经常导致出乎意料的结果。佩什马自由村执事安德烈·瓦西里耶维奇·托博尔科夫的经历就是如此。他来到托博尔斯克，并获得牧师资格。在托博尔斯克的一个退役士兵家里，安德烈·瓦西里耶维奇·托博尔科夫发现了一批藏书，全是咒语和伪书。在读完这些书特别是《圣母之梦》后，安德烈·瓦西里耶维奇·托博尔科夫自行前往都主教的办公室，

---

① Покровский Н. Н. Материалы по истории магических верований сибиряков XVII-XVIII вв. В кн.: Из истории семьи и быта сибирского крестьянства в XVII - начале XX в. Новосибирск: Новосибирск. ун-т, 1975. с. 126-127.

② Пермский край. Сб. сведений о Пермской губернии / Под ред. Д. Смышляева: В. 3-х т. Пермь: губ. стат., ком., Т. 3. / Под ред. А. А. Дмитриева. 1895. с. 17-180; Островская Л. В. Мировоззренческие аспекты народной медицины русского крестьянского населения Сибири второй половины XIX в. В кн.: Из истории семьи и быта сибирского крестьянства XVII-начала XX в. Новосибирск: Новосибирск. ун-т, 1975. с. 132.

③ Покровский Н. Н. Материалы по истории магических верований сибиряков XVII-XVIII вв. В кн.: Из истории семьи и быта сибирского крестьянства в XVII - начале XX в. Новосибирск: Новосибирск. ун-т, 1975. с. 119-126.

声称阅读之后，"他就丧魂失魄"①。

"丧魂失魄"并不意味着精神错乱。相反，这是安德烈·瓦西里耶奇·托博尔科夫痛苦地认识到他原来接受的教导与书中内容之间的矛盾。

对于当时的人们而言，《圣母之梦》已经足够权威，锦上添花的是，该书告诉读者自己的来源非常神奇，它出现于"橄榄山上，在大天使米哈伊尔圣像前被发现的……这一页是犹太人的拿撒勒王在耶路撒冷的主墓中发现的……那句话是上帝亲口所言"。

奇迹般地出现的《圣母之梦》向它现在和未来的所有者承诺了各种福祉，并且无须举行任何基督教仪式。② 只需把《圣母之梦》放在家里就足够，它可以确保房子不受小偷和强盗、邪恶巫师、雷电、火灾、流行病以及敌人各种武器的侵犯。此外，《圣母之梦》可以保证"航行一帆风顺、在贸易中获利、在谈话中获得荣誉……在法庭上迅速获释"，保障家中的妇女顺利分娩、保障生者免遭来世的永恒折磨等。③

伪书《圣母之梦》以圣母的名义，同时援引基督本人的话，实际上宣布任何教堂仪式都是多此一举，由此牧师托博尔科夫陷入迷惘。

这位牧师求助于都主教，很可能是希望尽快得到对上述问题的解释，但是他被流放到达尔马提亚修道院进行忏悔。矿务学校的一名学生拥有10本妖术书，而共同参与抄书的是僧侣学校的一名学生，他们均受到鞭笞。调查中发现，人们对上述图书需求旺盛，这表明抄写咒语可能已经成为学生的一项副业。

---

① ТФ ГАТО，ф. 156，. оп, 1，1751 г，д. 41，л. 1 - 26；Покровский Н. Н. Материалы по истории магических верований сибиряков XVII - XVIII вв. В кн.：Из истории семьи и быта сибирского крестьянства в XVII - начале XX в. Новосибирск：Новосибирск. ун-т，1975. с. 126.

② 原作者强调。——译者注

③ УрГУ，Шалинское собр.，26р/122，л. 2 - 3；см. также：в хранилище УрГУ другие списки：Красноуфимское собр.，56р/295；Невьянское собр.，62р/394；Невьянское собр.，74р/554；Шатровское собр.，34р/80.

　　无论是抄写咒语的托博尔斯克学生，还是前面提到的、发现妖术书的波尔塔瓦矿工乌里扬·鲁达科夫，都不是职业的巫师或术士。简而言之，这些活动都很普遍，只是由于书的主人时运不济，才被当局查获。

　　职业巫师是另一回事。人们相信，而且他们自己也毫不隐瞒：他们与魔鬼之间关系密切，因此他们的法事无不成功。① 1739～1740 年，叶卡捷琳堡工厂管理总局对工人库兹马·特斯托夫的秘密案件进行了长期调查。库兹马·特斯托夫曾是一名训练有素的巫医，掌握了大量的咒语，为整个工厂提供服务，无论是管理者还是士兵。调查结果表明，他与魔鬼打交道，只是在审讯时他否认这一点。② Н. Н. 波克罗夫斯基③叙述过类似的、阿尔泰附属农奴阿尔特米·萨卡洛夫被指控的案件。19 世纪的乌拉尔自然科学爱好者协会曾保存了一份咒语，可以让我们管窥"与撒旦签订协议"的仪式。咒语的前面是"教规之始"，后面是"对撒旦的咒语"：

　　　　我要去找撒旦，我要请求撒旦帮助，请让我行动起来，请让人们变得忧愁，我诅咒上帝，我赞美撒旦，撒旦助我，请让人们变得忧愁，我要拿出钱来，请把它变成白纸，请把马、牛、狼和熊变成木头。

　　　　我将去找火王，我将祈祷和臣服，我恨上帝。火王助我，让我行动起来，让人们变得忧愁，请把卢布变成白纸。

　　　　我要去海洋，那里有一座岛，岛上立着一根柱子，上面坐着撒

① Токарев С. А. Религиозные верования восточно-славянских народов XIX - начала XX в. М.；Л.：Изд-во АН СССР，1957. с. 23-28.

② ГАПО，ф. 297，оп. 1，д. 1108，л. 3-21 об.

③ Покровский Н. Н. Материалы по истории магических верований сибиряков XVII-XVIII вв. В кн.：Из истории семьи и быта сибирского крестьянства в XVII - начале XX в. Новосибирск：Новосибирск. ун-т，1975. с. 119.

旦。我要向他祷告，顺从他的旨意，请他时刻助我，不要赶走恶人和强盗，不要让邪恶念头走开，让我的房子看起来像是烈火，因此某些人不会走进我的房子，请把我变成一匹愤怒的狼和一只粗野的狮子，让邪恶的人惧怕我，因为我是撒旦的奴仆。我仇恨十字架，我诅咒教规，因为它们是上帝的创造。我恨上帝，撒旦是我的助手，他天天助我，所以反对我这个奴仆的恶人无法言说，他们的舌头会变得僵硬，寸步难移，他们的眼睛被锡蒙蔽，头脑被烤焦，失去知觉，落水淹死。这一故事是撒旦本人所讲。谁都不能给他讲故事。伊斯玛之石坚固而纯净，我的话语和面容也是如此。

请于深夜邪气最重之时在地窖前的角落里念九遍。①

上述咒语结构复杂。它结合了"个人创作"（特别是在咒语的最初的部分）以及一些更古老、更稳定的模式。作者主动创作咒语的情况并不罕见。② 同时，咒语在书中以文本形式出现，这一事实本身就证明了咒语文本的稳定性。然而，应该指出的是，这种文本相对罕见，不只是因为其背后的行动秘不可宣（这一点可以理解），进一步说，该行动本身并不常见，因为在念咒者看来，"与撒旦签约"意味着把自己从"社会上"孤立出去，而根据封建时代的信仰，将来他不可避免地受到痛苦的折磨。

巫师被视为万恶之源。虽然耳语者和通灵者在力量上不如"邪恶的门神"，但他们被认为有治病能力。尽管他们进行巫术活动时绕过了教会这个机构，但是与巫师不同的是，他们并不以任何方式反对东正教。③

① ГАСО，ф. 101，оп. 1，д. 287，л. 4-6об.

② Елеонская Е. Н. Заговоры и колдовство на Руси в XVII и XVIII столетии. Русский архив，1912. т. 4. с. 613.

③ Никитина С. Е. Устная традиция в народной культуре русского населения Верхокамья. В кн.：Русские письменные и устные традиции и духовная культура（По материалам археографических экспедиций МГУ 1966-1980 гг.）. М.：Изд-во МГУ，1982. с. 104-105.

教会用于治病的手段并没有太多变化。如果问"在患病的时候，圣父们给我们制定了什么治疗方案?"那么回答总是："圣父们认为，生病时的治疗手段永远是呼唤上帝，向上帝祈祷，上帝是医生，恩典永远与我们同在。"① 在同一篇文章中，占卜者、耳语者和巫师是医生有力的竞争对手。因此，谁"听他们的话，不去找巫师和占卜者，如果为了上帝而遭受苦难或罹患疾病，并且不治而亡，他就是真正的殉道者，就像基督一样，摆脱悲伤和疾病走向幸福"②。不管自愿与否，拒绝巫师和占卜者的巫术在这里被视为自愿殉道，"为了上帝而遭受苦难或罹患疾病"与在巫师那里康复形成对立。

在此我们应该补充说明，这里没有涉及巫师们的合理的治疗方法。例如他们广泛将植物入药（19 世纪末，仅在彼尔姆省的克拉斯诺菲姆斯克县，巫师们就使用 165 种草药)③、进行按摩等。合理的治疗手段根植于人们的一种想法，即疾病类似于一个有形的物质实体。④ 这种疾病可以强加在个人身上，也可以采用巫师或耳语者知道的方法来驱逐它。人们有时认为疾病是由撒旦引起的，有时疾病来源于"恶人、私奔的婆娘、妓女、重婚者、三婚者、两齿者、三齿者、丑八怪、黑肤者和女巫等，有时男巫迎面御风而来"⑤。

人类的疾病被分为两类。第一类是撒旦引起的疾病，通常认为，它们是人类罪孽造成的，都非常严重。在乌拉尔以及俄国的其他地区，

---

① УрГУ，Шатровское собр.，179р/1149，л. 35.

② Там же，л. 3об. –34об.

③ Мизеров М. И.，Скалозубов Н. Л. К вопросу о народной медицине в Красноуфимском уезде. Пермский край. Пермь：губ. стат. ком.，1893. т. 2. с. 258–274.

④ Петров В. П. Заговоры / Публ. А. Н. Мартыновой. В кн.：Из истории русской советской фольклористики. Л.：Наука，1981. с. 97；Токарев С. А. Религиозные верования восточно-славянских народов XIX – начала XX в. М.；Л.：Изд-во АН СССР，1957. с. 124–133.

⑤ Мизеров М. И.，Скалозубов Н. Л. К вопросу о народной медицине в Красноуфимском уезде. Пермский край. Пермь：губ. стат. ком.，1893. т. 2. с. 239.

人们一直相信，这些疾病是由希律王的女儿们传播的，她们在治疗寒热病（疟疾）的咒语中这样描述自己："我们的母亲教我们纵火和炙烤，我们来到世界上，让基督徒战栗，让他们发冷，折磨他们，烘干他们的身体，敲碎他们的骨头，拉断他们的筋骨。"天使和大天使问道："这些少女是什么样子的？"回答说是"直发的、狡猾的、罪恶的"。她们的名字来自疾病的民间名称或其表现形式：（1）兹诺比哈（发冷）；（2）洛米哈（骨折）；（3）托米哈（疲倦无力）；（4）普浩塔（肿瘤）；（5）苏浩塔（干燥，发干；痨病）；（6）果浩塔（痛苦）；（7）内克雷帕（腹泻）；（8）塞克亚（腰部和关节的风湿）；（9）泽莱娜（面黄肌瘦）；（10）奥戈尼奥娜娅（发烧）；（11）热列兹娜娅（四肢僵直，如果病人不能移动，则意味着病入膏肓）；（12）斯梅尔托（致死）。[①]

第二类疾病是外伤，包括"疝气"和比较轻微的外部"损伤"。人们认为，这些疾病更容易被治愈，但是任何人只要赞美别人的力量和健康，那么他人就会长出毒眼或者毁容。[②]

为了治愈疾病，必须面向病人念诵某位圣人的名字作为咒语，从而将疾病从病人身上赶走。上文提及的斯特罗加诺夫的农民 В. И. 杰米多夫于 1788 年抄写的《自助草药疗法》医学书中建议："如果马蹄扎了钉子，

① М. И. 米泽罗夫和 Н. Л. 斯卡洛祖博夫对希律王女儿们的名字做出解释。他们还对咒语中出现的其他名字做出了另一种解释：卡什莱娅——普通的支气管咳嗽；杜什莱娅——呼吸急促，例如在心脏病发作的时候；颂莱娅——脑部疾病、伤寒和在其他疾病中昏迷；西别娅——能够改变声音的梅毒；普赫列娅——肿瘤；祖不列娅——痛苦的牙疼；杰格列娅——呕吐；哈尔列娅——肺结核、多痰；尤尔蒂娅——黄疸病；乌古塔——被蛇或疯狗咬伤；思嘉尔列娅——抽搐。另见 Громыко М. М. Дохристианские верования в быту сибирских крестьян XVIII-XIX вв. В кн.：Из истории семьи и быта сибирского крестьянства XVII-начала XX в. Сб. научных трудов. Новосибирск：Новосибирск. ун-т, 1975. с. 92-96；Мизеров М. И., Скалозубов Н. Л. К вопросу о народной медицине в Красноуфимском уезде. Пермский край. Пермь：губ. стат. ком., 1893. т. 2. с. 239-240。

② Мизеров М. И., Скалозубов Н. Л. К вопросу о народной медицине в Красноуфимском уезде. Пермский край. Пермь：губ. стат. ком., 1893. т. 2. с. 240-241.

你在骑马时喊三声：'以圣父、圣子和圣灵的名义叫圣斯捷潘。阿门。从眼睛到耳朵，从耳朵到脊柱，从脊柱到蹄子，从蹄子把钉子取出来，扔到潮湿的沼泽地和炎热的沙地。'"①

人们试图吓跑疾病。根据19世纪末伊尔金工厂的观察，М.И.米泽罗夫和Н.Л.斯卡洛祖博夫记录了治疗风湿的方法，其基础正是恐吓疾病。首先将病人平放在门槛上，两条腿分跨门槛两侧。然后家中最年长者用斧子轻轻地砍着铺在病人背上的菩提树枝，与此同时，家中最年幼的人询问："你在砍什么？"

"风湿病。"

"请使劲砍，让它彻底滚开。"②

显然，这里表达了人们既要"找出病灶"③，又要恐吓并驱逐疾病的愿望。

由于将疾病理解为一种物质性实体，在乌拉尔地区同样使用其他的治病方法——用烟熏跑、用水洗掉以及将其吞噬等。当然，这些行为也被神秘化了：他们用"木头之火"④ 熏烟、用专门的草药泡水洒向病人身上以及念咒语祛除疝气等。

对待疾病及其治疗手段的这种态度，源于一种更普遍的看法，即暴发疾病的原因是世界存在着对人有利有弊的两种力量，这是封建时代典型的世界观。同时，农民、工匠和工人的社会意识面临着另一个矛盾，

---

① ПОКМ，1197/20. 在同一本医书中，有一个非常极端的方法来治疗抽搐（即疟疾的根源），也就是赶走传说中的希律王的女儿，"……在纸上写下'三日之后，必然离开'"，做成三个阄，每天抓一个阄，到了第三天，病人必然痊愈。显然，这里的魔语就像是基督教圣徒的咒语一样，本质上都是一种符咒。

② Мизеров М. И., Скалозубов Н. Л. К вопросу о народной медицине в Красноуфимском уезде. Пермский край. Пермь：губ. стат. ком.，1893. т. 2. с. 255.

③ Петров В. П. Заговоры / Публ. А. Н. Мартыновой. В кн.：Из истории русской советской фольклористики. Л.：Наука，1981 с. 103—104.

④ "木头之火"指木头通过摩擦生热而起火。——译者注

其本质是教会与巫术一直势不两立（"如果有人求助巫术，他就是在召唤邪恶，即恶魔"①），这一意识根植于日常生活之中，也是人们传统上就疾病和其他问题向巫师求助的原因。

官方的东正教人士和旧礼仪派团体的领导人都对巫师持戒备甚至是直接敌对的态度。另一个问题是，分裂派教徒无法驱逐一部分教友（尤其是有文化的），也没有类似于官方镇压分裂派的强制手段。现实生活给宗教分裂运动的领袖们提出了一个问题："如果我们的一些教友是老妇，即祖母，她们是基督徒，但去尼康派信徒的家中为孩子和产妇治病，是否可以和她们打交道？"在回答这个问题时，作者援引了《舵手》一书，其中规定巫师必须忍受 20 年的惩罚，② 实际上是将他们等同于凶手。作者特别强调，这一总体原则也适用于如下情形："当老妇，即祖母""呼喊圣父、圣灵和圣子的名字，甚至还虔诚地画十字"，那么此时应该"转身离去，离开她们"。③

在这种情况下，分裂派领导人的基本立场与官方东正教对巫师的谴责并无区别。旧礼仪派信徒谴责老年女巫师和她们的服务对象，但是他们无法使用官方教会的惩罚方式，因为官方教会和国家一样，认为巫术不仅有损教会，而且是一种刑事犯罪。④ 旧礼仪派可以采用的惩罚手段屈指可数。此外，巫术还受到了社会大众的舆论支持。旧礼仪派的惩罚仅限于要求巫师"放弃"这种职业。在这种情况下，对巫师的惩罚"量力而行"，例如在 20 年内禁止其领用圣餐，"但是没有将他们驱逐出基督教

---

① УрГУ, Шатровское собр., 179p/1149, л. 182. 这里引用的文献是 18 世纪旧礼仪派教徒广为使用的《忏悔录》，是"民间版本"东正教的百科全书。

② 宗教上的惩罚（如斋戒、长期祈祷等）。——译者注

③ УрГУ, собр. Филологов, 20p/441, л. 188об. –189.

④ 1731 年 5 月 20 日，安娜–伊万诺夫娜皇后命令以火刑处决巫师。参见 Покровский Н. Н. Материалы по истории магических верований сибиряков XVII–XVIII вв. В кн.: Из истории семьи и быта сибирского крестьянства в XVII–начале XX в. Новосибирск: Новосибирск. ун-т, 1975. с. 116.

祈祷会"。

这种惩罚的轻重程度如何？鉴于旧礼仪派信徒在乌拉尔占统治地位，圣餐仪式极为罕见，它与分裂派仪式没有任何联系。显然，禁止领用圣餐已经毫无实际意义。

悔改的老年教徒并没有被教会彻底驱逐，没有被剥夺参加"祈祷会"的权利。"在我们的弟兄姐妹之中，有被称为基督徒的老妇"——这一情况表明，在进行裁决之前，这些"为孩子和产妇治病"的老妇们仍是"祈祷会"的正式成员。

将日常生活神秘化的不仅有农民。П. П. 巴若夫写道："任何一位首次下矿的矿工、每一个矿场发现者都有自己的秘密。"如上所述，工厂、矿山的劳动和制炭工作等，都"与生产传统的保护和传承、与艺术、与工艺的神秘性交织在一起"①。

乌拉尔工厂业务的发展，工厂的日常工作成为人民生活的来源，这种现象受到了"民间版本"东正教的重新审视。显而易见，"工厂居民"相信，提供工厂工作和采矿机会的不是他人，恰恰是上帝。所以，就其起源而言，工厂劳动与农民劳动的地位平等。

如果说亚当是个耕者，亚当和夏娃的儿子亚伯和该隐分别是牧羊人和农夫，那么根据伪书《哲学家与人民的虔诚对话》，拉麦的儿子是一位铁匠和矿工。"主指示大儿子法弗菲尔挖矿石，给他展示了锤子和钳子。"②

"神秘力量"在矿工和探矿者的工作中扮演着重要角色，因为他们的工作在很大程度上取决于运气。除了对矿石特性的了解（如果没有这种知识，他们的工作难度简直是无法想象的），还有一种信念，即地下财富

---

① Бажов П. П. Уральские были: Из недавнего прошлого сысертских заводов. Очерки. Екатеринбург: Уралкнига, 1924. с. 79.

② УрГУ, Красноуфимское собр., 63р/302, л. 11–12.

受到"神秘力量"的保护①。知道并利用奥秘的能力，被认为是成功的条件。B.B.布拉泽斯系统地研究了乌拉尔地区工人的民间传说，他写道："在任何一座自由村都流传着一些关于工人的运气、知识或经验的歪曲解释，类似的解释被渗透到家庭和宗族的传说中。直至19世纪，人们还在议论一些幸运的工人：'我认识斯洛温卡，这个人似乎有很多出谋划策的同伴，但他从不告诉我们'，'那次一个人在酒馆里吹牛——他发现了蛇爬过留下的痕迹，因此找到了金矿'。"②。

然而，必须再次强调，关于"神秘力量"的传闻主要流传于矿工和探矿者之间，也就是那些在工厂围墙之外工作的采矿群体。

虽然封建时代乌拉尔地区的矿工和工人在许多方面与农民一致，但他们的社会意识有诸多不同之处。工厂劳动不可能像农民劳动那样被天衣无缝地神秘化，而且，问题不仅在于农民背后是几个世纪的传统。工厂工作最终更全面地揭示了生产过程中的因果关系，而这种联系在农业生产中难以捉摸。以18世纪的科学语言阐述的技术知识，从文字和形象等层面揭示了工厂经营的机械性，大多数工厂的运行不再具有神秘主义色彩。只有在运气和命运发挥重要作用的情况下，神秘主义才会保留一席之地。

各种咒语在封建时代的工厂中继续存在，"神学世界观"在很大程度上仍具有重要意义，有助于解释世界全貌，但工厂生产的认识领域却变得世俗化。③ 这是工厂居民与同时代的农民在社会意识方面最重要的区别。

---

① Кругляшова В. П. Жанры несказочной прозы уральского горнозаводского фольклора. Учеб, пособие по спецкурсу для филолог / фак. Свердловск: Уральск. ун-т, 1974. 168 с.

② Блажес В. В. Предания о рабочих династиях. В кн.: Рабочий фольклор. Сб. статей. Свердловск: Уральск. ун-т, 1978. с. 37-52; Бонч-Бруевич В. Д. В. И. Ленин об устном народном творчестве. Сов. этнография, 1954. № 4., с. 49.

③ 原作者强调。——译者注

第四节　世界图景中的人

对人在世界中的地位的认知是世界观的核心问题之一。根据封建主义后期乌拉尔地区"民间版本"东正教的"神学世界观"，上帝创造了人，他"用八种材料"创造了第一个人："（1）用土创造身体；（2）用石造骨；（3）用水造血；（4）用火造骨①；（5）用云造思想；（6）用太阳造眼睛；（7）用草造水分；（8）用圣灵造灵魂。"②

民间神学认为，在创世纪过程中，地球具有重要作用。它把地球视为一个具有生产能力的有机体，这种观念深深根植于西伯利亚农民的意识和与农业相关的仪式中。③《三圣对话》收录了一个创世纪主题的谜语，充满了色情意味："先知问少女：'少女，把你的给我，我把我的放在你的里面，我的住在你的里面，如果我需要我的，我把我的拿出来，把你的给你。'（答案）。上帝用泥土创造了亚当，并把自己的圣灵置入他的内心，亚当死后，他的身体就回归大地。"④

"大地是少女"类似于民间传说中的"母亲是湿润的大地"，大地是人类诞生的条件，也是其躯体的最终安息地。

被创造的人是独断专行的，因为他是万物之主，⑤ 但亚当堕落了，这是罪孽，从而改变了一切。他从万物之主变成了土地的耕种者，而土地的主人是魔鬼。为了自己和后裔，亚当被迫与魔鬼签订契约，为魔鬼工

---

① 原文如此。此处疑似应为"用火生成体温"。参见 Громов М. Н. Апокрифическое сказание о сотворении Адама в составе сборника середины XVII в. из Румянцевского собрания // Записки Отдела рукописей ГБЛ. Вып. 46. М. ，1987. с. 76。——译者注

② УрГУ，Невьянское собр.，24р/356，л. 11.

③ Громыко М. М. Трудовые традиции русских крестьян Сибири（XVIII-первая половина XIX в.）. Новосибирск：Наука，1975. с. 30.

④ УрГУ，Невьянское собр.，24р/356，л. 8об.

⑤ УрГУ，Красноуфимское собр.，63р/302，л. 2-2об.

作，直到天堂和大地都变成上帝的。

亚当成了耕种者，他的孩子亚伯和该隐分别是牧羊人和农夫。如上所述，随后产生的职业是铁匠和矿工。在此我们完整地援引《哲学家与人民的虔诚对话》的内容如下。

问："拉麦的孩子们从事哪一行业？"

答："主指示大儿子法弗费尔挖矿石，给他展示了锤子和钳子，他成为铁匠。瓦库拉训练演奏古斯里琴和笛子，诺亚则是木匠，上帝命令他造方舟，以防洪水。"①

应该指出的是，在铁匠和矿工的职业之后，下一个职业是江湖艺人。古斯里琴几乎是江湖艺人的标志，尽管古斯里琴也可以是表达虔诚的演奏工具，例如大卫王就是如此。而笛子和多姆拉琴、三弦琴、八角鼓、风笛和牧笛等，都是江湖艺人的特征。② 不难判断，伪经将江湖艺人与其他职业（农夫、牧羊人、铁匠、木匠等）相提并论，并为这一职业辩护。③

人类的灵魂是两种力量争夺的目标，根据封建主义的"神学观"，这两种力量通常决定了人类的命运，人们必须考虑到这种对立。"若人就餐时怀着敬畏之心，天使和主就会欣喜地降临在他们面前并为他们服务。如果开始亵渎、发笑、乱扔骨头或面包屑，那么天使就会沮丧地离开，然后魔鬼带着黑暗降临，他的同伙也将尾随而至。"④

---

① УрГУ，Красноуфимское собр.，63p/302，л. 11–12.

② 例如，对伪德米特里死亡细节的描述中，据传恶魔在他的尸体上像江湖艺人一样表演，"许多人在午夜听到，在伪德米特里的尸体上，恶魔在跳舞、击打手鼓、吹口哨等"（Русская историческая библиотека：В 39-ти т. СПб. и др. Т. 13. Памятники древней русской письменности, относящиеся к Смутному времени / Ред. С. Ф. Платонов, под наблюд. К. Н. Бестужева-Рюмина и А. Ф. Бычкова. СПб.，1891. столбец. 831；Успенский Б. А. Царь и самозванец：самозванчество в России как культурно-исторический феномен. В кн.：Художественный язык средневековья. М.：Наука, 1982. с. 216, 229）。

③ УрГУ，Невьянское собр.，24p/356，л. 8.

④ УрГУ，Шатровское собр.，99p/877，л. 1.

人的一生稍纵即逝，普通人（并非圣人和受难者）无力接受并光荣地承担上帝赋予人类的责任，这是许多宗教诗篇中悲观论调的根源。[①] 在此，我们引用这样一节经文：

> 草长花开，成熟之后，草枯花谢，这恰如人生：出生、成长、享受荣耀，这是人一生成长和享乐的时光。早上，人像花一样绽放，而到晚上，他不会凋谢，清晨人就准备进入坟墓，开始清洗有罪的身体，灵魂会为沉重的罪孽而哭泣。你们为什么洗我的罪身？我没有在圣像前以泪赎罪。你们为什么为我的罪身穿衣？我没有穿过圣洁的法衣。你们为什么把我的躯体放进棺材？我有罪，没有孝敬父母。你们为什么在我的棺材上放蜡烛？我没有遵守主的诫命。你们为什么埋葬我有罪的身体？我没有教父。你们为什么埋葬我有罪的身体？我没有向任何人忏悔。应该把我的肉体喂狗。没有钉子无法造船，没有经书无法获救。船在海上航行，其后不留踪影。我们的时光，一去永不返。阿门。[②]

这种观点认为，人在尘世的生活稍纵即逝，然后是灵魂的"永生"，同时，灵魂对尘世事务负有责任。这一看法极大地影响了对生命意义的判断。人们认为，财富和名声自身并不能带来更大的幸福。这一思想体现在拉撒路两兄弟的诗篇中。贫穷弟弟在尘世遭受了重重苦难，然后在天堂过上幸福的生活；而他的哥哥在尘世非常富有，享尽荣华富贵，但是在地狱遭受无尽的痛苦。兄弟二人命运不同，判若云泥。乌拉尔手稿中广泛流行的赞美诗更明确地表达了这些思想，更尖锐地反映了社会矛盾：

---

① Громыко М. М. Дохристианские верования в быту сибирских крестьян XVIII-XIX вв. В кн. : Из истории семьи и быта сибирского крестьянства XVII-начала XX в. Сб. научных трудов. Новосибирск: Новосибирск. ун-т, 1975. с. 113-123.

② УрГУ, Шатровское собр. , 45р/91, л. Зоб. -4об.

马其顿王亚历山大威加海内，

许多波斯王国臣服于他。

奥古斯都控制了整个世界，

俄国人彼得名扬四方。

所有国君都视死如归，

突然，黑夜悄然而至。

富翁们，你们的财富于事无补，

石砌的府邸无法确保性命无虞。①

　　封建时代的人们认为，死亡是"民主的"，因此无论贫富贵贱，死亡面前，人人平等，这迫使人们考虑未来的责任。这一思想成为"草根"文学的主题，尤其是在乌拉尔的附属农奴、工匠和工人之间。同时，在乌拉尔的特定发展阶段，当地的"草根"文学和 18 世纪的社会思想中，世俗生活的价值问题是人们激烈争论的焦点。17 世纪末，讨论自焚合法性时，该问题已初露端倪。②

　　在乌拉尔和西西伯利亚地区，大司祭阿瓦库姆、他的弟子雅科夫·列皮欣和牧师多美季安提出了一种思想。他们认为，随着以大牧首尼康的改革和俄国国内政策变化为代表的"末日"的降临，人们不应该再去教堂，"不结婚，换句话说，不举行婚礼，不进行忏悔，不领用圣餐，不用三指画十字……当然，命令信徒遭受火焚的痛苦，就像是思想经历了魔鬼的洗礼一样"③。如上文所述，1679 年，为了躲避对分裂派信徒的打

---

①　УрГУ，Невьянское собр.，48p/380，л. 11.

②　Елеонская А. С. Русская публицистика второй половины в. М.：Наука，1978. с. 186—231.

③　Послани я блаженного Игнатия，митрополита Сибирского и Тобольского，изданные в «Православном собеседнике». Казань：Тип. губ. правления，1855. с. 13.

击，许多农民藏身于莫斯托夫卡村，在他们提交的呈文中①论证了自焚的可能性和必然性，1722 年塔拉驻军叛乱期间出现的"抗议"信件也同样进行了论证。② 自焚是逃避"反基督者的封印"，进而免遭来世折磨的一种手段。

然而，分裂派的这种论证经常遭到质疑。另一种观点捍卫人类生命的独立价值，认为自焚无异于自杀。③ 禁止"自杀"的内容遍布于分裂派的忏悔文献中。18 世纪伊尔金斯克工厂广为流传的《撞钟者》一书中，自杀者（即"自愿殉道者"）被视为异端献祭者，他们"被扔到山后，坠入火中，被水淹没，为信仰和基督而重生"④。在谴责这些人的时候，《撞钟者》提醒道，"他们不会像基督徒一样被埋葬，人们不会歌颂他们。由于他是为了上帝而死，他将摆脱污垢，但这样的死亡和善举不被人们传颂"⑤。

需要特别指出的是，成千上万的旧礼仪派信徒在乌拉尔的矿厂工作，在工厂地区有几十个隐修地和自由村。根据现有资料判断，在切尔诺伊斯托钦斯克、维西姆森林、"维塞利山"以及位于沙尔塔什的旧礼仪派信徒中心等，18 世纪并未发生任何自焚事件。政府的类似行动、第一次和第二次人口调查、18 世纪 40 年代和 50 年代搜捕旧礼仪派信徒等，在外乌拉尔（秋明县、伊谢季省）的农民中间引起自焚浪潮，但是在涅维扬斯克和下塔吉尔的杰米多夫工厂，在涅维扬斯克和叶卡捷琳堡之间的许多村庄并未引发类似的事件，那里的居民绝大多数都是在第二次人口调

① Дополнения к актам историческим, собранные и изданные Археографическою комиссиею, В 12-ти т. Т. 8. (1678—1682). Ред. Н. В. Калачев. СПб.: тип. Праца, 1862. с. 219—222.

② Покровский Н. Н. Антифеодальный протест урало-сибирских крестьян-старообрядцев. Новосибирск: Наука, 1974. с. 56—59、121—125.

③ Елеонская А. С. Русская публицистика второй половины в. М.: Наука, 1978. с. 201—210.

④ УрГУ, Красноуфимское собр., 153р/1267, л. 298—300.

⑤ Там же, л. 301об. —302.

查中在托博尔斯克教区登记的旧礼仪派信徒。[①]

工厂中并不采取自焚行动进行抗议。由于教会的不断迫害，工厂的旧礼仪派信徒们（包括工匠、工人、仆人和文员等）被迫采取行动，他们采用各种形式的抗议——提交大量呈文证明教会和世俗官员干涉"与采矿相关的事务"的行为是非法的、"用棍棒"击退来自托博尔斯克的搜捕分裂派信徒的军队等。叶卡捷琳堡的工厂当局和后来的参政院不得不阻止迫害分裂派，这不无道理，因为他们发现，由于都主教的迫害导致工厂居民破产，进而减少了政府在工厂的收入。[②]

可以认为，18 世纪的工厂居民拥有更多的机会来维护自己的权利，熟练工匠和工人的技术劳动对矿务当局有着巨大的价值，并且工人认为自己在国家中的地位特殊，他们的劳动直接关涉"国家利益"，在当时的环境下，他们重新认识到了生命的价值，所以拒绝自焚。这种认识也受到了工厂中分裂派的支持，他们并没有接受外乌拉尔农民为自焚辩护的观点。

《文士与男孩的对话》是"草根"文学的一座丰碑，其焦点问题之一是生命的意义何在。其最早的版本出现于涅维扬斯克历史和文学作品集，流传于涅维扬斯克的工匠之间。[③] 文章是一个文士（哲学家）和一个男孩

---

①　Покровский Н. Н. Антифеодальный протест урало‐сибирских крестьян‐старообрядцев. Новосибирск：Наука，1974. с. 153.

②　ГАПО，ф. 297，оп. 1，д. 1115，л. 216–230；д. 1118，л. 236–240；Покровский Н. Н. Антифеодальный протест урало‐сибирских крестьян‐старообрядцев. Новосибирск：Наука，1974. с. 196–209，281–284.

③　УрГУ，Невьянское собр.，24р/356，л. 2–5. 这套书的出版时间是 1837 年，其中收录了如下作品：《文士与男孩的对话》，第 2~5 页；《三圣论辩》，第 6~13 页；《涅维扬斯克大事记》，第 13~15 页。页面上书籍主人的记录表明，这套书属于涅维扬斯克的奥夫钦尼科夫家族。我们还知道另外两份收藏于苏联科学院俄罗斯文学研究所的文献清单以及 В. Н. 佩列茨文集，№508（19 世纪中期）。关于该文集的详细情况，参见 Перетц В. Н. Выставка массовой русской литературы XVIII в. Путеводитель. Л.：Изд‐во АН СССР，1934. 26 с.；Северо‐двинское собр.，№ 292/2，1922 г。

之间的争论，他们代表了两种智慧、两种世界观。男孩问道："谁是世界上最博学的人？"文士答道："博览群书、了解上流社会生活的人。"按照文士的说法，世界上最好的统治是哲学家的统治，"最荣耀的美德"是"军人的勇气"，"最困难的知识"是"如何治理刁民"，"最光荣的富人"是"克里萨斯王"①，而世界上最自由的人是"独裁的沙皇和征服天下者"。② 通过文士之口，作者论述了17世纪下半叶俄国专制主义意识形态的普遍真理，该真理披着"启蒙专制主义"的外衣，而"资产阶级启蒙运动的完全成熟了的第二种形式在18世纪变成了现代的耶稣会精神，变成了俄国的外交"。③ 如何反驳文士？让我们来看看文献。

　　　　哲学家先生，请问，世界上最好的东西是什么？

　　　　（文士）：忠诚的朋友。

　　　　（男孩）：良知更好……

　　　　（男孩）：谁是世界上最博学的人？

　　　　（文士）：博览群书、了解上流社会生活的人。

　　　　（男孩）：不对。是识文断字且有自知之明的人……

　　　　（男孩）：什么是世界上最好的统治？

　　　　（文士）：哲学家的统治。

　　　　（男孩）：而基督徒的统治更胜一筹。

　　　　（男孩）：什么是最荣耀的美德呢？

　　　　（文士）：军人的勇气。

　　　　（男孩）：但是稳固的和平联盟更为可贵。

---

① Croesus，克里萨斯王，吕底亚国最后一位国王，大富豪。——译者注

② УрГУ，Невьянское собр.，24p/356，л. 2об. -3.

③ Энгельс Ф. Внешняя политика русского царизма. Маркс К.，Энгельс Ф. Соч. 2-е изд.，т. 22. с. 24.

文士（哲学家）的价值观不仅遵循了俄国专制主义官方意识形态的标准。它们外在于人，独立于人而存在，这些价值的实现途径是模仿别人的行为模式（读了很多书、在战争中的表现等）。而男孩得到了作者和读者的支持，他对生活中是非贵贱的想法独树一帜。这不只是"稳固的和平联盟"胜过"军人的勇气"（这一看法表明了群众对 18 世纪末在俄国发动的诸多战争的态度）。男孩试图将哲学家的外在价值观与自己发现的价值观进行对比。男孩立场的特点是强烈关注人的内心世界。这就是为什么"自我管理更加困难"，世界上最自由的人不是哲学家所言的"独裁的沙皇和征服天下者"，而是"无惧无欲之人"。因此，"良知优于真正的朋友"，"世界上最伟大的镜子"不是太阳，而是"人的眼睛，因为它不仅能容下太阳和月亮，还有整个宇宙"。

我们看到的不仅仅是两个文学人物各抒己见，其中一方代表着官方专制主义意识形态的简化价值体系，另一方（以及以他为代表的读者）则是对同一现象的社会评价，与官方评价迥然不同，有时甚至截然对立。这种观点部分是正确的，并且与文献的文本浑然一体。茫然的哲学家问男孩，"谁教你这样的智慧？"然后男孩回答说，他的老师是父母，"我的父亲是真理，我的母亲是简洁"。① 这个男孩看似简单的立场耐人寻味，不只是民间（根据文献中的说法，是"平民知识分子"）与官方认知的差异。

也许可以认为，这里反映了 18 世纪下半叶俄国思想中发生的一些主要变化，它们也影响了当时文学的发展。18 世纪下半叶，俄国不同思想流派之间展开了激烈的意识形态斗争，开明的专制主义仍然是官方意识形态。然而，人们对法国启蒙运动哲学越来越失望，叶卡捷琳娜二世虚张声势地声援启蒙运动，但是这丝毫没有提高大众的地位。此外，根据 B.O. 克柳切夫斯基的观点，18 世纪下半叶"……发生了出乎意料的惨

---

① УрГУ，Невьянское собр.，24р/356，л. 4.

象：启蒙哲学的新思想证明并加强了本土旧有的愚昧无知、道德方面的故步自封"①。

俄国社会思想的另一极是启蒙运动，其中的优秀人物批判农奴制。② 这一切为革命作家、"18 世纪民主思想的集大成者" A. H. 拉季舍夫的成长和创作奠定了基础。③

社会思想的变化引起了文学的变化。早在 19 世纪 60 年代，作为一种文学运动，古典主义固有的模式和"开明专制主义"的导向已经出现了危机。感伤主义取代了古典主义，打开了人们内心的情感世界和经验世界。它更加关注人的内在感受，重新提出了个人的责任问题。H. И. 诺维科夫创作的政论作品中，"认识你自己"的要求取代了以前乐观的理性主义。"许多人并不觉得认识自我④的科学是必要的、是需要付出极大精力的……因此，认识自我⑤尚且是一门鲜为人知的科学，这是否令人惊讶？"⑥ 自知之明是社会进步的先决条件。"那些尖刻之人的嘲笑和羞辱并不可怕，他们认为道德教化文章⑦是一些不合时宜的冗余之物。但是世间受尽屈辱的美德，应该被扶上荣耀的宝座，而恶行，就像一种违背人性的可憎之物，应该被赤裸裸地呈现在世人面前，只要包含上述意图的作品，就足够值得赞美。"⑧

---

① Ключевский В. О. Очерки и речи. 2-й сборник статей. Пг. : Лит. изд. отд. Комиссариата нар. прос. , 1919. с. 248.

② Белявский М. Т. Крестьянский вопрос в России накануне восстания Е. И. Пугачева. (Формирование антикрепостнической мысли) . М. : Изд-во МГУ, 1965. с. 314-315.

③ Гуковский Г. А. Проблемы изучения русской литературы в. В кн. : XVIII век. М. ; Л. : Изд-во АН СССР, 1940. вып. 2. с. 15.

④ 着重号为 H. И. 诺维科夫所加。——译者注

⑤ 着重号为 H. И. 诺维科夫所加。——译者注

⑥ H. И. Новиков и его современники. Изб. соч. / Под ред. И. В. Малышева. М. : Изд-во АН СССР, 1961. с. 179.

⑦ 着重号为 H. И. 诺维科夫所加。——译者注

⑧ H. И. Новиков и его современники. Изб. соч. / Под ред. И. В. Малышева. М. : Изд-во АН СССР, 1961. с. 180.

H. И. 诺维科夫的笔记和《文士与男孩的对话》遥相呼应，相似点不限于承认治理的难度。此外，涅维扬斯克手稿中极为关注内心世界，而 H. И. 诺维科夫文中呼吁认识自己，这一切都顺理成章。同时 H. И. 诺维科夫相信道德教化非常重要，而涅维扬斯克手稿中的标题《可资借鉴的谈话录》的倾向已经不言自明。两者一脉相承地谈及另一非常重要的主题——对科学、对"外部"知识的态度。男孩的"单纯"与哲学家的书生气形成对比，也否定了这种书生气的价值以及哲学家的世界观。下文研究正是基于这一对立。文士无法正确回答男孩提出的问题，于是决定问他一些谜题：

（文士）：宇宙有多大？

（男孩）：它非常庞大，只有上帝可以拥抱。

（文士）：好吧，请告诉我，我的朋友，地球是悬挂在空中，还是谁在支撑着它？

（男孩）：并非悬空。因为谁创造它，谁就支撑着它。

（文士）：不错。我的朋友，你非常了解上帝，请问，上帝创世之前在做什么？

（男孩）：有些人莫名其妙地对此好奇，上帝为他们准备了地狱……①

但是，文士在"神学世界观"体系中提出问题，他要求做出理性的回答，但是这种回答是不可能的，所以文士似乎占了上风。然而，在"神学世界观"的层面上同样可以找到答案。神学世界观的本质是承认上帝，从而排除了对上帝是否存在的质疑。在 H. И. 诺维科夫出版的杂志上，各作

① УрГУ, Невьянское собр., 24р/356, л, 4.

者的思路与此类似。杂志《晚霞》论证了灵魂不死，这就很有代表性。"但是，如果排除天启的情形，是否能够理性地证明这一点？显然，任何一个知道什么是证据的人，都不敢去证明，因为这需要理解上帝的旨意。在推理中，理性非常清晰地向我们揭示了我们应该做什么，但在推理上帝的决定时，理性却无能为力，这种知识非理性所能企及……"

"上帝的旨意"是不可理解的事物，是理性的极限。驳斥男孩的答案意味着采取一贯的无神论立场，打破"神学世界观"的基本原则。但是在《文士与男孩的对话》的作者看来，这是不可能的，这就注定了文士的失败和男孩的胜利。

我们认为，"草根"文学的出现，受到了 18 世纪下半叶政论作品的影响，这证明了 Н. И. 诺维科夫及其同人作品的发行基础相对广泛。一个事实毋庸置疑：在 18 世纪乌拉尔工匠的藏书中和乌拉尔的矿厂的学校图书馆中，① 都收藏有 Н. И. 诺维科夫的图书。人们之所以对这些书持有同情态度，是由于民主的发展和改良现行制度的愿望，而这正是 Н. И. 诺维科夫的特点。Н. И. 诺维科夫出版的杂志包含的"神学世界观"和神秘主义，使得处于另一种社会环境中的人们（封建晚期的乌拉尔劳动人民）可能接受上述图书的某些观点。

同时，需要强调的是，《文士与男孩的对话》作者与 Н. И. 诺维科夫的观点也存在着深刻的差异。《文士与男孩的对话》的作者基本上否认科学的必要性，但用 Н. И. 诺维科夫的一篇文章中的话来说，作者似乎是"不切实际的、粗鲁的赞助者和捍卫者"②。Н. И. 诺维科夫倡导建立一门科学，将知识和道德相结合。"……如果学者内心险恶，尽管学富五车"，

① Мартынов И. Ф., Осипова Л. А. Библиотека уральского горнозаводчика XVIII в. Н. А. Демидова. В кн.: Из истории духовной культуры дореволюционного Урала. Свердловск: Уральск. ун-т, 1979. с. 68-72, 214, 113.

② Н. И. Новиков и его современники. Изб. соч. / Под ред. И. В. Малышева. М.: Изд-во АН СССР, 1961. с. 206-207.

他仍然是一个坏人。这样的学者"……是一个彻头彻尾的愚昧者,危害他自己、他的邻居和整个社会"。

《文士与男孩的对话》证明了大众文化的"开放性",它吸收了启蒙文学的某些观点。它和其他社会环境中诞生的作品被相提并论,并与统治阶级的文化相关,但是在工人中找到了归属。这与矿厂的学校业务、工厂工作所必需的技术知识的传播密不可分。

本章小结

矿业居民是未来无产阶级的核心,其世界观的形成受到两个重要因素的影响。从起源角度来说,他们的世界观可以追溯到农奴的世界观。工匠和工人们关于世界的本质、世界发展规律的理解等仍然停留在"神学世界观"的框架之内,这是东正教民间版本的体现。与此同时,大型制造企业(如18世纪的乌拉尔矿厂)的工作条件发生了本质性的变化,"神学世界观"体系不再涵盖生产活动(工人生活的最重要部分)。

新兴无产阶级的工作、生活和习惯发生了翻天覆地的变化,这也极大地影响了他们的观念和社会思想。新兴无产阶级社会思想的特点是,他们不仅对主流文化现象和社会思想感兴趣,而且有意识地利用它们为自己的利益服务。

结　论

　　俄国封建时期劳动人民的社会思想尚未得到充分研究。深入研究该问题的可能路径之一是，分析社会思想在具体区域表现形式的特征。这种特征取决于俄国不同地区的社会经济发展水平，并影响了相应地区的劳动者的地位、文化、日常生活和斗争等。

　　在封建晚期的社会条件下，乌拉尔具有典型的地域特色。随着该地区大规模采矿业的发展，列宁在19世纪末提出的"乌拉尔的特殊生活"开始形成。这种"乌拉尔的特殊生活"必然影响其居民的社会政治思想。

　　首先，本书搜集事实材料，揭示官地耕农（后来被划拨到工厂的农民）、工匠、乌拉尔的军人对国家政权的态度，他们对自己社会地位的评价以及他们对正义与邪恶的理解。

　　其次，本书尝试明确乌拉尔群众的社会政治思想中的一些内在特征。劳动者的政治思想在一定程度上受到统治阶级思想的影响。劳动者的思想（在当时环境下可以被简称为"幼稚的君主主义"）与官方迥然不同，有时甚至截然相反。附属农奴、工匠、工人和其他劳动者坚信"沙皇是救世主"，坚信沙皇可以保护人们不受远近势力的专横和暴力侵害。这一信念从未动摇，但是并未能让劳动者与当时的俄国政府和政府官员讲和。此外，他们的这一信念多次成为起义、暴动和反抗的借口，包括1773～1775年爆发的农民战争。因此，压迫和暴力、税收、人丁税和征兵被视为非法，因为它们不符合劳动者在"幼稚的君主主义"框架内对沙皇权力的理解。"幼稚的君主主义"具有不同的表现形式：从向陛下提交呈文到认为当时的沙皇是"反基督的"。尽管这些表现形式矛盾重重，它们都代表了劳动者对国家权力属性的普遍认识，即只有在保护劳动者时，国家权力才完全合法。这些认识的"幼稚性"和虚幻性突出表现在：劳动者始终将 17 世纪和 18 世纪前几十年与彼得大帝时代理想化，试图在历史上找到一个正面的理想模式。

附属农奴以及保留了国有工匠传统的工匠和工人有权向国君递交呈文，他们认为自己从事的特殊劳动事关国家利益。在信件和呈文中进行论辩时，以及在社会实践和不断的暴动中，他们的这一立场尤为清晰地表现出"幼稚的君主主义"与官方意识形态的对立。国家被迫停止向工厂划拨工人，然后完全废除附属村庄。

封建时期乌拉尔地区群众的世界观可以被称为"民间版本"的"神学世界观"。虽然旧礼仪派在该地区广泛传播，但是人们的旧礼仪派观念是"普洛克路斯忒斯之床"，既不符合正统东正教，又不适合东正教的民间版本和旧礼仪派。

新的、世俗文化元素被广泛传播，这是乌拉尔矿区居民文化的一个特征，它既反映在公众思想上，又反映在世界观上。诸如手工业者和工厂工人阅读世俗书籍、技术手册、采矿手册、法律书籍以及开展学校教育等，这些举措卓有成效，但是并未从本质上影响社会意识的形成。除了上述因素之外，另一因素也举足轻重。

事实证明，工厂劳动与农业生产完全不同。农业日历是"神学世界观"的基础之一，但是在工厂车间里，它被废弃，变得无足轻重，取而代之的是重复性的个人经验、专业技能以及个体对工艺流程的理解和掌握。因此，对工厂工作（工匠和工人生活的基础）的理解超出了传统的"神学世界观"，并变得世俗化。

参考文献

［1］Маркс К., Энгельс Ф. Критика новейшей немецкой философии в лице ее представителей Фейербаха, Б. Бауэра и Штирнера и немецкого социализма в лице его различных пророков. Маркс К., Энгельс Ф. Соч. 2-е изд., т. 3. с. 7–544.

［2］Маркс К. Восемнадцатое брюмера Луи Бонапарта. Маркс К., Энгельс Ф. Соч. 2-е изд., т. 8. с. 115–217.

［3］Маркс К. Экономические рукописи 1857–1859 годов. (Первоначальный вариант «Капитала».) Часть первая. Маркс К., Энгельс Ф. Соч. 2-е изд. т. 46. ч. 1. с. 3–508.

［4］Энгельс Ф. Внешняя политика русского царизма. Маркс К., Энгельс Ф. Соч. 2-е изд., т. 22. с. 11–52.

［5］Энгельс Ф. Крестьянская война в Германии. Маркс К., Энгельс Ф. Соч. 2-е изд., т. 7. с. 343–437.

［6］Энгельс Ф. Юридический социализм. Маркс К., Энгельс Ф. Соч. 2-е изд., т. 21. с. 495–516.

［7］Ленин В. И. Что такое «друзья народа» и как они воюют против социал-демократов? (Ответ на статьи «Русского богатства» против марксистов.) Поли. собр. соч., т. 1. с. 125–346.

［8］Ленин В. И. Кустарная перепись 1894 – 1895 года в Пермской

губернии и общие вопросы «кустарной» промышленности. Поли.
собр. соч. , т. 2. с. 317−424.

[9] Ленин В. И. Развитие капитализма в России. Процесс образования
внутреннего рынка для крупной промышленности. Поли. собр.
соч. , т. 3. с. 1−609.

[10] Ленин В. И. Пролетариат и крестьянство. Поли. собр. соч. ,
т. 9. с. 341−346.

[11] Ленин В. И. Две тактики социал − демократии в демократической
революции. Поли. собр. соч. , т. 11. с. 1−131.

[12] Ленин В. И. Новая аграрная политика. Поли. собр. соч. , т. 16.
с. 422−426.

[13] Ленин В. И. Аграрная программа социал − демократии в русской
революции. Поли. собр. соч. , т. 17. с. 148−173.

[14] Ленин В. И. Лев Толстой как зеркало русской революции. Поли.
собр. соч. , т. 17. с. 206−213.

[15] Ленин В. И. Аграрные прения в III Думе. Поли. собр. соч. , т. 17.
с. 308−322.

[16] Ленин В. И. Классы и партии в их отношении к религии и церкви.
Поли. собр. соч. , т. 17. с. 429−438.

[17] Ленин В. И. Критические заметки по национальному вопросу.
Поли. собр. соч. , т. 24. с. 113−150.

[18] Акты исторические, собранные и изданные Археографическою
комиссиею: В 5 − ти т. СПб. : тип. II отд − ния собств. е. и. в.
Канцелярии, 1841 − 1842. Т. 5. 1676 − 1700 гг. / Подг. к изд. М. А.
Коркунов, 1842. 565 с. разд. паг.

[19] Берк В. Н. Древние государственные грамоты, наказные памяти и

челобитные, собранные в Пермской губернии. СПб. 1821. IV, 125 с.

[20] Бессонов П. А. Калики перехожие. Сб. стихов и исследование. М. : Б. и. , 1861. т. 1. 280 с. разд. паг.

[21] Вагина П. А. Материалы к спецсеминару по истории горнозаводской промышленности и классовой борьбы на Урале второй половины XVIII в. Для студентов ист. фак. Вып. 1. Материальнобытовое положение мастеровых и работных людей второй половины XVIII в. Свердловск: Уральск. ун-т, 1962. 62 с.

[22] Волнения работных людей и приписных крестьян на металлургических заводах России в первой половине XVIII в. : Сб. документов / Под ред. Е. И. Заозерской и Л. Н. Пушкарева. М. : АН СССР (Ин-т истории и др.). Ротапринт, 1975. вып. 1. XVIII, 227 с.

[23] Геннин В. И. Описание уральских и сибирских заводов. 1735. М. : История заводов, 1937. 7-656 с.

[24] Горловский М. А. , Павленко Н. И. Материалы совещания уральских промышленников 1734 - 1736 гг. Исторический архив, М. ; Л. : Изд-во АН СССР, 1953. вып. 9. с. 5-155.

[25] Демидова Н. Ф. Инструкция В. Н. Татищева о порядке преподавания в школах при уральских заводах. Исторический архив. М. ; Л. : Изд-во АН СССР. 1950. вып. 5. с. 166-167.

[26] Димитрий Ростовский. Розыск о раскольнической брынской вере. М. : Синод, тип. , 1745. 250 л. разд. паг.

[27] Дмитриев А. А. Народное творчество в Билимбаевском заводе Екатеринбургского уезда Пермской губернии. Записки Уральского об - ва любителей естествознания. Екатеринбург, 1890 - 1891. т. 12. вып. 2. с. 1-11.

［28］Дмитриев А. А. Пермская старина. Сб. исторических статей и материалов, преимущественно о Пермском крае. В 8 − ми вып. Пермь: тип. П. Ф. Каменского, 1888−1900.

Вып. 1. Древности бывшей Перми великой. 1889. XVIII, 197. IV с.

Вып. 2. Пермь великая в XVII в. , 1890. XVIII, 248. VIII с.

Вып. 7. Верхотурский край в XVII в. (К 300 − летию Верхотурья). 1897. I, XIV, 236. VI с.

［29］Документы ставки Б. И. Пугачева, повстанческих властей и учреждений. 1773 − 1774 гг. Сборник ／ Сост. А. И. Аксенов, Р. В. Овчинников, М. В. Прохоров. М. : Наука, 1975. 523 с.

［30］Дополнения к актам историческим, собранные и изданные Археографическою комиссиею, В 12 − ти т. СПб. : тип. Праца, 1846−1872.

Т. 8. (1678−1682). Ред. Н. В. Калачев. 1862. 364 с. разд. паг.

Т. 10. (1682−1700). Ред. А. И. Тимофеев. 1867. 512 с. разд. паг.

［31］Зеленин Д. К. Великорусские сказки Пермской губернии. С. прил. 12 башкирских и одной мещеряцкой. Записки Русского географического об-ва по Отделению этнографии. Пг. , 1914. т. 41− LIII, 656 с.

［32］Зеленин Д. К. Описание рукописей Ученого архива Русского географического об-ва: В 3-х вып. Пг. , 1914−1916−

Вып. 1. 1914. XII. 483 с.

Вып. 2. 1915. IV, 485−988 с.

Вып. 3. 1916. I, III, 989−1279 с.

［33］Золотов Е. Секретные дела «слово и дело» за 1746 г. и 1747 гг. в пределах нынешней Пермской губернии. (Извлечение из исторического архива Пермской ученой архивной комиссии.)

Труды Пермской губернской ученой архивной комиссии. Пермь, 1915. вып. 12. с. 233–250.

[34] Из истории Урала. Урал с древнейших времен до 1917 г. Сб. документов и материалов. Свердловск: Сред. – Урал. кн. изд – во, 1971. 391 с.

[35] Кирилов И. К. Цветущее состояние Всероссийского государства. М. : Наука, 1977. 443 с.

[36] Кириллова книга. М. : Печатный двор, 1644. 588 л. разд. паг.

[37] Книга о вере. М. : Печатный двор, 1648. 290 л. разд. паг.

[38] Книги В. Н. Татищева в фондах Свердловского краеведческого музея. (Предварительная информация) . Свердловск: Свердловск. обл. краев. музей, 1962. 7 с.

[39] Котошихин Г. О. О России в царствование Алексея Михайловича. 4 – е изд. / Ред. М. А. Коркунов. СПб. , тип. Гл. упр. уделов. 1906. 4. XXXVI, 214 с.

[40] Крамаренков В. И. Материалы для истории рабочих на горных заводах. (Из записки В. Крамаренкова), Публ. А. В. Шебалова. Архив истории труда в России. Пг. , 1921. № 1. с. 91–112.

[41] Лепехин И. И. Продолжение записок путешествия академика Лепехина. Поли. собр. ученых путешествий по России. СПб. ; При Акад. наук, 1802. т. 4–6. 338 с.

[42] Материалы для истории раскола за первое время его существования. Документы, содержащие известия о лицах и событиях из истории раскола за первое время его существования. ч. 1. О лицах, судив- шихся на соборе 1666 – 1667 г. / Под ред. Н. И. Субботина. М. : Братство св. Петра митрополита, 1875. 492. IV с.

［43］ Некрасов П. А. Народные песни, наговоры, загадки, скороговорки и пословицы, записанные в Александровской волости Соликамского уезда. Записки Уральского об－ва любителей естествознания. Екатеринбург, 1901. т. 22. с. 118−222.

［44］ Н. И. Новиков и его современники. Изб. соч. ／ Под ред. И. В. Малышева. М. ：Изд-во АН СССР, 1961. 535 с.

［45］ Олесов В. Г. Сборник пословиц и поговорок, записанных в Камышловском уезде. Записки Уральского об－ва любителей естествознания. Екатеринбург, 1884. т. 7. вып. 4. с. 181−215.

［46］ Отразительное писание о новоизобретенном пути смертей, вновь найденный старообрядческий трактат против самосожжений ／ Изд. Х. М. Лопарев － Памятники древней письменности и искусства. СПб. , 1895. вып. 108−071. 160 с.

［47］ Описание документов и дел, хранящихся в архиве святейшего и правительствующего Синода. СПб. ： Синод, тип. , 1868. т. 1. I－IV, 776. I-CCCCLXXVI стб. , 1−87. 1−6. I−IV с.

［48］ Павленко Н. И. «Наказ шихтмейстеру» В. Н. Татищева. Исторический архив. М. ； Л. ：Изд-во АН СССР, 1951. вып. 6. с. 199−244.

［49］ Памятники первых лет русского старообрядчества. Летопись занятий Археографической комиссии за 1913 г. ／ Ред. В. Г. Дружинин. СПб. , 1914. вып. 26−741 с. разд. паг.

［50］ Памятники Сибирской истории XVIII в. ： В 2－х кн.／ Ред. А. И. Тимофеев. СПб. ； тип. МВД, 1882. 1885−кн. 1. 1700−1713 гг. 1882. XXXII, 551 с. , XXXIV стб. кн. 2. 1713−1724 гг. 1885. XXIV, 541 с. , XLII стб.

［51］ Панаев Ф. Н. Сборник пословиц, поговорок, загадок, песен и былин, собранных в Соликамском уезде. Записки Уральского об - ва любителей естествознания. Екатеринбург, 1884. т. 7. вып, 4. с. 114-139.

[52] Панаев Ф. Н. Слова, пословицы, поговорки, приметы и песни, записанные в Пермском уезде. Записки Уральского об - ва любителей естествознания. Екатеринбург, 1890 - 1891. т. 12. вып. 2. с. 60-63.

[53] Первушин П. Ф. Песни, святочные гадания, поговорки и суеверия собранные в Катайской волости Камышловского уезда Пермской губернии. Записки Уральского об - ва любителей естествоз нания. Екатеринбург, 1895. т. 15. вып. 1. с. 74-87.

[54] Перетц В. Н. Выставка массовой русской литературы XVIII в. Путеводитель. Л. : Изд-во АН СССР, 1934. 26 с.

[55] Пермский край. Сб. сведений о Пермской губернии / Под ред. Д. Смышляева : В. 3 - х т. Пермь : губ. стат. , ком. , 1892. 1895 -

Т. 1. 1892. -2. IV, 272. 2 с.

Т. 2. 1893. 303 с.

Т. 3. / Под ред. А. А. Дмитриева. 1895. IV, 502. 2 с.

[56] Петухов Д. Горный город Дедюхин и окольные местности. Записки Русского географического об-ва. СПб. , 1863. кн. 3. с. 1-109. кн. 4. с. 1-109.

[57] Полное собрание законов Российской империи. Собр. 1 - е. С 1649 по 12 декабря 1825 г. СПб. ; тип. II отделения е. и. в. канцелярии, 1830-

Т. 7. 1723-1727 гг, 925 с.

Т. 16. С 28 июня 1762 по 1764 г. , 1088. 105 с.

［58］Послания блаженного Игнатия, митрополита Сибирского и Тобольского, изданные в «Православном собеседнике». Казань: Тип. губ. правления, 1855. 176 с.

［59］Пролог. Сент, половина года. М. : Печатный двор, 1641. 851 л. разд. паг.

［60］Пролог. Март, половина года. М. : Печатный двор, 1643. 958 л. разд. паг.

［61］Протоколы, журналы и указы Верховного тайного совета 1726–1730 гг. / Под ред. А. Ф. Дубровина. Сб. Русского исторического об－ва. СПб. , 1889. т. 69. 4. LVII, 967. 1 с.

［62］Пугачевщина. Сб. документов и материалов: В 3－х т. М. ; Л. : Гос. изд－во, 1926. 1931–

Т. 1. Из архива Пугачева. 1926. 288 с.

Т. 2. Из следственных материалов и официальной переписки. 1929. VII, 495 с.

Т. 3. Из архива Пугачева. 1931. –VIII, 527 с.

［63］Пустозерский сборник. Автографы сочинений Аввакума и Епифания / Изд. подг. Н. С. Демкова, Н. Ф. Дробленкова, Л. И. Сазонова. Л. : Наука, 1975. XIV, 263 с. , 193 л. факс.

［64］Русская историческая библиотека: В 39－ти т. СПб. и др. 1872–1927– Т. 2. / Ред. А. И. Тимофеев. СПб. , 1875. 32 с. разд, паг. , 1228 стб.

Т. 8. / Ред. А. И. Тимофеев и Ф. И. Успенский. СПб. , 1884. 18 с. разд, паг. , 1344 стб. разд. паг.

Т. 13. Памятники древней русской письменности, относящиеся к Смутному времени / Ред. С. Ф. Платонов, под наблюд. К. Н. Бестужева – Рюмина и А. Ф. Бычкова. СПб. , 1891. XXX , 982 стб.

Т. 39. Памятники старообрядчества XVII в. кн. 1. Вып. 1. Сочинения протопопа Аввакума ／ Подг. к изд. , ред. , авт. предисл. и сост. указ. Я. Л. Барсков и П. С. Смирнов, под наблюд. В. Г. Дружинина. Л. : Изд-во АН СССР , 1927. XCVII с. , 960 стб.

［65］Рычков П. И. История Оренбургская（1730 – 1750）／ Под ред. и с прим. Н. М. Гутьяра. Оренбург： Оренбургск. губ. стат. ком. , 1896. 97 с. разд. паг.

［66］Рябов И. Былина и временность Нижнетагильских заводов. Учен. записки Казанского ун-та , 1848. ч. 2. с. 1–57.

［67］Сафронова А. М. Инструкция В. Н. Татищева 1721 г. о порядке школьного преподавания. Уральский археографический ежегодник за 1973 г. Свердловск : Уральск. ун-т. , 1975. с. 95–98.

［68］Сводный старообрядческий синодик. 2 – е изд. Синодика по четырем рукописям XVIII–XIX вв. ／ Изд. А. Н. Пыпин. Памятники древней письменности и искусства. СПб. , 1883. вып. 44. V , 60 с.

［69］Скалозубов Н. Л. Народный календарь. Праздники, дни святых, особочтимых народом , поверья , приметы о погоде , обычаи и сроки сельскохозяйственных работ. В кн. : Сборник материалов для ознакомления с Пермской губернией. Пермь： губ. стат. ком. , 1893. вып. 5. с. 3–22.

［70］Судебники XV – XVI в. ／ Подг. текстов Р. В, Мюллер и Л. В. Черепнина, под ред. Б. Д. Грекова. М. : Изд – во АН СССР , 1952. 612 с.

［71］Татищев В. Н. История Российская. 2 – е изд. ／ Под ред. А.

И. Андреева, с. Н. Валка и М. Н. Тихомирова. М. ; Л. : Изд - во АН СССР, 1962. т. 1.

[72] Тихомиров М. Н. , Епифанов П. П. Соборное Уложение 1649 г. Учебн. пособие для высшей школы. М. : Изд-во МГУ, 1961. 444 с.

[73] Тихонравов Н. С. Памятники отреченной русской литературы. СПб. , 1863. т. 1-4. XII, 313 с.

[74] Цветаев Д. Памятники к истории протестантства в России. М. : унив. тип. 1888. ч. 1. XXI, 245. XII с.

[75] Шилков П. А. О суеверии населения Шайтанского завода Екатеринбургского уезда Пермской губернии. -Записки Уральского об - ва любителей естествознания. Екатеринбург, 1895. т. XV, вып. 1. с. 54-56.

[76] Шилков П. А. Свадебные обряды и песни Билимбаевского завода Екатеринбургского уезда, изданные под ред. А. А. Дмитриева. ЗаписиУральского об-ва любителей естествознания. Екатеринбург, 1891. 1894. т. XIII, вып. 2. с. 177-195.

[77] Шишонко В. Н. Пермская летопись с 1262 - 1881 гг. В 5 - ти периодах. Пермь : тип. губ. земства, 1882-1889-

Период 1-й. С 1262-1613 гг. 1882. III, 238 с.

Период 2-й. С 1613-1645 гг. 1882. 502 с.

Период 3-й. С 1645-1676 гг. 1884. 1168 с.

Период 4-й. С 1676-1682 гг. 1884. 652 с.

[78] Азадовский М. К. История русской фольклористики. М. : Учпедгиз, 1963. т. 2-363 с.

[79] Алексеев В. Н. Археографические экспедиции Сибирского отделения АН СССР и комплектование фонда редких книг и рукописей

ГПНТБ СО АН СССР. В кн. : Научные библиотеки Сибири и Дальнего Востока. Новосибирск : Гос. публ. научно－техн, 6－ка СО АН СССР, 1973. вып. 1. с. 15－18.

[80] Алексеев В. Н. , Дергачева－Скоп Е. И. , Покровский Н. Н. , Ромодановская Е. К. Об археографических экспедициях Сибирского отделения АН СССР 1965－1967 гг. Археографический ежегодник за 1968 г. М. : Наука, 1970. с. 262－274.

[81] Алефиренко П. К. Крестьянские движения и крестьянский вопрос в России в 30－50-х гг. XVIII в. М. : Изд-во АН СССР, 1958. 422 с.

[82] Амосов А. А. , Бударагин В. П. , Морозов В. В. , Пихоя Р. Г. О некоторых проблемах полевой археографии. (В порядке обсуждения). В кн. : Общественно－политическая мысль дореволюционного Урала. Свердловск : Уральск. ун-т, 1983. с. 5－19.

[83] Андрущенко А. И. Крестьянская война. 1773－1775 гг. на Яике, в Приуралье, на Урале и в Сибири. М. : Наука, 1969. 360 с.

[84] Анисимов Е. В. Податная реформа Петра I. Введение подушной подати в России. 1719－1728 гг. Л. : Наука, 1982. 296 с.

[85] А(рхимандрит) П(алладий) П(Пьянков.) Обозрение пермского раскола, так называемого « старообрядства ». СПб. : тип. журн. « Странник », 1863. 215. 49 с.

[86] Байбурин Н. К. Жилище в представлениях восточных славян. Л. : Наука, 1983. 188 с.

[87] Бажов П. П. Уральские были : Из недавнего прошлого сысертских заводов. Очерки. Екатеринбург : Уралкнига, 1924. 79 с.

87a. Бажов П. П. Публицистика. Письма. Дневники. Свердловск : Свердл. кн. изд-во, 1955. 272 с.

［88］Байдин В. И. Новые материалы об организации и идеологии урало-сибирского старообрядчества конца XVIII – первой половины XIX в. В кн.：Сибирское источниковедение и археография. Новосибирск：Наука，1980. с. 93–109.

［89］Бахрушин С. В. Научные труды. М. : Изд – во АН СССР，1955. т. 3. ч. 1–376 с.

［90］Бегунов Ю. К. Русская литература XVIII в. и демократический читатель.（Проблемы и задачи изучения）. Русская литература，1877. № 1. с. 121–139.

［91］Бегунов Ю. К. , Демин А. С. , Панченко А. М. Отчет об археографической экспедиции в верховьях Печоры и Колвы в 1959 г. Труды отдела древнерусской литературы. М. ; Л. : Изд – во АН СССР，1961. т. 17. с. 547–557.

［92］Бегунов Ю. К. , Демин А. С. , Панченко А. М. Рукописное собрание Чердынского музея им. А. С. Пушкина. Тр. отдела древнерусской литературы. М. ; Л. :Изд-во АН СССР，1961. т. 17. с. 608–615.

［93］Белявский М. Т. Крестьянский вопрос в России накануне восстания Е. И. Пугачева.（Формирование антикрепостнической мысли）. М. : Изд-во МГУ，1965. 382 с.

［94］Вернадский В. Н. Очерки из истории классовой борьбы и общественно-политической мысли России в третьей четверти XVIII в. Уч. зап. Ленингр. пед. ин-та им. А. И. Герцена. Л. , 1962. т. 229. с. 11–52.

［95］Блажес В. В. Предания о рабочих династиях. В кн. : Рабочий фольклор. Сб. статей. Свердловск：Уральск. ун-т，1978. с. 37–52.

［96］Богословский П. С. К постановке историко – культурных изучений

Урала. В кн.: Уральское краеведение. Свердловск: Урал - книга, 1927. с. 33-37.

［97］Болонев Ф. Ф. Приемы продуцирующей магии в свадебных и календарных обрядах русского населения Восточной Сибири. (Вторая половина XIX-начало XX в.). В кн.: Общественный быт и культура русского населения Сибири. (XVIII - начало XX в.) Новосибирск: Наука, 1983. с. 31-43.

［98］Бонч-Бруевич В. Д. В. И. Ленин об устном народном творчестве. Сов. этнография, 1954. № 4.

［99］Бороздин А. К. Очерки русского религиозного разномыслия. СПб.: тип. «Энергия», 1905. 223 с.

［100］Буганов В. И. Об идеологии участников крестьянских войн в России. Вопросы истории, 1974. № 1. с. 44-60.

［101］Вагина П. А. Волнения приписных крестьян на Авзяно Петровских заводах Урала в 50-60-х гг. XVIII в. Уч. зап. Свердл. пед. ин-та, 1955. вып. 2. с. 308-326.

［102］Вагина П. А. Из истории предпринимательства среди крепостных крестьян Урала второй половины XVIII в. (На примере крепостного крестьянина Нязепетровского завода Петра Михайлова). В кн.: Вопросы истории Урала. Сб. статей. Свердловск: Уральск. ун - т, 1965. вып. 6. с. 5-32.

［103］Вагина П. А. Материально - бытовое положение мастеровых я работных людей Урала во второй половине XVIII в. по данным; «Именной росписи». В кн.: из истории рабочего класса Урала. Пермь: Пермск. ун-т, 1961. с. 76-85.

［104］Варушкин Н. О единоверии на Нижнетагильском заводе и его округе. Православный собеседник, 1866. ч. 1. № 1. с. 1 – 36; № 7. с. 167 – 218; № 9. с. 48 – 79; № 11. с. 169 – 204. 1867. ч. 1. 269 – 323; ч. 2. с. 3–42.

[105] Ветухов А. Заговоры, заклинания, обереги и другие виды народного врачевания, основанные на вере в силу слова. (Из истории мысли). Вып. 1 – 2 / Отд. отт. из «Русского филолог, вестн. ». Варшава, 1907. 522 с.

[106] Верюжский В. Афанасий Холмогорский. Его жизнь и труды в связи с историей Холмогорской епархии за 20 лет ее существования и вообще русской церкви в конце XVII в. Церковно – исторический очерк. СПб. : тип. И. В. Леонтьева, 1908. VI, 883 с.

[107] Виноградова Л. Н. Зимняя календарная поэзия западных и восточных славян. Генезис и типология колядования. М. : Наука, 1982. 256 с.

[108] Вичев В. Мораль и социальная психика. М. : Прогресс, 1978. 357 с.

[109] Водарский Я. Е. Численность и размещение посадского населения в России во второй половине XVII в. В кн. : Города феодальной России. Сб. статей памяти Н. В. Устюгова. М. : Наука, 1966. с. 271–297.

[110] Вологдин И. В. Жизнь крепостных крестьян гр. Строгановых в Оханском уезде Пермской губернии. Бытовые очерки. Пермский край. Пермь : губ. стат. ком. , 1895. т. 3. с. 200–226.

[111] Гагарин Ю. В. Очаги старообрядчества на русском Севере в конце XVII – XVIII вв. В кн. : Аграрные отношения и история крестьянства Европейского Севера (до 1917 г.). Сыктывкар : Сыктывкарок. ун–т, 1981. с. 99–107.

[112] Гагарин К. В. История атеизма и религии народа коми. М. : Наука,

1976. 284 с.

［113］Глаголева А. П. Олонецкие заводы в первой четверти XVIII в. М. :
Изд-во АН СССР, 1957. 247 с.

［114］Голендухин А. Д. Новые материалы к биографии В. Н. Татищева.
Докл. на секциях Ученого совета Свердловского краеведческого
музея. Свердловск : Свердловск, обл. краев. музей, 1964. с. 11-38.

［115］Голикова Н. Б. Политические процессы при Петре I (По
материалам Преображенского приказа) . М. : Изд-во МГУ,
1957. 337 с.

［116］Гомельская С. З. Н. К. Чупин. Свердловск : Сред.-Уральск,
кн. изд-во, 1982. 94 с.

［117］Грацианский П. С. Политическая и правовая мысль России второй
половины XVIII в. М. : Наука, 1984. 253 с.

［118］Громыко М. М. Дохристианские верования в быту сибирских
крестьян XVIII-XIX вв. В кн. : Из истории семьи и быта
сибирского крестьянства XVII-начала XX в. Сб. научных трудов.
Новосибирск : Новосибирск. ун-т, 1975. с. 71-109.

［119］Громыко М. М. Трудовые традиции русских крестьян Сибири
(XVIII - первая половина XIX в.) . Новосибирск : Наука,
1975. 351 с.

［120］Гузнер И. А. В. Н. Татищев и просветительская деятельность
урало-сибирских библиотек. В кн. : Революционные. и
прогрессивные традиции книжного дела в Сибири и на Дальнем
Востоке. (Сб. научных трудов) . Новосибирск : Гос. публ.
научн. техн. б-ка СО АН СССР, 1979. вып. 43. с. 5-16.

［121］Гуковский Г. А. Проблемы изучения русской литературы в. В кн. :

XVIII век. М. ; Л. : Изд-во АН СССР, 1940. вып. 2. с. 3-24.

[122] Гурьев И. А. Буржуазная историография второй половины в горнозаводском Урале XVIII в. В кн. : Историография рабочего класса Урала периода капитализма. Свердловск : Уральск. ун - т, 1979. с. 29-36.

[123] Гурьянова Н. С. Старообрядческие сочинения XIX в. «О Петре I - антихристе». В кн. : Сибирское источниковедение и археография. Новосибирск : Наука, 1980. с. 136-153.

[124] Гурьянова Н. С. Царь и государственный герб в оценке старообрядческого автора XVIII в. В кн. : Источники по культуре и классовой борьбе феодального периода. Новосибирск : Наука, 1982. с. 80-86.

[125] Гутнова Е. В. Классовая борьба и общественное сознание крестьянства в средневековой западной Европе. М. : Наука, 1984. 351 с.

[126] Дергачева-Скоп Е. И. «Сердца болезно сестры убодающь остен» -выголексинскоепроизведение середины XVIII в. В кн. г Научные библиотеки Сибири и Дальнего Востока. Новосибирск : Гос. публ. научн. техн. б-ка СО АН СССР, 1973. вып. 14. с. 44-51.

[127] Дмитриев А. А. Федот Алексеевич Волегов. Очерк его жизни и переписка. С портретом Ф. А. Волегова, родословной таблицей и двумя приложениями - реестрами документов о Строгановых. Пермский край . Сб. сведений о Пермской губернии. Пермь : губ. стат. ком. , 1895. вып. 3. с. 122-175.

[128] Добролюбов Н. А. Пермский сборник. Собр. соч. г в 3-х т. М. : Гос. изд-во худ. литературы, 1952. т. 2. с. 631-644.

［129］Дружинин Н. М. Просвещенный абсолютизм в России. В кн. : Абсолютизм в России （ XVII – XVIII вв. ） . М. : Наука, 1964. с. 428–459.

［130］Дьяконов М. А. Очерки общественного и государственного строя Древней Руси. 3-е изд. СПб. : кн. склад «Право» , 1910. XVI, 522 с.

［131］Елеонская А. С. Политические цели второго издания Пролога 1642–1643 гг. В кн. : Русская старопечатная литература （ XVI – первая четверть XVII в. ） . Литературный сборник XVII в. Пролог. М. : Наука, 1978. с. 76–98.

［132］Елеонская А. С. Русская публицистика второй половины в. М. : Наука, 1978. 271 с.

［133］Елеонская Е. Н. Заговоры и колдовство на Руси в XVII и XVIII столетии. Русский архив, 1912. т. 4. с. 611–624.

［134］Есипов Г. Раскольничьи дела XVII столетия. Извлечения из дел Преображенского приказа и Тайной розыскных дел канцелярии. СПб. : Изд-во Кожанчикова, 1863. т. 2–277. 275 с.

［135］Заозерская Е. И. У истоков крупного производства в русской промышленности в XVI – XVII вв. К вопросу о генезисе капитализма в России. М. : Наука, 1970. 476 с.

［136］Зимин А. А. Холопы на Руси. （ С древнейших времен до конца XV в. ） . М. : Наука, 1973. 391 с.

［137］Зольникова Н. Д. Делопроизводственные материалы о церковном строительстве как источник по истории приходской общины Сибири. （ Начало XVIII в. – конец 60-х гг. XVIII в. ） . В кн. : Рукописная традиция XVI–XIX вв. на востоке России. Новосибирск : Наука, 1983. с. 102–116.

［138］ Зольникова Н. Д. Сословные проблемы во взаимоотношениях церкви и государства в Сибири （XVIII в.） Новосибирск：Наука，1981. 183 с.

［139］ Иванов П. В. Из истории общественно‐политической мысли России 40‐60 гг. XVIII в. （К вопросу о перерастании общественной психологии в идеологию）. Пособие к семинару «Передовая революционная мысль в России XVIII в.». Курск：Курский пед. ин‐т，1973. вып. 1‐158 с.

［140］ Идеология феодального общества в Западной Европе：проблемы культуры и социально‐культурных представлений средневековья в современной зарубежной историографии. Реферативный сборник. М.：АН СССР，ИНИОН，1980. 300 с.

［141］ Индова Е. И.，Преображенский А. А.，Тихонов Ю. А. Лозунги и требования участников крестьянских войн в России XVII‐XVIII вв. В кн.：Крестьянские войны в России XVII‐XVIII вв.：Проблемы，поиски，решения. （Сб. статей）. М.：Наука，1974. с. 239‐269.

［142］ Иоаннов （Журавлев） А. И. Полное историческое известие о древних стригольниках，и о новых раскольниках，так называемых старообрядцах，о их учении，делах и разногласиях. 2‐е изд. ч. 1‐4. СПб.：Акад. наук，1795‐

Ч. 1‐2. III，107 с.

Ч. 2‐103 с.，4 л. ил.

Ч. 3‐63 с.，2 л. ил.

Ч. 4‐146 с.，5 л. ил.

［143］ Кагаров Е. Г. Словесные элементы обряда / Публ. А. Н. Розова. В кн.：Из истории русской советской фольклористики.：Л.：Наука，

1981. с. 66－76.

［144］Калюжный В. И. Волнения на заводах Урала в 50－60 гг. в. В кн.：Доклады на секциях Ученого совета Свердловского областного краеведческого музея. Свердловск： Свердл. обл. краев. музей，1960. вып. 3. с. 3－37.

［145］Кафенгауз Б. Б. История хозяйства Демидовых в XVIII－вв. Опыт исследования по истории уральской металлургии. М.；Л.：Изд-во АН СССР，1949. т. 1. 524 с.

［146］Клибанов А. И. Народная социальная утопия в России. Период феодализма. М.：Наука，1977. 287 с.

［147］Клибанов А. И. Реформационные движения в России в XIV－первой половине XVI вв. М.：Изд-во АН СССР，1960. 411 с.

［148］Ключевский В. О. Очерки и речи. 2－й сборник статей. Пг.：Лит. изд. отд. Комиссариата нар. прос.，1919. 496 с.

［149］Козлов А. Г. О продолжительности рабочего дня на казенных заводах Урала в XVIII－начале XIX в. В кн.：Вопросы истории Урала.（Сб. статей）. Свердловск：Уральск. ун－т, 1963. вып. 4. с. 23－36.

［150］Козлов А. Г. Творцы науки и техники на Урале XVII－начало XX в. Биогр. справочник. Свердловск：Сред.－Уральск. кн. изд－во，1981. 222 с.

［151］Кондрашенков А. А. Крестьяне Зауралья в XVII－XVIII вв. В 2－х ч. Челябинск：Южно-Уральск. кн. изд-во，1966－1969－

Ч. 1. Заселение территории русскими. 1966. 174 с.

Ч. 2. Экономика и положение крестьян. 1969. 276 с.

［152］Кондрашенков А. А. Очерки истории крестьянских восстаний в

Зауралье в XVIII в. Курган : Газ. «Сов. Зауралье», 1966. 177 с.

[153] Кондрашенков А. А. Русская колонизация Зауралья в XVII - XVIII вв. Учен. зап. Курганск. пед. ин-та. Курган, 1964. вып. 6. с. 3-94.

[154] Копанев А. И. Крестьянство Русского Севера в XVI в. Л. : Наука, 1978. 245 с.

[155] Копылов А. Н. Очерки культурной жизни Сибири XVII - начало XIX в. Новосибирск : Наука, 1974. 251 с.

[156] Краснобаев Б. И. Русская культура XVIII в. Предмет и задачи изучения. История СССР, 1976. № 6. с. 29-45.

[157] Краснобаев Б. И. О некоторых понятиях истории русской культуры второй половины XVII - первой половины XIX в. История СССР, 1978. № 1. с. 56-73.

[158] Краснобаев Б. И. Русская культура второй половины XVII - начала XIX в. : Учеб, пособие для студентов ист. спец, вузов. М. : Изд-во МГУ, 1983. 223. с.

[159] Крестьянская война в России в 1773-1775 гг. Восстание Пугачева/ Под ред. В. В. Мавродина : В 3-х т. Л. : Изд-во Ленингр. ун-та, 1961. 1970-

Т. 1. 1961. 587 с.

Т. 2. 1966. 512 с.

Т. 3. 1970. 488 с.

[160] Крестьянская община в Сибири XVII - начала XX в. Сб. статей. Новосибирск : Наука, 1977. 287 с.

[161] Крестьянские войны в России XVII - XVIII вв. : Проблемы, Поиски. Решения / Отв. ред. Л. В. Черепнин. (Сб. статей). М. : Наука, 1974. -447 с.

［162］Кругляшова В. П. Жанры несказочной прозы уральского горнозаводского фольклора. Учеб，пособие по спецкурсу для филолог／фак. Свердловск：Уральск. ун-т，1974. 168 с.

［163］Кузин А. А. История открытия рудных месторождений в России до середины XIX в. М. ：Изд-во АН СССР，1961. 360 с.

［164］Культура и общество в средние века：методология и методика зарубежных исследований. Реферативный сборник. М. ：АН СССР，ИНИОН，1982. 263 с.

［165］Кусков В. В. Североуральская археографическая экспедиция 1959 г. Тр. отдела древнерусской литературы. М. ；Л. ：Изд-во АН СССР，1962. т. 18. с. 432-433.

［166］Липатов В. А. П. А. Шилков и его фольклорно – этнографические работы. В кн. ：Фольклор и историческая действительность. Свердловск：Уральск. ун-т，1980. с. 129-146.

［167］Лихачев Д. С. Археографическое открытие Сибири. Предисловие к кн. ：Покровский Н. Н. Путешествие за редкими книгами. М. ：Книга，1984. с. 3-7.

［168］Лихачев Д. С. ，Панченко А. М. ，Понырко А. В. Смех в Древней Руси. Л. ：Наука，1984. 295 с.

［169］Лысова О. А. ，Осипова Л. А. К вопросу о развитии горнотехнического образования на Урале в XVII в. В кн. ：Из истории духовной культуры дореволюционного Урала. Свердловск：Уральск. ун-т，1979. с. 97-111.

［170］Мавродин В. В. Классовая борьба и общественно – политическая мысль в России в XVIII в. (1726-1773)／Курс лекций. Л. ：Изд-во Ленингр. ун-та，1964. 194 с.

〔171〕 Мавродин В. В. Классовая борьба и общественно – политическая мысль в России в XVIII в. (1773–1790-е гг.) / Курс лекций. Л. : Изд-во Ленингр. ун-та, 1975. 214 с.

〔172〕 Мазунин А. И. Уральские материалы в собрании рукописей П. С. Богословского. Учен. зап. Пермского ун – та. Пермь, вып. 192. с. 123–126.

〔173〕 Макарий〔Булгаков〕. История русского раскола, известного под именем старообрядства. СПб. : тип. Королева, 1855. 367. VIII с.

〔174〕 Малышев В. И. Усть – Цилемские рукописные сборники XVI – XX вв. Сыктывкар : Коми кн. изд-во, 1960. 214 с.

〔175〕 Мамин-Сибиряк Д. Н. Город Екатеринбург : Исторический очерк. Собр. соч. : В 12 – ти т. Свердловск : Свердлгиз, 1951. т. 12. с. 238–290.

〔176〕 Мамин-Сибиряк Д. Н. От Урала до Москвы. Собр. соч. : В 12-ти т. Свердловск : Свердлгиз, 1951. т. 12. с. 176–187.

〔177〕 Маньков А. Г. Уложение 1649 года – кодекс феодального права России. Л. : Наука, 1980. 270 с.

〔178〕 Мартынов И. Ф. В библиотеке екатерининского вельможи. (Каталог книг тобольского и пермского генерал – губернатора Е. П. Кашкина). В кн. : Общественно – политическая мысль дореволюционного Урала. Свердловск : Уральск. ун – т, 1983. с. 76–86.

178a. Мартынов И. Ф. , Осипова Л. А. Библиотека уральского горнозаводчика XVIII в. Н. А. Демидова. В кн. : Из историй духовной культуры дореволюционного Урала. Свердловск : Уральск. ун-т, 1979. с. 56–72.

［179］Мартынов М. Н. Наказы приписных крестьян как исторический источник. Археографический ежегодник за 1963 г. М. : Наука, 1964. с. 141−157.

［180］Мельников П. И. Письма о расколе. Поли. собр. соч. , 2 − е изд. СПб. : Изд-во А. Ф. Маркса, 1909. т. 6. с. 203−250.

［181］Мельников П. И. Очерки поповщины. Поли. собр. соч. 2 − е изд. СПб. : Изд-во А. Ф. Маркса, 1909. т. 7. с. 3−351.

［182］Мизеров М. И. , Скалозубов Н. Л. К вопросу о народной медицине в Красноуфимском уезде. Пермский край. Пермь : губ. стат. ком. , 1893. т. 2. с. 238−281.

［183］Милов Л. В. Классовая борьба крепостного крестьянства России в XVII−XVIII вв. Вопросы истории, 1981. № 3. с. 34−52.

［184］Миненко Н. А. К изучению семейной этики сибирского крестьянства второй половины XVIII в. В кн. : Крестьянство Сибири XVII − начала XX вв. Классовая борьба, общественное сознание и культура. Новосибирск : Наука, 1975. с. 75−84.

［185］Назаров В. Д. О некоторых особенностях крестьянской войны начала XVII в. в России. В кн. : Феодальная Россия во всемирно-историческом процессе. М. : Наука, 1972. с. 114−127.

［186］Нечаев Н. В. Горнозаводские школы Урала в XVIII и начале XIX вв. В кн. : Материалы 2 − й научной конференции по истории Екатеринбурга − Свердловска. Свердловск : Уральск. ун − т, 1950. с. 45−98.

［187］Нечаев Н. В. Школы при горных заводах Урала в. первой половине XVIII столетия. К истории профессионального образования в России. М. : Техиздат, 1944. 119 с.

［188］Никитина С. Е. Устная традиция в народной культуре русского населения Верхокамья В кн. : Русские письменные и устные традиции и духовная культура (По материалам археографических экспедиций МГУ 1966 – 1980 гг.). М. : Изд – во МГУ , 1982. с. 91–126.

［189］Никольский В. К. Сибирская ссылка протопопа Аввакума. Учен. зап. Института истории Российской ассоциации научно – исследовательских институтов общественных наук. М. 1927. т. 2. с. 137–167.

［190］Оборин В. А. Роль крестьянства северных районов Поморья в освоении Урала в XVI – XVII вв. В кн. : Аграрные отношения и история крестьянства Европейского Севера России (до 1917 г.). Сыктывкар : Сыктывкарск. ун–т , 1981. с. 80–85.

［191］Общественно–политическая мысль дореволюционного Урала. (Сб. статей). Свердловск : Уральск. ун–т , 1983. 139 с.

［192］Овчинников Р. В. Манифесты и указы Е. И. Пугачева : Источниковед. исследование. М. : Наука , 1980. 280 с.

［193］Оглобин Н. Н. Старец Авраамий Венгерский. В кн. : На сибирские темы. Сб. в пользу Томских воскресных школ и Гоголевского народного дома / Под ред. М. Н. Соболева. СПб. , 1905. с. 92–115.

［194］Орлов А. С. Волнения на Урале в середине XVIII в. (К вопросу о формировании пролетариата в России). М. : Изд – во МГУ , 1979. 264 с.

［195］Островская Л. В. Мировоззренческие аспекты народной медицины русского крестьянского населения Сибири второй половины XIX в. В кн. : Из истории семьи и быта сибирского крестьянства XVII–

начала XX в. Новосибирск：Новосибирск. ун-т，1975. с. 131–142.

［196］Островская Л. В. Некоторые замечания о характере крестьянской религиозности（на материалах пореформенной Сибири）. В кн.：Крестьянство Сибири XVIII – начала XX в. Классовая борьба, общественное сознание и культура. Новосибирск：Наука, 1975. 172–186.

［197］Островская Л. В. Христианство в понимании русских крестьян пореформенной Сибири.（Народный вариант православия）. В кн.：Общественный быт и культура русского населения Сибири （XVIII–начало XX вв.）. Новосибирск：Наука，1983. с. 135–150.

［198］Очерки истории русской литературы Сибири. Т. 1. Дореволюционный период. Новосибирск：Наука，1982. 606 с.

［199］Павленко Н. И. Идеи абсолютизма в законодательстве XVIII в. В кн.：Абсолютизм в России（XVII – XVIII вв.）. М.：Наука, 1964. с. 389–427.

［200］Павленко И. И. Историческое предуведомление о начальном заведении и ныне продолжающемся рудокопном промысле. В кн.：Вопросы социально - экономической истории и источниковедения периода феодализма в России. М.：Изд-во АН СССР，1961. с. 314–321.

［201］Павленко Н. И. История металлургии в России XVIII в. Заводы и заводовладельцы. М.：Изд-во АН СССР，1962. 566 с.

［202］Павленко Н. И. К вопросу о причинах волнений приписных крестьян в 50–60-е гг. XVIII в. Уч. зап. Свердловск，и курганск. пед. ин-тов. Свердловск，1966. вып. 38. с. 116–126.

［203］Павленко Н. И. Металлургия Урала в Горной комиссии 1765–1767 гг. В кн.：Из истории Урала. Свердловск：кн. изд - во，1960.

с. 101–103.

［204］Павленко Н. И. Материалы о развитии уральской промышленности в 20–40-х гг. XVIII в. Исторический архив. М. ; Л. : Изд-во АН СССР, 1953. № 9. с. 156–282.

［205］Павленко Н. И. Развитие металлургической промышленности России в первой половине XVIII в. М. : Изд – во АН СССР, 1953. 538 с.

［206］Панченко А. М. Русская культура в канун петровских реформ. Л. : Наука, 1984. 205 с.

［207］Пензин Э. А. Документы местных органов горнозаводского управления как источник о побегах мастеровых, работных людей и приписных крестьян, с уральских заводов в первой половине XVIII в. В кн. : Источниковедение истории классовой борьбы рабочих Урала. Свердловск : Уральск. ун-т, 1981. с. 130–146.

［208］Пензин Э. А. Из истории екатеринбургских школ в 1720 – 1730 гг. (По документам Сибирского обербергамта). В кн. : Из истории духовной культуры дореволюционного Урала. Свердловск : Уральск. ун-т, 1979. с. 124–132.

［209］Пензин Э. А. Протоколы Сибирского обербергамта (1723 – 1834) как исторический источник. В кн. : Историография и источниковедение. Свердловск, Уральск. ун-т, 1976. с. 126–139.

［210］Пензин Э. А. Школы при горных заводах Урала в первой трети XVIII в. (По документам местных органов горнозаводского управления). В кн. : Общественно – политическая мысль дореволюционного Урала. Свердловск : Уральск. ун-т, 1983. с. 57–75.

［211］Пермский сборник. Повременное издание. М. , 1859. 1860.

кн. 1. 1859. 468 с. разд. паг.

кн. 2. 1860. 347 с. разд. паг.

［212］Петров В. П. Заговоры ／ Публ. А. Н. Мартыновой. В кн. : Из истории русской советской фольклористики. Л. : Наука, 1981 с. 77–142.

［213］Пихоя Р. Г. Археографические экспедиции Уральского университета в 1974 – 1976 гг. Тр. отдела древнерусской литературы Л. : Наука, 1979. т. 34. с. 369–374.

［214］Пихоя Р. Г. Книжно-рукописная традиция Урала XVIII–начала XX в. (К постановке проблемы). В кн. : Источники по культуре и классовой борьбе феодального периода. Новосибирск: Наука, 1982. с. 101–114.

［215］Плеханов Г. В. Избранные философские произведения: В 5 – ти. М. : Госполитиздат, 1956. т. 1–847 с.

［216］Подъяпольская Е. П. Восстание Булавина. 1707–1709. М. : Изд-во АН СССР, 1962. 216 с.

［217］Поздеева И. В. Верещагинское территориальное книжное собрание и проблемы истории духовной культуры русского населения верховьев Камы. В кн. : Русские письменные и устные традиции и духовная культура (По материалам археографических экспедиций МГУ 1966–1980 гг.). М. : Изд-во МГУ, 1982. с. 40–71.

［218］Покровский Н. Н. Антифеодальный протест урало – сибирских крестьян-старообрядцев. Новосибирск: Наука, 1974. 394 с.

［219］Покровский Н. Н. Археографические экспедиции и проблемы изучения народной культуры. В кн. : Проблемы полевой археографии. М. : АН СССР, Археографическая комиссия и др. ,

1979. вып. 1. с. 100−111.

［220］Покровский И. Н. Жалоба уральских заводских крестьян 1790 г. В кн. : Сибирская археография и источниковедение. Новосибирск : Наука , 1979. с. 155−182.

［221］Покровский Н. Н. К изучению памятников протеста крестьян -старообрядцев Западной Сибири середины XVIII в. В кн. : Бахрушинские чтения 1971 г. Новосибирск : Наука , 1972. с. 50−58.

［222］Покровский Н. Н. Материалы по истории магических верований сибиряков XVII - XVIII вв. В кн. : Из истории семьи и быта сибирского крестьянства в XVII - начале XX в. Новосибирск : Новосибирск. ун−т , 1975. с. 110−130.

222а. Покровский Н. Н. Новые сведения о крестьянской старообрядческой литературе Урала и Сибири XVIII в. Тр. отдела древнерусской литературы. Л. : Наука , 1976. т. 30. с. 160−183.

［223］Покровский Н. Н. Новый документ по идеологии Тарского протеста. В кн. : Источниковедение и археография Сибири. Новосибирск : Наука , 1977. с. 221−234.

［224］Покровский Н. Н. О роли древних рукописных и старопечатных книг в складывании системы авторитетов старообрядчества. В кн. : Научные библиотеки Сибири и Дальнего Востока. Новосибирск : Гос. публ. научн. техн. б - ка СО АН СССР, 1973. вып. 14. с. 19−40.

［225］Покровский Н. Н. Обзор сведений судебно - следственных источников о политических взглядах сибирских крестьян конца XVII−середины XIX в. В кн. : Источники по культуре и классовой борьбе феодального периода. Новосибирск : Наука , 1982. с. 48−79.

［226］Покровский Н. Н. Следственное дело и выговская повесть о тарских событиях 1722 г. В кн. : Рукописная традиция XVI – XIX вв. на востоке России. Новосибирск : Наука , 1983. с. 46–70.

［227］Покровский Н. Н. Урало - сибирская крестьянская община XVIII в. и проблемы старообрядчества. В кн. : Крестьянская община в Сибири XVII–начала XX в. Новосибирск : Наука , 1977. с. 179–198.

［228］Поршнев Б. Ф. Очерки политической экономии феодализма. М. : Госполитиздат , 1956. 207 с.

［229］Поршнев Б. Ф. Феодализм и народные массы. М. : Наука , 1964. 520 с.

［230］Преображенский А. А. Из истории первых частных заводов на Урале в начале XVIII в. Исторические записки. М. : Изд - во АН СССР , 1958. т. 63. с. 156–180.

［231］Преображенский А. А. Классовая борьба уральских крестьян и мастеровых людей в начале XVIII в. Исторические записки. М. : Изд-во АН СССР , 1956. № 58. с. 246–273.

［232］Преображенский А. А. Очерки колонизации Западного Урала в XVII–начале XVIII вв. М. : Изд-во АН СССР , 1956. 302 с.

［233］Преображенский А. А. Урал и Западная Сибирь в конце XVI – начале XVIII в. М. : Наука , 1972. 392 с.

［234］Проблемы общественной психологии. Сб. статей ／ Под ред. В. А. Колбановского и Б. Ф. Поршнева. М. : Мысль , 1965. 470 с.

［235］Пругавин А. С. « Самоистребители » – проявления аскетизма и фанатизма в расколе. Русская мысль , 1885. № 1. с. 77 – 83 ; № 2. с. 112–136.

［236］Пушкарев Л. Н. Общественно - политическая мысль России. Вторая половина XVII в. Очерки истории. М. : Наука, 1982. 288 с.

［237］Рабинович Я. Б. Круг Н. Г. Чернышевского и разночинцы Урала в период первой русской революционной ситуации в России. Учеб, пособие по спецкурсу. Пермь : Пермский ун-т, 1983. 83с.

［238］Радищев А. Н. Поли. собр. соч. М. ; Л. : Изд - во АН СССР, 1938. т. 1. XX, 506 с.

［239］Раскин Д. И. Актуальные вопросы изучения общественного сознания русского крепостного крестьянства. В кн. : Исследования по истории крестьянства Европейского Севера России. Межвузрвск. сб. научных трудов. Сыктывкар : Сыктывкарск. ун - т, 1980. с. 134–142.

［240］Раскин Д. И. Из истории общественного сознания русского крепостного крестьянства XVIII в. Автореф ⋯ дисс. канд. ист. наук. Л. , 1975. 22 с.

［241］Рахматуллин М. А. Проблемы общественного сознания русского крестьянства в трудах В. И. Ленина. В кн. : Актуальные проблемы истории России эпохи феодализма. М. : Наука, 1970. с. 398–431.

［242］Робинсон А. Н. Борьба идей в русской литературе XVII в. М. : Наука, 1974. 405 с.

［243］Робинсон А. Н. К проблеме «богатства» и «бедности» в русской литературе XVII в. (Толкование притчи о Лазаре и богатом). В кн. : Древнерусская литература и ее связи с новым временем. М. : Наука, 1967. с. 124–155.

［244］Рыбаков Б. А. Задачи изучения культуры русского крестьянства XIX в. В кн. : Из истории экономической и общественной жизни России. Сб. статей к 90 - летию академика Н. М. Дружинина. М. :

Наука, 1967. с. 23−26.

［245］Рындзюнский П. Г. Городовое гражданство дореформенной России. М. : Изд-во АН СССР, 1958. 559 с.

［246］Рындзюнский П. Г. , Рахматуллин М. А. Некоторые итоги изучения Крестьянской войны в России 1773 − 1775 гг. （ К выходу в свет завершающего тома трехтомника «Крестьянская война в России в 1773 − 1775 гг. Восстание Пугачева », т. 1 − 3. Л. , 1961. 1970 ）. История СССР, 1972. № 2. с. 71−88.

［247］Сапожников Д. И. Самосожжение в русском расколе （ со второй половины XVII в. до конца XVIII в. ）. М. : унив. тип. , 1891. 170 с. разд. паг.

［248］Сафронова А. М. Документы о побегах трудящихся горнозаводских школ Урала первой половины XVIII в. В кн. : Источниковедение истории классовой борьбы рабочих Урала. Свердловск: Уральск. ун-т, 1981. с. 147−159.

［249］Сафронова А. М. Историографический обзор советских исследований по истории школы XVIII в. В кн. : Вспомогательные исторические дисциплины. Свердловск: Уральск. ун-т, 1974. с. 37−49.

［250］Семевский В. И. Крестьяне в царствование императрицы: Екатерины II. : В 2-х т. СПб, 1901. 1903−
Т. 1. 2-е изд. тип. М. М. Стасюлевича, 1903. XL, 643 с.
Т. 2. тип. Ф. Сущинского, 1901. XLVI, 866 с.

［251］Сивков К. В. Самозванчество в России в последней трети XVIII в. Исторические записки. М. : Изд − во АН СССР, 1950. т. 31. с. 80−135.

［252］Сказкин С. Д. Из истории социально − политической и духовной жизни Западной Европы в средние века. Материалы научного − наследия. М. : Наука, 1981. 295 с.

[253] Смирнов П. С. Внутренние вопросы в расколе в XVII в. СПб. : т-во «Печатня С. П. Яковлева», 1898. XXXIV, 237. 0121 с.

[254] Смирнов П. С. Споры и разделения в русском расколе в первой четверти XVIII в. СПб. : тип. М. Меркушева, 1909. V, 363. 0168 с.

[255] Смышляев Д. Материалы для биографий замечательных деятелей. Е. А. Теплоухов. В кн. : Пермский край. Сб. сведений о Пермской губернии. Пермь : Губ. стат. ком. , 1891. вып. 1. с. 285−291.

255а. Соболева Л. С. , . Пихоя Р. Г. Царский секретарь Игнатий Воронцов и донской казак Игнатий Воронков (К истории новонайденной повести «Родословие поморской веры на Урале и в Сибири»). В кн. : Новые источники по истории классовой борьбы трудящихся Урала. Свердловск : Ин-т экономики УНЦ АН СССР» 1985. с. 71−91.

[256] Соколова В. К. Весенне − летние календарные обряды русских, украинцев и белорусов. М. : Наука, 1979. 287 с.

[257] Соловьев С. М. История России с древнейших времен. М. : Соцэкгиз, 1962. кн. 8−679 с.

[258] Спиркин А. Г. Человек, культура, традиция. В кн. : Традиция в истории культуры. М. : Наука, 1978. с. 5−14.

[259] Струмилин С. Г. Избранные произведения. История черной металлургии в СССР. М. : Наука, 1967. 442 с.

[260] Теплоухов Ф. А. « Кабала » или прошение лесному царю. Из пермяцких суеверий. В кн. : Пермский край. Сб. сведений о

Пермской губернии. Пермь : губ. стат. ком. , 1895. т. 3. с. 291-299.

［261］Токарев С. А. Религиозные верования восточно-славянских народов XIX-начала XX в. М. ; Л. : Изд-во АН СССР , 1957. 164 с.

［262］Томсинский С. М. Бегство работных людей с заводов Урала в первые десятилетия XVIII в. В кн. : Из истории заводов и фабрик Урала. Свердловск : кн. изд-во , 1963. вып. 2. с. 6-18.

［263］Топорков А. Описание Висимо - Шайтанского завода. В кн. : Пермский край. Сб. сведений о Пермской губернии. Пермь : Губ. стат. ком. , 1892. вып. 2. с. 149-230.

［264］Третьякова Н. В. Социально-правовой статус старообрядчества в дореформенной и пореформенной России. В кн. : Вопросы истории СССР. М. : Изд-во МГУ , 1972. с. 476-498.

［265］Успенский Б. А. К проблеме христианско-языческого синкретизма в истории русской культуры. В кн. : Вторичные моделирующие системы. Тарту : Тартуск. ун-т , 1979. с. 54-63.

［266］Успенский Б. А. Historia sub spetiae semioticae. В кн. : Культурное наследие Древней Руси : Истоки, становление, традиция. М. : Наука , 1976. с. 286-292.

［267］Успенский Б. А. Царь и самозванец : самозванчество в России как культур но-исторический феномен. В кн. : Художественный язык средневековья. М. : Наука , 1982. с. 201-237.

［268］Федосов И. А. Социальная сущность и эволюция российского абсолютизма (XVIII - первая половина XIX в.) . Вопросы истории , 1971. № 7. с. 46-65.

［269］Хромов С. С. Актуальные проблемы изучения отечественной истории. В кн. : Актуальные проблемы исторической науки на

Урале: Препринт. Свердловск: Ин-т экономики УНЦ АН СССР, 1982. с. 3-14.

[270] Цветаев Д. Литературная борьба с протестантством в Московском государстве. М.: Унив. тип., 1887. III, 180 с.

[271] Цветаев Д. Протестантство и протестанты в России до эпохи преобразований. М.: Унив. тип., 1890. VII, 782. II.

[272] Черепнин Л. В. Вопросы методологии исторического исследования. М.: Наука, 1981. 280 с.

[273] Черепнин Л. В. Образование Русского централизованного государства в XIV-XV вв. М.: Соцэкгиз, 1960. 899 с. 2 / 4.

[274] Черепнин Л. В. Крестьянские войны в России периода феодализма. К 200 - летию начала восстания крестьян под водительством Е. И. Пугачева. Коммунист, 1973. № 13. с. 77-88.

[275] Черкасова А. С. Горнозаводское население Урала в XVIII столетии. (Предварительные наблюдения). В кн.: Вопросы формирования русского населения Сибири в XVII - начале XIX в. Томск: Изд-во Томск. ун-та, 1978. с. 113-120.

[276] Черкасова А. С. К вопросу о движущих силах и характере волнений в горнозаводских центрах Урала в середине XVIII в. (По материалам Нижнетагильского завода). Уч. зап. Пермского ун-та, 1966. № 156. с. 39-49.

[277] Черкасова А. С. Материалы следствия 1732 г. о «пришлых» на Егошихинском заводе - источник для изучения формирования правового положения горнозаводского населения Урала. В кн.: Уральский археографический ежегодник за 1972 г. Пермь: Пермск. ун-т, 1974. с. 143-160.

［278］Черкасова А. С. Ревизские сказки как источник по истории формирования горнозаводского населения. В кн.: Уральский археографический ежегодник за 1970 г. Пермь: Пермск. ун－т, 1971. с. 71−87.

［279］Черкасова А. С. Социальная борьба на заводах Урала в первой половине XVIII в. Учебн. пособие по спецкурсу. Пермь: Пермск. ун−т, 1980. 104 с.

［280］Черкасова А. С. Численность и размещение приписных крестьян России во второй половине XVIII в. В кн.: Историческая география России XVIII в. ч. 1. Города, промышленность, торговля. М.: Ин−т истории СССР АН СССР, 1981. с. 179−208.

［281］Чистов К. В. Русские народные социально－утопические легенды XVII−XIX вв. М.: Наука, 1976. 341 с.

［282］Чупин Н. К. Василий Никитич Татищев. Отд. отт. Пермских губ. ведомостей. Пермь: Губ. тип., 1867. 44. 58 с.

［283］Чупин Н. К. Географический и статистический словарь Пермской губернии: В 8−ми вып. Пермь: Губ. земство, 1813. 1887−

Т. 1. вып. 1−3. А−И, 1873. 1876. 578 с.

Т. 2. вып. 4−5. К−М. 1878. 1880. 272 с.

Вып. 6. ЩНадырова−Нейво−Рудянка], 1886. 56 с.

Вып. 7. Ф − Ц. В кн.: Сборник Пермского земства, 1888. № 4. с. 156−157.

Вып. 8. Щ, Ю, Я, Ф, 1887. 26 с.

283а. Шашков А. Т. Летопись ротмистра Станкевича. Уральский следопыт, 1982. № 5. с. 62−63.

［284］Шунков В. И. Очерки по истории колонизации Сибири в начале

XVIII вв. М. ; Л. : Изд-во АН СССР, 1946. 228 с.

[285] Щапов А. П. Земство и раскол. Собр. соч. : В 2 - х т. СПб. : тип. Пирожкова, 1906. т. 1-803 с.

[286] Этнография русского крестьянства Сибири. XVIII - середина XIX в. М. : Наука, 1981. 269 с.

[287] Яцунский В. К. Социально-экономическая история России XVIII - XIX вв. Избранные труды. М. : Наука, 1973. 302 с.

[288] Байдин В. И. Старообрядчество Урала и самодержавие. (Конец XVIII - середина XIX в.). Дисс ⋯ канд. ист. наук. Свердловск, 1983. 230 л.

[289] Кавтарадзе Г. А. Крестьянский «мир» и царская власть в сознании помещичьих крестьян (Конец XVIII - 1861 г.). Дисс ⋯ канд. ист. наук. Л. , 1972. 230 л.

[290] Камкин А. В. Правосознание и правотворчество государственных крестьян Европейского Севера (Вторая половина XVIII в.). Дисс⋯канд. ист. наук. М. : 1983. 256 л.

[291] Куандыков Л. К. Старообрядцы-беспоповцы на русском Севере в XVIII - первой половине XIX вв. Организационно - уставные вопросы (по старообрядческим памятникам). Дисс ⋯ канд. ист. наук, Новосибирск, 1983. 186 л.

[292] Черкасова А. С. Мастеровые и работные люди Урала в XVIII в. (К истории становления пролетариата). Дисс ⋯ д - ра ист. наук. Свердловск, 1983. 415 л.

[293] Юзефович Л. А, Посольский обычай Российского государства конца XV - начала XVII в. Дисс ⋯ канд. ист. наук. Пермь, 1981. 195 л.

［294］Юхт　А. И. Государственная　и　общественно　－　политическая
деятельность В. Н. Татищева в 20 － х － начале 30 － х гг. XVIII в. （ К
характеристике социально － экономической политики абсолютизма）.
Дисс⋯ д-ра ист. наук. М. ,1983. 458 л.

图书在版编目（CIP）数据

世俗与抗争：18世纪俄国乌拉尔劳动者的思想演变 /
（俄罗斯）鲁多尔夫·戈尔曼诺维奇·皮霍亚著；王晓阳
译 .--北京：社会科学文献出版社，2024.3
（俄国史译丛）
ISBN 978-7-5228-1927-3

Ⅰ.①世…　Ⅱ.①鲁…②王…　Ⅲ.①劳动者-政治
思想史-研究-俄国-18世纪　Ⅳ.①D095.124

中国国家版本馆 CIP 数据核字（2023）第 105597 号

·俄国史译丛·
世俗与抗争：18世纪俄国乌拉尔劳动者的思想演变

著　　者／〔俄〕鲁多尔夫·戈尔曼诺维奇·皮霍亚
　　　　　（Рудольф Германович Пихоя）
译　　者／王晓阳

出 版 人／冀祥德
责任编辑／贾立平
责任印制／王京美

出　　版／社会科学文献出版社 （010）59367226
　　　　　地址：北京市北三环中路甲 29 号院华龙大厦　邮编：100029
　　　　　网址：www.ssap.com.cn
发　　行／社会科学文献出版社 （010）59367028
印　　装／三河市东方印刷有限公司

规　　格／开　本：787mm×1092mm　1/16
　　　　　印　张：20　字　数：262千字
版　　次／2024 年 3 月第 1 版　2024 年 3 月第 1 次印刷
书　　号／ISBN 978-7-5228-1927-3
著作权合同
登 记 号／图字 01-2024-1300 号
定　　价／98.00 元

读者服务电话：4008918866